普通高等教育"十四五"规划教材
21世纪职业教育规划教材·旅游系列

研学旅行管理与服务

主　　编：张丽娜　朱　智
副主编：李　洋　杨晓敏　王骁驹　陈浩东
参　编：杨亚娟　郝　韧　李立祺　许江枫

北京大学出版社
PEKING UNIVERSITY PRESS

内容简介

人们可以通过亲身实践、通过书本或其他媒介等方式认识世界。亲身实践是行知,通过书本或其他媒介是学知,行知和学知最终实现"知行合一",实现认识世界方式的统一。研学旅行是顺应时代产生的、跨学科的动态课程,是新时代实践教育、劳动教育育人的重要途径和实现方式。

本教材共分为七章,由研学旅行的基本认知、研学旅行指导师素质与要求、研学旅行课程设计、研学旅行课程实施、研学旅行课程评价、研学旅行课程实践、研学旅行课程设计案例组成。为了避免出现过度强调理论而忽视实践的情况,本教材大量引用全国各地研学旅行案例,同时将研学旅行设计大赛内容融入教材,使本教材具有较强的可操作性和可读性,可以说是为研学旅行指导师量身定做的工作手册。同时,在教材的系统性、前瞻性、实用性等方面,合理把握尺度,充分体现职业教育教材的特征。

本教材适合高职旅游管理、导游、旅行社经营与管理、研学旅行管理与服务、酒店管理与数字化运营等专业学生使用。

图书在版编目(CIP)数据

研学旅行管理与服务 / 张丽娜,朱智主编. — 北京:北京大学出版社,2024.3
ISBN 978-7-301-34601-3

Ⅰ.①研… Ⅱ.①张… ②朱… Ⅲ.①教育旅游 – 教学研究 Ⅳ.①F590.75-42

中国国家版本馆CIP数据核字(2023)第212064号

书　　　名	研学旅行管理与服务 YANXUE LÜXING GUANLI YU FUWU
著作责任者	张丽娜　朱　智　主编
策 划 编 辑	周　丹
责 任 编 辑	周　丹
标 准 书 号	ISBN 978-7-301-34601-3
出 版 发 行	北京大学出版社
地　　　址	北京市海淀区成府路205号　100871
网　　　址	http://www.pup.cn　新浪微博:@北京大学出版社
电 子 邮 箱	编辑部 zyjy@pup.cn　总编室 zpup@pup.cn
电　　　话	邮购部 010-62752015　发行部 010-62750672　编辑部 010-62704142
印 刷 者	北京溢漾印刷有限公司
经 销 者	新华书店
	787毫米×1092毫米　16开本　14.5印张　317千字 2024年3月第1版　2024年3月第1次印刷
定　　　价	58.00元

未经许可,不得以任何方式复制或抄袭本书之部分或全部内容。
版权所有,侵权必究
举报电话:010-62752024　电子邮箱:fd@pup.cn
图书如有印装质量问题,请与出版部联系,电话:010-62756370

前言

"研学旅行管理与服务"是研学旅行管理与服务专业的核心课程,也是旅游管理专业、景区服务与管理专业的特色课程。我国实施"学历证书+若干职业技能等级证书"(以下简称"1+X证书")制度试点方案后,《职业教育提质培优行动计划(2020—2023年)》再次强调深入推进"1+X证书"制度试点。编写《研学旅行管理与服务》一书,是编者作为旅游管理专业负责人参与研学旅行策划与管理"1+X证书"师资培训后,结合教学实践而萌生的想法。一方面,从研学旅行的层面全面提高职业院校学生的从业素质;另一方面,能够联动各学科,利用学科交叉优势,深化教学内容,产生良好的教学效果。

职业教育通过课堂教学和实践教学相结合的形式,以培养实践型和应用型人才为宗旨。因此,本教材的编写重点是研学旅行管理与服务中的"为什么要这样做""应该怎么做"等方面,在一定理论课程和实践原理指导的前提下,使研学旅行管理与服务转化为可操作的行为与规范。

本教材着眼于研学旅行的缘起与发展,为研学旅行指导师立规则,把研学旅行课程设计、实施、评价、实践等内容深入浅出地表达出来。本教材内容丰富,重点、难点突出,章节之间融会贯通,有利于学生全面系统地掌握课程内容,增强分析问题和解决问题的能力;能够不断提升研学旅行指导师的职业能力和素养,使其切实成长为一名合格的研学旅行指导师,进而实现教学相长。

本教材主要有以下特点:

(1)新颖性。本教材贯彻落实全国职业教育大会精神,紧紧围绕研学旅行指导师这一职业,根据就业岗位设计教材结构。

(2)实用性。本教材介绍的基础理论知识通俗易懂、简明扼要,通过案例分析,达到理论联系实际的效果,具有较强的实用性。

(3)时代性。本教材紧密围绕教育部等11部门《关于推进中小学生研学旅行的意见》(教基一〔2016〕8号)等文件精神,着力增强讲授者的实践教学能力,提高学习者的应用操作能力。

(4)思政性。本教材贯彻落实党的二十大精神、习近平新时代中国特色社会主义思想，在课程教学目标里明确了课程素养目标，便于讲授者挖掘课程思政元素，提高教学效果。

本教材由湖州职业技术学院、湖州沐晨文化发展有限公司、湖州南浔新国际旅游有限公司、广州肇庆开放大学联合开发。本教材共分为七章，张丽娜、朱智任主编，李洋、杨晓敏、王骁驹、陈浩东任副主编，杨亚娟、郝韧、李立祺、许江枫参与编写。具体分工如下：张丽娜编写前言，陈浩东编写第1章，杨晓敏编写第2章，李洋编写第3章，朱智、杨亚娟编写第4章，张丽娜、郝韧编写第5章，王骁驹编写第6章，李洋、李立祺编写第7章；张丽娜、朱智、李洋负责体例设计及统稿工作；湖州沐晨文化发展有限公司郝韧、湖州南浔新国际旅游有限公司许江枫拍摄研学旅行课程配套视频。

本教材在编写过程中，作者查询、搜集、整理、参阅了大量研学旅行策划与管理方面专家、学者的相关著作和资料，吸收和采纳了有价值、有影响的部分观点和资料，在此表示由衷的感谢！由于时间紧迫，编者水平有限等因素，本教材中的不足和缺点在所难免，恳请广大专家、同行和读者予以批评指正，以臻完善。

编　者

2023 年 5 月 11 日

本书配套资源

为了让读者更好地使用本教材，我们针对每章的重点内容录制了相关的微课视频。读者扫描右侧二维码即可观看。本书采用一书一码的形式，相关资源仅供一人使用。

本教材配有教学课件或其他相关教学资源，如有老师需要，可扫描右边的二维码关注北京大学出版社微信公众号"未名创新大学堂"（zyjy-pku）索取。

● 课件申请
● 样书申请
● 教学服务
● 编读往来

目录

第1章 研学旅行的基本认知 ··· 1
1.1 中外研学旅行的发展脉络 ··· 2
1.1.1 我国研学旅行的发展历程 ··· 3
1.1.2 西方研学发展概况 ··· 13
1.2 中国特色研学旅行的概念、类型与辨析 ··· 17
1.2.1 中国特色研学旅行的概念 ··· 18
1.2.2 研学旅行的相关概念及其辨析 ··· 19
1.2.3 研学旅行课程类型 ··· 23
1.3 中国特色研学旅行的设计原则和意义价值 ··· 24
1.3.1 中国特色研学旅行的设计原则 ··· 26
1.3.2 中国特色研学旅行的意义价值 ··· 27

第2章 研学旅行指导师素质与要求 ··· 33
2.1 研学旅行指导师的概念 ··· 34
2.1.1 研学旅行指导师的定义 ··· 35
2.1.2 研学旅行指导师内涵辨析 ··· 36
2.1.3 研学旅行指导师与其他类似岗位的异同 ··· 37
2.1.4 研学旅行指导师的分类 ··· 39
2.2 研学旅行指导师基本素质 ··· 40
2.2.1 职业理想 ··· 41
2.2.2 职业责任 ··· 42
2.2.3 职业态度 ··· 42
2.2.4 职业道德 ··· 45
2.3 研学旅行指导师职业要求 ··· 47
2.3.1 研学旅行指导师的形象要求 ··· 48
2.3.2 研学旅行指导师的专业知识要求 ··· 50
2.3.3 研学旅行指导师的职业技能要求 ··· 57

第3章 研学旅行课程设计 ··· 63
3.1 研学旅行课程主题 ··· 64

  3.1.1 课程主题选题原则 …… 65
  3.1.2 课程主题选题方法 …… 68
  3.1.3 课程主题命名 …… 70
  3.1.4 课程主题类型 …… 74
 3.2 研学旅行课程目标 …… 78
  3.2.1 课程目标设计的理论依据 …… 79
  3.2.2 课程目标设计的基本原则 …… 84
  3.2.3 课程目标设计的步骤 …… 87
  3.2.4 课程目标的构成和陈述方式 …… 90
 3.3 研学旅行课程内容 …… 94
  3.3.1 研学旅行课程内容设计概述 …… 95
  3.3.2 研学旅行课程内容的类型 …… 98
  3.3.3 研学旅行课程内容的设计原则 …… 99
  3.3.4 研学旅行课程内容的选择依据 …… 101

第4章 研学旅行课程实施 …… 107
 4.1 研学旅行安全保障 …… 108
  4.1.1 研学旅行安全保障的内涵 …… 108
  4.1.2 研学旅行安全事故的分类 …… 109
  4.1.3 研学旅行安全保障措施 …… 109
  4.1.4 研学旅行安全事故的预防 …… 110
 4.2 研学旅行工作人员保障 …… 111
  4.2.1 研学旅行工作人员构成 …… 112
  4.2.2 研学旅行工作人员职责 …… 113
 4.3 研学旅行管理保障 …… 116
  4.3.1 整体统筹规划，制定严格的研学旅行执行制度 …… 117
  4.3.2 加强安全管理，构建明确的研学旅行安全体系 …… 120
  4.3.3 动员多方力量，发挥家庭及社会的支持作用 …… 122
  4.3.4 强化经费保障，为研学旅行活动提供资金保证 …… 123
 4.4 研学旅行法律规范 …… 125
  4.4.1 研学旅行各方权责 …… 125
  4.4.2 研学旅行合同规范 …… 127

第5章 研学旅行课程评价 …… 133
 5.1 研学旅行课程评价概述 …… 134
  5.1.1 研学旅行课程评价的概念 …… 135
  5.1.2 研学旅行课程评价的功能 …… 135
 5.2 研学旅行课程评价对象 …… 138

		5.2.1 对研学旅行课程的评价	138
		5.2.2 对研学旅行课程实施者的评价	141
		5.2.3 对研学旅行主体（学生）的评价	141
		5.2.4 对研学旅行线路的评价	141
		5.2.5 对研学旅行安全管理的评价	142
	5.3	研学旅行课程评价的原则	142
		5.3.1 主体性原则	143
		5.3.2 全面性原则	144
		5.3.3 真实性原则	144
		5.3.4 过程性原则	145
		5.3.5 开放性原则	145
		5.3.6 综合性原则	146
	5.4	研学旅行课程评价的类型	146
		5.4.1 量化评价	147
		5.4.2 质性评价	148
		5.4.3 诊断性评价	148
		5.4.4 形成性评价	149
		5.4.5 总结性评价	149
		5.4.6 自我评价	149
		5.4.7 他人评价	150
	5.5	研学旅行课程评价常用方法	151
		5.5.1 调查法	151
		5.5.2 深度访谈法	152
		5.5.3 观察法	152
		5.5.4 档案袋评价法	153
第6章	研学旅行课程实践		157
	6.1	国情教育主题实践	158
		6.1.1 课程简介	158
		6.1.2 课程基本信息	159
		6.1.3 课程说明	159
		6.1.4 主题课程总目标	161
		6.1.5 课程内容及学段目标	161
		6.1.6 课程安排	163
		6.1.7 课程实施	163
		6.1.8 课程评价	164
	6.2	国防科工主题实践	165
		6.2.1 课程背景	165

- 6.2.2 课程基本信息 … 166
- 6.2.3 课程说明 … 166
- 6.2.4 课程实施说明 … 166
- 6.2.5 安全应急预案说明 … 168
- 6.2.6 主题课程总目标 … 168
- 6.2.7 课程内容 … 169
- 6.2.8 课程安排 … 171
- 6.2.9 课程实施 … 173
- 6.2.10 课程评价 … 174

6.3 自然生态主题实践 … 175
- 6.3.1 课程背景 … 175
- 6.3.2 课程基本信息 … 176
- 6.3.3 主题课程总目标 … 176
- 6.3.4 课程内容 … 177
- 6.3.5 课程安排 … 177
- 6.3.6 课程实施 … 178
- 6.3.7 课程评价 … 178

6.4 优秀传统文化主题实践 … 180
- 6.4.1 课程简介 … 180
- 6.4.2 课程基本信息 … 180
- 6.4.3 主题课程总目标 … 180
- 6.4.4 课程内容 … 181
- 6.4.5 课程安排 … 181
- 6.4.6 课程实施 … 182
- 6.4.7 课程评价 … 183

第 7 章 研学旅行课程设计案例 … 187

7.1 案例背景 … 188
- 7.1.1 案例地基本情况 … 188
- 7.1.2 案例地研学旅行资源点 … 189

7.2 研学旅行课程设计方案 … 193
- 7.2.1 小学四年级课程设计 … 193
- 7.2.2 小学五年级课程设计 … 198
- 7.2.3 小学六年级课程设计 … 203
- 7.2.4 初一年级课程设计 … 208
- 7.2.5 初二年级课程设计 … 213
- 7.2.6 高二年级课程设计 … 218

参考文献 … 224

第1章
研学旅行的基本认知

学习导读

○ **本章概况**

本章初步梳理了各个历史时期中外研学旅行的发展历程和阶段特点。在此基础上,结合我国国情、国外的历史经验和当代中小学教育的时代要求,总结归纳出当代中国特色研学旅行概念和类型。研学旅行从业者应自觉结合习近平新时代中国特色社会主义思想和党的二十大精神,积极落实"为党育人,为国育才"的教育理念,并在中国特色社会主义新时代背景下思考践行研学旅行活动的设计原则和意义、价值。

○ **学习目标**

(1)了解我国研学旅行的历史发展脉络。

(2)在纵览中外研学旅行发展历程的基础上掌握研学旅行的概念、类型,并学会辨析。

(3)思考中国特色社会主义新时代背景下研学旅行活动的设计原则和意义、价值。

○ **素养目标**

(1)通过概要性地学习我国研学旅行发展历程,学生树立探索中国特色研学旅行发展道路的文化自信。

(2)在纵览中外研学旅行发展概况的基础上,学生通过厘清中国特色研学旅行的含义、类型,并辨析易混淆概念,培养对中外研学旅行思想进行批判性吸收的观念和能力。

（3）在前述学习目标和素养目标达成的基础上，在习近平新时代中国特色社会主义思想和党的二十大精神指引下，结合教师的研学实践和学生的个人经历，帮助学生从内心树立研学旅行课程是中小学教育体系中不可或缺的重要组成部分，其本身也如初升朝阳极具前景的观念，由此从多方面激发学生积极、主动学习该门课程的内在动力。

引例　中国特色研学旅行在教育强国过程中的作用

2023年5月29日下午，中共中央政治局就建设教育强国进行第五次集体学习。习近平在听取讲解和讨论后发表了重要讲话。他强调，我们要建设的教育强国，是中国特色社会主义教育强国，必须以坚持党对教育事业的全面领导为根本保证，以立德树人为根本任务，以为党育人、为国育才为根本目标，以服务中华民族伟大复兴为重要使命。

习近平指出，我们建设教育强国的目的，就是培养一代又一代德智体美劳全面发展的社会主义建设者和接班人，培养一代又一代在社会主义现代化建设中可堪大用、能担重任的栋梁之才，确保党的事业和社会主义现代化强国建设后继有人。基础教育既要夯实学生的知识基础，也要激发学生崇尚科学、探索未知的兴趣，培养其探索性、创新性思维品质。

思考

中国特色研学旅行如何激发学生崇尚科学、探索未知的兴趣？如何培养学生的探索性、创新性思维品质？如何帮助学生全面正确理解中国国情并科学规划人生？

1.1　中外研学旅行的发展脉络

引例　当代研学走进中国

2013年2月，国务院办公厅印发了《国民旅游休闲纲要（2013—2020年）》，其中有这么一句话，"逐步推行中小学生研学旅行"。

在《国民旅游休闲纲要（2013—2020年）》的诸多任务和措施中，这看似简单的一句话，恰恰也是值得注意的一大亮点，只有熟悉来龙去脉的人才清楚它的分量和深意。

几年前，教育部领导到国外访问，看到成群结队的中小学生走向社会和大自然，在集体生活中修身养性。他们敏锐地意识到，这种新颖的教育活动值得我们借鉴。因此，教育部有关司局查阅了国外的资料，设立了专项研究课题，经过多方调研，拟定了一份初步的规划，并决定先在一些省份开展试点。

与传统的学校教育不同的是，研学旅行是一种教育方式的创新，它把学生带离校园、带离课堂，或者说，把生动鲜活的社会生活、生产实践、文化场所、自然环境当成另一个课堂，寓教于乐，且游且学。在国外，这项活动被称为修学旅行，已经有五六十年的发展历史。它是一项常规活动，就像我国学校的班队会、升旗仪式一样。在发达国家，修学旅行是青少年学生成长过程中的一项重要内容，一些国家和地方政府还把它写进教育大纲或教育法律，对活动的开展予以保证。

一项学校教育活动被置于如此的战略高度，这背后有着丰富的潜台词值得细细解读。①

> **情境分析**
>
> 国外中小学生走向社会和大自然，触动了我国教育工作者，引入这种学习方式对我国中小学教育有着独特的意义。

1.1.1 我国研学旅行的发展历程

"研学旅行"一词出自《国民旅游休闲纲要（2013—2020年）》所提出的"逐步推行中小学生研学旅行"。"研学旅行"虽然是新生概念，但其本源却源远流长，不仅根植于我国深厚的历史文化土壤之中，也随着我国社会经济的发展而不断被赋予新的时代和思想内涵。研学旅行继承和发展了我国"读万卷书，行万里路"的游学传统和人文精神，对培养未来中国特色社会主义事业的接班人、不断推进中华民族伟大复兴的历史伟业有着极其重要的实践教育意义。

从个人发展角度来说，古圣先贤也是在克服各种艰险的过程中"知行合一"，进而掌握了丰富的知识与技能，陶冶了高尚的爱国情操，最终实现人生蜕变的。由于各个历史时期生产力水平的局限和不同时代背景下研学旅行者的主观倾向，我国研学旅行主要经历了古代游学（鸦片战争前）、近现代留学修学（鸦片战争后至中华人民共和国成立前）和当代研学（中华人民共

---

① 白宏太，田征，朱文潇. 到广阔的世界中去学习——教育部中小学"研学旅行"试点工作调查[J]. 人民教育，2014（2）：34—35. 有删改。

和国成立至今）三个时期，这三个时期一脉相承，展现了我国研学旅行的发展历程。

1. 我国古代游学（鸦片战争前）

（1）先秦时期——贵族游学

游学的出现可以追溯到先秦时期，有史可考的最早的古代游学主体是贵族统治阶级。

目前已知最早的游学者相传为周穆王姬满（前976—前923），根据《穆天子传》记载，周穆王曾在公元前964—前963年驾八骏之乘驱驰九万里，西行至"飞鸟之所解羽"的昆仑之丘，观黄帝之宫。又设宴于瑶池，与西王母做歌相和。成书于战国晚期的《穆天子传》也是目前已知的我国最早的旅游地理著作。[1]

东周时游学的主体仍是贵族阶层，游学多是为了躲避灾祸和实现政治理想，标志性人物当数春秋时期的晋文公重耳和孔子。晋文公重耳是春秋五霸之一，少时礼贤下士，聚拢了以狐偃为代表的不少贤臣，中年时因被父亲宠爱的骊姬迫害而被迫出走19年，遍历狄、卫、齐、曹、宋、郑、楚、秦等国，期间重耳饱经困苦屈辱，给我们留下了以"退避三舍"为代表的不少历史典故。重耳在这19年内磨炼出坚强冷静的意志品质，积累了丰富的政治经验，锻炼了日后的执政能力。公元前636年，重耳在秦国的帮助下返晋登基，终成一代春秋霸主。

据《史记·孔子世家》记载，鲁定公十四年（前496），55岁的孔子带着弟子们周游列国。他们一边读书问道，开坛授课招收弟子，"有教无类"地向平民阶层传播文化知识，一边向诸侯国国君游说，宣传其"仁政"思想。其游学足迹遍及卫、陈、鲁、宋、郑、蔡、楚诸国，有些地方至今还保留着有关孔子的遗迹。孔子与弟子们在游学途中时刻践行着"三人行，必有我师焉"，留下了"访礼于老聃，学乐于苌弘"的故事。对于如何认识客观世界，留下了"两小儿辩日"的趣闻；对于如何面对人生逆境，留下了"仁人廉士，穷改节乎"的思考；对于劳动人民的悲惨遭遇，则留下了"苛政猛于虎"的诘问浩叹。孔子曰"君子怀德，小人怀土"，意在劝告大家不要留恋故土，应该通过游学四方增长见识，实现远大理想，大展宏图。[2]孔子及其弟子在游历中产生了影响至今的儒家思想，塑造了中国人最本质的人本主义底色和朴素的爱国主义情操。

（2）汉晋时期——初涉海外

汉晋时期，先贤的研学足迹已遍及大江南北甚至海外。

---

[1] 蓝勇.中国历史地理[M].3版.北京：高等教育出版社，2020：342.
[2] 刘香民.中国古代游学的历史考察与反思[D].曲阜：曲阜师范大学，2010：5.

被鲁迅誉为"史家之绝唱,无韵之离骚"的《史记》就是游学的结晶。《史记》的作者司马迁出身史官世家,本已掌握了先秦极为丰富的史料典籍,但他在撰述过程中仍感诸多不足。他在《太史公自序》中曾言:"二十而南游江、淮,上会稽,探禹穴,窥九疑,浮于沅、湘;北涉汶、泗,讲业齐、鲁之都,观孔子之遗风,乡射邹、峄。厄困鄱、薛、彭城,过梁、楚以归。"司马迁带着业已入心的先贤事迹,遍历中原和南方进行实地考察验证,获得了知识与经验的双重积累。这漫长的游学经历不仅深化了他对书面资料的全面理解和把握,更使他对中国的山川地貌、风土人情有了直观的认识,真正做到了"读书破万卷""胸中有丘壑",在游学过程中磨炼出的意志力使其日后在遭受宫刑时仍能坚持发奋著述。

东晋时僧人法显撰写《佛国记》,记录了其公元399年从西北陆路到天竺(今南亚次大陆)取经求法的过程。法显游学十几年,记录了西域、中亚、南亚和东南亚30多个国家和地区的佛教情况、地理概况、历史传说、社会文化和风土习俗等。《佛国记》堪称中国最早的跨国跨文化研学典籍。

(3)隋唐时期——诗歌风骚

隋唐时期,中国社会经济文化空前繁荣,不仅中西交通贸易较魏晋时期更为发达,中国的文化瑰宝——唐诗的发展也因诗人的游学而绚烂无比。

玄奘于唐贞观元年(627)万里远征,历时19年,行经110多个国家,最终撰写出《大唐西域记》。玄奘在书中记录了这些国家的山川形势、物产气候、文化习俗和经济文化等内容,极为丰富。《大唐西域记》堪称公元7世纪中亚、南亚的百科全书,尤其对研究当时的古印度具有重要的意义,可以说是中国古代最伟大的研学旅行文献之一。

妇孺皆知的唐代"诗仙"李白二十岁仗剑出川,四处云游,"且放白鹿青崖间,须行即骑访名山"就是其研学旅行的最佳写照,"李白斗酒诗百篇"固然有酒后文思泉涌的洒脱不羁,但字字句句却都是游学时所见的祖国大好河山和风土人情,如不见剑门就不会有千古名篇《蜀道难》,不见庐山也不会有千古佳句《望庐山瀑布》。"诗圣"杜甫也曾周游四方,他曾用《望岳》中"会当凌绝顶,一览众山小"一展胸中报国安民的志向,也曾有《壮游》中"东下姑苏台,已具浮海航。到今有遗恨,不得穷扶桑"的惆怅。可以说没有研学旅行,就没有唐诗在中国传统文化中的地位。

(4)宋元时期——中西初见

宋元时期,随着海上丝绸之路的进一步发展,中国"向外看"的研学旅行进一步扩展深化,西方人也开始来到中国并记录中国。北宋末年,宋臣徐兢于宣和五年(1123)作为信使礼物官出使高丽,他以耳目所及,博采众说,去粗取精,编纂《宣和奉使高丽图经》。书中记述了高丽山川地理、风土习俗、典章制度、往来道路等。元成宗元贞元年(1295),浙江温州人周达观奉命随使团乘船前往真腊(今柬埔寨),回国后以游记形式创作了《真腊风土记》。

书中描绘真腊国都吴哥城的建筑和雕刻艺术,详细叙述了当地居民的生活、经济、文化习俗、语言,并记载了真腊的山川、物产等。

除了中国人对周边国家用文献进行记录外,西方人也开始踏上古老的东方土地并开始对中国的记录,意大利人马可波罗和他的《马可波罗游记》就是重要代表。马可波罗在出使亚洲时记录了元代时期西亚、中亚、东亚、南亚地区100多个国家和城市,其中涉及山川地貌、风俗习惯、气候特点、各类物产和经济贸易等。该书不仅能启发我们对西方游学的思考,更为我们从古代"他者"角度理解当时的中国提供了一个独一无二的视角。可见这一时期的中外研学旅行不再囿于特定群体的个人兴趣或理想,而正式成为为国家政治服务的重要工具,中国研学旅行也不再专属于贵族、学者和僧侣,而是随着中外人文交往的加深进一步在社会各阶层中扩展。

(5)明清时期——游中探微

明朝中后期,随着中国的商品经济进一步发展,市民阶层扩大,游学不再被视为游手好闲之举,而成为士大夫阶层在科举之外另一个可资炫耀的经历。游学在当时已经突破了以往单纯观察、记录人文和自然情况的窠臼,游学者开始从主观感受的角度进行思考和记录。这方面的代表人物当推王士性,他自万历五年(1577)中进士后,宦迹遍及除福建以外国内各省,其性嗜游,每游览一地必撰写游记,后汇为《五岳游草》一书。《五岳游草》不仅记录了王士性游览时自己的所见所闻,更大量抒发了其游览时的主观感受,王士性让游学者不再是以往人文和自然情况的"照相机"和"录音笔",而让游学从此有了专门的文体——游记。王士性堪称游记文体的鼻祖。

除了游记这一文体的出现外,游学者也开始探究各种自然现象背后的科学机理。这方面以"游圣"徐霞客为代表,他历时三十多年游历全国各地,最终撰成名著《徐霞客游记》,这部游记记录了多年来他游历苏、沪、鲁、冀、津、京、晋、陕、豫、赣、闽、粤、湘、贵、滇等19个省市的各种见闻。徐霞客在游学中善于观察自然细微环境的特征,如对岩溶地形的记述,又注重对大的江河山川进行考证,如《徐霞客游记》中"故推江源者,必当以金沙为首"指出今金沙江为长江正源。《徐霞客游记》还大量记载了滇、黔两省的情形,成为我们今天了解17世纪初我国西南少数民族地区政治、经济、风俗文化、地理情况的重要资料。

及至鸦片战争前的清朝,提倡实学的士大夫们,在学术上反对义理之学,提倡经世致用、鉴往训今的实学,还有些文人学士为躲离仕途,潜游山水。这一时期游学的代表人物当推顾炎武和顾祖禹。顾炎武编著有巨著《肇域志》和《天下郡国利病书》,二书涉及当时我国各地的沿革、建置、山川、名胜、水利、资源、户口、田赋和兵役等与国家治理息息相关的内容。顾炎武的著述中除博采1000余部典籍外,尤其注重游学考察以验证典籍信息真伪,增补前人空白。顾祖禹所撰《读史方舆纪要》则侧重天下州县形势、方位道里、关隘战守等军事相关内容。他先后查阅了二十一史、历代总志及部分地方志书达百余部，取材十分广泛。同时，顾祖禹每凡外出便对城郭、山川、道里、关津仔细察看，并作深入调查访谈，无论过往商旅、征戍之夫，乃至与客人谈论时都注意对地理状况的异同进行考核。由此可见，与前代相比，游学不再是依附或衍生于其他活动的副产品，而成为开启清朝士大夫阶层经世致用学风的必然手段和主要路径。

晚清时，魏源因为处于清朝各种矛盾已趋白热化之时，敏锐地感到世事将有大变，读书人要有大作为，不能死读经书，抱残守缺，而要把经世致用思想与爱国主义情操紧密联系起来，才能实现自己的报国志向。他将士大夫之游分为游观、游士与游历。游观即通过"游"领略山河之美，这类游学者不仅爱登山远眺，而且爱游览江河湖泊。所谓游士，即游学者通过"游"考察社会，体察民情，激发自己深入思考，获得令自己鼓舞和振奋的精神力量，实现经世致用的抱负。而游历指游学者旨在通过经历、体验，感悟世事人生。他的游学观，对后来以毛泽东为代表的湖南学子影响巨大。

2. 我国近现代留学修学（鸦片战争后至中华人民共和国成立前）

游学发展到近代，与古代游学已有一定区别，出现了近现代意义上的官方外交交流和民间求学的"修学旅游"。自鸦片战争以来，清政府被迫打开国门，中国的主权被列强践踏，逐步丧失了独立自主的地位。在这一背景下，清政府被迫派出人员与西方进行交流，及至19世纪70年代，在洋务运动"师夷长技以自强"口号的指导下，各种工商技术考察团和"留美幼童"踏上了远赴异国他乡的轮船，此后"留学""修学"的热潮在古老的中华大地兴起，一大批爱国知识分子和开明绅士走出国门，学习西方科技文化，同时走入民间劳苦大众当中，寻求救国之道。

（1）官派政商交流——初窥四海

第一批由清政府派出到西方进行游历考察的是同治五年（1866）由斌椿父子率领的同文馆学生一行五人。斌椿在返回国内后著有《乘槎笔记》《海国胜游草》《天外归帆草》等书，对欧洲主要名胜古迹作了详细记载。同行的同文馆学生张德彝著有旅行日记《航海述奇》，着重刻画近代欧洲文明。斌椿一行是清政府第一次派往西方的官方旅行团，开拓了中国主动向西方交流的风气。其后不到两年，清政府又派出了由美国人蒲安臣率领的"办理中外交涉事务"的外交旅行团前往当时西方所有与中国有条约关系的国家。外交旅行团除考察西方各国文化风俗外，还参观了工厂、矿山和军事工业，极大地加深了中国士大夫阶层对西方的全面认识，并且开创了中国近代外交旅行的先例。

19世纪70年代，随着洋务运动的深入，清政府也开始派出工商技术代表团旅行国外。如1876年以李圭为代表的旅行团赴美国费城参加了万国博览会，

1879年派出徐建寅考察西方军事工业并订购铁甲舰船。徐建寅的旅行日记《欧游杂录》是中国科技人员第一次对欧洲近代军事工业进行系统考察的专著。

同样在这一时期，清政府又陆续派出郭嵩焘、曾纪泽、薛福成、黄遵宪等担任驻外外交人员。他们长期近距离观察西方政治、经济、文化与科技的发展，成为古老的中国向西方全面学习的先驱。

及至20世纪初，庚子条约的签订让中国彻底沦为半殖民地半封建社会，沦入生死存亡的危局当中，革命呼之欲出。在汹涌澎湃的革命浪潮下，清政府被迫派出了载泽、戴鸿慈、端方等五位大臣组成的高级政府代表团出洋考察西方政治体制，虽然这种考察所带来的改变没有也不可能从根本上挽救清朝的腐朽统治，但确实成为促进清政府实行"预备立宪"的一个重要因素。①

（2）内外求知求学——图救自强

① 海外修学旅行

晚清时期，面对国家民族的危亡局面，民间的海外修学旅行同样方兴未艾。著名代表人物有戊戌变法的领袖康有为，他既是杰出的资产阶级政治家、思想家、教育家，又是一位著名的旅行家。终其一生，康有为不仅爱游成癖，有着丰富的旅游实践经验，而且他还将旅游放到中西文化交流的大背景中，特别重视旅游的教育作用，积极主张向西方派遣留学生，进行修学旅游，以培养近代中国社会所急需的人才。那时，中国的政治、经济、文化都已落后于西方，国内矛盾重重，国外列强环伺。随着"门户开放""西学东渐"，西方的先进思想逐渐传入中国，一些中国人勇敢地站在时代的最前列，沟通中西文化，从中寻找救国强国的真理，体现在他们思想、行为上的主旋律就是爱国、改革、开放，向西方学习。在这种时代大背景下，康有为的旅游实践已远非传统的"乐山乐水"，而是与中西文化交流融合，成为学习西方先进经验的有效途径。

随着近代中国国门洞开，普通中国人或主动或被动地以劳工或学子的身份奔向西方。他们成为近代民间中西沟通的桥梁，有的在学习西方先进知识和科技后返回国内，成为近代最早的成长于西方环境里的知识分子，由此掀起了一波波留学热潮。这一热潮主要经历了四个阶段：赴美留学、留学日本、庚款留学、留法勤工俭学。

广东省香山县南屏村（今珠海市南屏镇）容闳是第一个毕业于美国耶鲁大学的中国留学生。他是中国留学生事业的先驱，被誉为"中国留学生之父"，也是中国近代著名的教育家、外交家和社会活动家。他于道光二十七年（1847）赴美留学。咸丰四年（1854），容闳以优异的成绩从耶鲁大学毕业，毕业后返回中国。同治七年（1868），容闳向清政府提出以选派幼童出国留学为重点的四项条陈，后清政府送出了第一批"留美幼童"。遗憾的是由于中西观

---

① 黄玲. 论近代中国的海外修学旅游[D]. 湘潭：湘潭大学，2003：20—24.

念的巨大冲突，清政府最终撤回留学生，但其中第一批"留美幼童"的归国对洋务运动的开展起到了很大的推动作用，如中国第一条自主设计建造的铁路——京张铁路的总工程师詹天佑就是首批"留美幼童"之一。

1894年中日甲午战争失败以后，洋务运动破产，亡国危机激发了中华民族的觉醒。国民也看到日本经过明治维新等一系列改革后一跃成为世界列强。于是，清政府大力鼓励青年学子及知识分子出国留学寻求民族振兴、国家富强的道路。一股留学日本的热潮便由此涌现，其中以蔡锷、黄兴、宋教仁等人为典型代表。

在西方列强退还"庚子赔款"后兴起了新的留学热潮。当时的美、英、比等国为了扩大其在华的影响，相继与中国签订协定，以"庚子赔款"作为留学经费，要求中国输送留学生。这一时期的留学形势形成了新的多元化局面，培养了一大批出色的科学家，他们日后成为中国现代科技事业的奠基人和开拓者，如陈省身、钱学森和杨振宁等人。

第一次世界大战爆发后，身处战争一线的法国劳动力奇缺，因此向并不敌对的中国请求劳工赴法工作，在青年学子当中的留法勤工俭学遂应声而起。这一留学运动主要发生在五四运动前后，各种新思潮涌入中国，在巴黎华法教育会与勤工俭学会的大力倡导下，赴法勤工俭学成为新的留学潮流。这批留学生主要是以"勤于工作，俭以求学"为宗旨，在法国各地的学校和大工厂中边工作边学习，研究各种社会主义思潮。周恩来、陈毅、邓小平就是这批留学生中的杰出代表。[1]

② 国内修学旅行

除了奔赴海外留学旅行的知识分子，那些因各种原因未能出国的知识分子也在国内进行了力所能及的修学旅行，他们为认识和改良社会、寻求救国救民的道路而四方游走，其代表人物当推毛泽东和陶行知。

1917年暑假，毛泽东和其挚友萧子升进行了一次游学，这次游学中毛泽东和萧子升在"身无半文"的条件下历时六周步行近千里，到了长沙、宁乡、安化、益阳、沅江五县城乡。这无疑培养了毛泽东艰苦奋斗的精神，是对其生存能力的一次重要检验和培养。在游学中他们留下了宝贵的游学笔记，获得了"周知社会"的第一手材料。毛泽东还曾把游学途中的感受写成通讯，投寄湖南《通俗日报》，反映不平等的社会制度问题，以期研究和解决。这无疑形成了毛泽东实事求是的作风，是对其调查研究能力和分析解决问题能力的一次重要检验和培养。毛泽东一生都非常重视艰苦奋斗和调查研究，强调理论"本本"必须与社会实践相结合。[2]

---

[1] 陈林，卢德生. 我国研学旅行历史演变及启示 [J]. 江西广播电视大学学报，2019（1）：28—29.

[2] 徐方平，许会丽. 青年毛泽东缘何"游学"——纪念中国共产党诞辰80周年 [J]. 湖北大学学报（哲学社会科学版），2001，28（4）：6—10.

著名人民教育家陶行知则是教育领域践行修学旅行的代表人物。他积极倡导修学旅行，并在其创办的晓庄师范学校、新安小学等学校积极践行其教育理念。1929年，时任南京晓庄师范学校校长的陶行知办起了一所新型的学校——新安小学，并兼任校长。① 他资助组织的"新安旅行团"在做中学，在学中做，在行走中成长。1935—1952年，"新安旅行团"的足迹遍及22个省。饱经历练的"新安旅行团"后来在政治、军事、经济、科技、文化和艺术等各个领域涌现杰出人才200余人。"新安旅行团"成为跨时代的研学典范。生活教育理论是陶行知教育思想的理论核心，他提出了"生活即教育""社会即学校""教学做合一"三大主张，陶行知成为近代中国的教育典范，开创了中国研学旅行的先河。"新安旅行团"虽然是在特殊环境下的典型案例，在发展的过程中，许多成员随着年龄的增长，再也没有走回校园，而是直接走上了民族解放斗争的战场，这已经不是教育意义上的研学旅行了，这对于今天的研学旅行活动来说，在相信儿童，尊重儿童的创造力，大胆解放儿童的头脑、双手，解放儿童的时间和空间等方面是有不少启发的。②

3. 我国当代研学（中华人民共和国成立至今）

中华人民共和国成立初期，国力薄弱，受国际环境影响，我国实行"一边倒"的外交政策，1951年我国向苏联派出375名留学生，后因中苏关系恶化，留学教育停滞不前。1972年，我国先后向英、法、意等32个国家派遣了大约一千五百多名留学人员，留学教育开始表现出复苏和发展之势。总之，在改革开放前期仍表现为留学教育，没有出现修学旅游教育。

自改革开放后的20世纪80年代中期开始，日本青少年学生开始到我国进行修学旅行，规模逐年扩大，频次也不断增加，所到之处由当地政府和旅行社接待，我国也顺势设立了相关机构。1985—1995年的十年间，广东省、北京市、山东省先后成立"接待日本青少年修学旅行委员会"，江苏省成立"教育国际交流服务中心"，中国国际旅行社总社与其他多家单位联合举办了各类关于修学旅行的学术活动，这些入境、出境修学旅行活动的开展为我国实施中小学研学旅行积累了经验，并提供了借鉴。

随着我国在20世纪90年代初提出教育改革并全面推行素质教育，许多地方开始将接待和观察国外修学旅行的经验进行本土化尝试。首个"修学旅行中心"于2003年在上海成立，该中心还组织专业人员编写出版了《修学旅行手册》，倡议江苏、浙江、安徽等地区联合打造华东修学旅行文化游黄金线路。2006年山东曲阜举办了"孔子修学旅行节"，这是第一个修学旅行节庆活动，借此弘扬中国儒家文化。伴随着新课程改革的深入，研学旅行逐步

---

① 孙肖平，林铭纲. 新安旅行团之父汪达之[J]. 世纪，2004（4）：18.
② 李燕. 国难背景下的修学旅行[D]. 南昌：江西师范大学，2014：12—26.

纳入学校教育的课程体系。2008年，广东省率先把研学旅行写进中小学的教学大纲，并将研学旅行作为中小学的必修课程之一。[①]

全国性的研学旅行政策出台则源起于2012年时任教育部部长访问日本的一次经历，他回国后曾谈到访问日本时对日本学生成群结队修学旅行的情形印象极为深刻。对比之下，也深感我们的教育方式确有待改进的地方，否则孩子的身心健康，集体主义、爱国主义情感的培养都将留下不足。若是全面推进做不到，个别地方、一些学校是可以试行的。若是有计划地推进，不断加以倡导，逐步扩大范围，是会有效果的。[②]

之后，我国以日本的修学旅行为起点，又逐步研究英国、美国、韩国和新加坡等国家关于研学旅行方面的政策。2012年11月，教育部正式启动中小学研学旅行工作研究项目，指定合肥、上海、西安、杭州四个城市为全国首批研学旅行试点城市。

在首批试点的基础上，中国特色研学旅行初露端倪。2013年2月2日，国务院办公厅吸纳教育部的建议后整合出台了《国民旅游休闲纲要（2013—2020年）》，该纲要首次正式提出"研学旅行"这一概念，要求"逐步推行中小学生研学旅行""鼓励学校组织学生进行寓教于游的课外实践活动，健全学校旅游责任保险制度"。同年，教育部也颁布了《关于开展中小学生研学旅行试点工作的函》，规定了研学旅行的活动范围、时间、形式等内容。这是我国第一次从全国层面跨部门通盘设计中国特色研学旅行。

2014年是研学旅行相关规章制度进一步细化的一年。3月4日，教育部发布《关于进一步做好中小学生研学旅行试点工作的通知》，在前期试点基础上进一步扩大了范围，决定在河北省、上海市、江苏省、安徽省、江西省、广东省、重庆市、陕西省、新疆维吾尔自治区进行试点。7月14日，教育部又颁布了《中小学学生赴境外研学旅行活动指南（试行）》，对中小学生寒暑期赴境外研学旅行团体的教学内容、时空跨度和安全责任机制等作了规定。8月9日，国务院在《关于促进旅游业改革发展的若干意见》（国发〔2014〕31号）中正式提出"建立小学阶段以乡土乡情研学为主、初中阶段以县情市情研学为主、高中阶段以省情国情研学为主的研学旅行体系"。至此，中国特色研学旅行的面貌逐渐清晰。

2015年，《国务院办公厅关于进一步促进旅游投资和消费的若干意见》（国办发〔2015〕62号）提出"支持研学旅行发展""把研学旅行纳入学生综合素质教育范畴"，研学旅行的市场价值开始得到进一步彰显。

2016年被学术界称为研学旅行元年。1月8日，原国家旅游局（现文化和旅游部）在《关于公布首批"中国研学旅游目的地"和"全国研学旅游示范基地"的通知》中授予10个城市及地区"中国研学旅游目的地"称号，授

[①] 陈光春. 论研学旅行 [J]. 河北师范大学学报（教育科学版），2017，19（3）：36—37.
[②] 王晓燕. 中小学生研学旅行政策的核心要义 [N/OL]. 中国出版传媒商报·成长教育周报，2019-01-22[2023-08-02].http://dzzy.cbbr.com.cn/html/2019-01/22/content_10_2.htm.

予20家单位"全国研学旅游示范基地"称号。3月18日，教育部根据试点情况反馈继续推出《关于做好全国中小学研学旅行实验区工作的通知》（基一司函〔2016〕14号），调整在天津市、河北省、江苏省、安徽省、江西省、河南省、湖北省、重庆市、贵州省、新疆维吾尔自治区进行进一步试点工作。11月30日，教育部等11部门出台了《关于推进中小学生研学旅行的意见》（教基一〔2016〕8号），正式把研学旅行纳入中小学教育教学计划。研学旅行由此正式成为全国中小学生的必修内容。为保证新兴的研学旅行健康发展，12月19日，《研学旅行服务规范》（LB/T 054—2016）对研学旅行服务提供方、人员配置、产品、服务项目以及安全管理等内容进行了详细规定。

因确立了首批研学旅行基（营）地，2017年被称为研学旅行推广年。2017年12月6日，《教育部办公厅关于公布第一批全国中小学生研学实践教育基地、营地名单的通知》（教基厅函〔2017〕50号）将204个单位命名为"全国中小学生研学实践教育基地"，将14个单位命名为"全国中小学生研学实践教育营地"。

因继续公示了大批研学旅行的基（营）地，2018年被称为研学旅行实践年。2018年11月1日，《教育部办公厅关于公布2018年全国中小学生研学实践教育基地、营地名单的通知》（教基厅函〔2018〕84号），再度命名377个单位为"全国中小学生研学实践教育基地"，命名26个单位为"全国中小学生研学实践教育营地"。

2019年，研学旅行进一步向标准化、普及化和专业化发展。2019年2月，中国旅行社协会发布了《研学旅行指导师（中小学）专业标准》（T/CATS 001—2019）和《研学旅行基地（营地）设施与服务规范》（T/CATS 002—2019）。2019年3月，教育部教育发展研究中心研学旅行研究所发布了《全国中小学生研学旅行状况调查报告》，对全国31个省（自治区、直辖市）的3946所学校、3.3万名家长进行的中小学生研学旅行实施情况调研结果显示，2017年全国学校参与率平均为38%，2018年已达到50%。2017年上海市、江苏省、山东省、湖北省、天津市、辽宁省等地的学校参与率均超过了50%；2018年重庆市、内蒙古自治区、北京市、浙江省、黑龙江省、新疆维吾尔自治区、福建省等地的学校参与率也超过了50%。研学旅行在全国已经初步形成规模化发展态势。[①] 2019年10月18日，教育部增补研学旅行管理与服务专业，归属旅游大类中的旅游类，修业年限3年，并于2020年9月在全国32个职业院校开启首届研学旅行管理与服务的专业招生，将研学旅行推向专业化发展的方向。2024年1月31日，教育部官网公布《高职本科专业学士学位授予学科门类对应表》，"研学旅行策划与管理"列入其中，成为

---

① 王晓燕.研学旅行亟需专业化引领发展[EB/OL].（2020-08-21）[2023-08-01].http://sz.zjer.cn/index.php?id=4148391&r=portal/content/view.

高职本科专业，授予学位门类为管理学，序号为215，专业代码为340104。

1.1.2 西方研学发展概况

1978年党的十一届三中全会召开，提出了对外开放的政策，此后我国在政治、经济、文化、教育等方面发生了翻天覆地的变化。此时，西方的研学旅行思想随着改革开放开始传入我国，其历史内涵和理论实践体系也成为我们学习的对象。

1. 英法：开全世界近代研学风气之先河

作为现代旅游业诞生地的英国，一直以来就有崇尚研学旅行的风气。英国所谓的"大陆游学"（the Grand Tour），实际上就是研学旅行。与中国古代以贵族士大夫为主的游学相类似，"大陆游学"作为一种教育方式早在16世纪就已出现，在此后的两个世纪里，游学的人数不断增多。到18世纪下半期，游学的人数达到顶峰。这时游学的人员已不再限于贵族子弟。"大陆游学"在某种意义上已经成为身份的象征，很多富有的人将他们的孩子送去游学。"大陆游学"在当时被视为是贵族青年教育的必经阶段，为英国上层社会普遍接受。其兴起的主要原因是：文艺复兴和新的教育理念的广泛影响，英国国力的增强以及与欧洲大陆联系的加强，英国贵族经济实力的上升，英国贵族文化水平的提高，交通状况的改善。游学者中有相当一部分专心求学的学生和进行学术研究的学者。至此，"大陆游学"已经不仅是贵族子弟的教育方式，而具有了更广泛的含义。

"大陆游学"促进了英国艺术、学术和科学的发展。英国贵族在游学中受到熏陶，对艺术和科学的兴趣更加浓厚，更多地赞助文化事业，这为英国文化和科技的发展创造了良好氛围。[①] 及至19世纪，随着英国殖民地遍及全球，即使是当时英国普通的青年学子，若不曾有过海外研学旅行的经历，也会被人看不起。

19世纪，徒步旅行、登山探险、狩猎钓鱼、滑冰滑雪在欧洲兴起，很多户外运动在英国诞生并在英国贵族中流行起来，贵族阶层广泛参与户外运动并开始重视借助户外运动训练贵族子弟的男子汉气概。在此潮流之下，19世纪70年代英国开始探索青少年户外教育，爵士罗伯特·贝登堡提出他所倡导的户外教育是"为生活而准备的教育"，主要运用徒步旅行、野外露营、水上运动等户外运动形式训练青少年，以提高他们的身体素质和意志品质，使他们成为对社会有贡献的人。此后，户外教育在全世界流行起来并渗透到各类学校，逐渐成为具有教育意义的世界潮流。直到今天，欧美国家青少年仍

---

① 陶军.18世纪英国大陆游学及其原因和影响[D].武汉：武汉大学，2005：34—48，64—65.

然乐于参与户外教育。[1]

现如今人们比较熟悉的拓展训练也源于英国。20世纪40年代成立的阿德伯威海上训练学校用于对水手们进行有意识的心理训练，目的是提高年轻海员的生存能力，这是拓展训练最早的雏形。基于拓展训练的理念，第二次世界大战后户外拓展管理培训在英国出现，应用于对管理者和企业家进行心理和管理两个方面的培训，因其新颖、有效且在户外环境中进行，很快风靡全世界。其后，美国一所高中的校长皮赫将拓展训练的方法与现代的学校制度结合起来，为教育开拓了新的思路和领域：1974年出台美国高中外展训练实践活动大纲，得到了人们的好评，在美国一直沿用该大纲的学校达到90%，经过不断的发展，随后相应的拓展训练学校遍及全世界。在亚洲地区，新加坡、日本、韩国先后引进了这种体验式教育的课程模式。[2]

在法国，研学旅行并未形成系统的教育理念或者教学方式。但在法国的基础教育中，研究性学习得到了普遍的认可与推广，法国的这种类似于课题系统研究的、独特的研究性学习，实际上也包含有研学旅行的成分。[3]

2．美国：营地教育提倡松散管理和个性化教育

美国研学旅行活动的主体是各类营地教育（Camp Education）。什么是营地教育？美国营地协会给出的定义是：一种在户外以团队生活为形式，并具有创造性、娱乐性和教育意义的持续体验活动。通过领导力培训以及自然环境的熏陶，帮助每一位参与者达到生理、心理、社交能力以及心灵方面的成长。

这种活动模式最早可追溯至1861年一位名叫肯恩的康涅狄格州教师，他带领着学生进行了为期两周的登山、健行、帆船、钓鱼等户外活动。此后，"肯恩营队"每年8月在一座森林的湖畔集结并进行户外活动，持续12年之久，这种模式成为今日美国营地教育的模板。时至今日，美国有1.2万多个营地（约7000个住宿营地及5000个非住宿营地），每年有1000万左右儿童和青少年参加营地教育。

美国营地教育与其他国家的类似活动相比，突出特点就是极其重视法律规定，地方、州和联邦法律都制定了相应的法律法规来保障营员在营地活动的安全和健康。营地必须遵守安全法等所有法律，否则将因为任何疏忽或未能达到应有的行业标准而承担刑事或民事责任。

美国营地教育主要具有以下特点：

① 产业化。由相关方根据法律法规进行严密的合作与分工，如由政府严格把关，公益组织监督管理，社会各界大力支持，法律保障下相关的上下游产业也高度发达，形成了完整的产业链。

---

[1] 吴明华，罗玲．我国中小学生研学旅行课程的教育学思考[J]．教学与管理，2020（12）：6．
[2] 吴明华，罗玲．我国中小学生研学旅行课程的教育学思考[J]．教学与管理，2020（12）：6—7．
[3] 薛兵旺，杨崇君．研学旅行概论[M]．北京：旅游教育出版社，2020：18．

② 专业化。负责实施营地教育的营地教练具有综合性技能，他们不仅要懂得体育卫生、野外生存、紧急自救和救护他人等知识技能，还需要懂得青少年心理学等知识。

③ 标准化。营地教育行业历史悠久，并形成了标准化的认证和监督管理系统，如新成立的夏令营机构能够通过知名协会的认证，从而高效且低成本地被公众所知晓。

④ 细分化。课程、活动门类丰富。在体育、艺术、语言、野外生存、社区服务、职业体验、特殊需求中，每一类别下均有数十种至上百种项目。

⑤ 传承性。第一，大多数美国家长自己从小就参加过营地教育，这是美国教育的传统。家长们相信美国的营地教育受到严格的监管，达到了健康和安全等方面的行业标准，所以很愿意把孩子送到营地。第二，美国从事营地工作的绝大多数是大学生，他们季节性地在同一营地从事相关工作。这些大学生营地员工通常从小就长期参加该营地的活动，多数极为熟悉该营地的情况并具有丰富的工作经验，他们在进入大学时也就顺理成章地成为营地导师。[①]

在营地教育的基础上，美国进一步结合自然科学野外现场教学的理念提出"探究式学习"的概念。他们认为研学就是研究性学习和旅行体验的结合，是校内教育和校外教育的衔接。学生参加假期活动主要是凭借兴趣爱好，研学旅行和夏令营、冬令营一样，为满足或培养学生的兴趣爱好提供了多种选择。[②]

3. 日本：历史悠久、经验丰富，形成完善的制度体系

在日本，属于研学范畴的教育活动被称为"修学旅行"。日本的修学旅行源于1882年枥木县第一初级中学的一次参观旅游活动，后随着教育的发展在全国得以推广。

在日本的修学旅行制度体系中，民间机构的重要性不容忽视。1953年，日本成立了一家民间组织——教材研究所，他们编写及出版的与修学旅行有关的教材和教育资料供绝大部分日本学校使用。值得一提的是，日本还于1955年成立了全国修学旅行研究协会，该协会作为独立的第三方机构负责调研、汇总并报道日本各地修学旅行情况。该协会的官方网站每年都会公布全国公立中小学的修学旅行情况调查结果、各地教育委员会关于修学旅行的有关规定和修学旅行研究进展等，其所附设的修学旅行实施委员会则定期召开与修学旅行有关的研讨会。

与美国类似，日本的修学旅行也形成了较为完善的管理制度：文部科学省负责以省令形式发布各类突发事件（如外交、安全动态等）及其他注意事项的通知；各都道府县颁布《国内外修学旅行实施基准》，规定修学旅行的实施对象、时间和范围等；学校自行确定修学旅行的具体日期、目的地、内容、

---

① 姜英敏，闫旭. 研学旅行制度建设的国际经验[J]. 人民教育，2019（24）：24—27.
② 薛兵旺，杨崇君. 研学旅行概论[M]. 北京：旅游教育出版社，2020：19.

评价等，并委托旅行社代办旅行业务。日本修学旅行的主题也是由各个学校自行决定的。

4. 韩国：国家进行管理和评价，注重小规模体验式学习

韩国的研学活动也被称为"修学旅行"，属于"体验式学习"的一种。体验式学习特指在校外开展且以学生体验为主的教育活动。

早在20世纪初韩国就开展了修学旅行。20世纪70年代，修学旅行因政治原因曾停止过一段时间，随着20世纪90年代全球化发展、海外旅行的普及等因素，修学旅行再次兴起。目前，修学旅行已经成为韩国重要的学校教育活动。

与美国、日本类似，韩国教育部在2016年颁布《修学旅行、修炼活动等体验式学习管理手册》，以期对全国的体验式学习进行规范化管理。其中对学校修学主题设计的三大要求尤其值得我们借鉴：

①尽量避免大规模、整齐划一的全年级修学旅行，单项活动的参与人数控制在2个班级或100人以内，实施"小规模、主题型、体验为主"的修学旅行活动，以增加学生间的对话交流机会，便于小组学习中的讨论与合作。

②通过班级师生讨论、年级组教师讨论确定旅行目的地与主题，要求充分考虑学生的发展阶段与水平，反映学生、家长的需求。

③要求实施有主题、有特色的项目式主题学习活动。例如，修学旅行的类型包括与各地方传统民俗活动相结合的修学旅行、以参观历史文化古迹为主题的见学式修学旅行、产业体验式修学旅行、以儒家文化与儒生文化体验为主题的修学旅行和以南方唱腔体验与美食体验为主题的修学旅行等。

需要强调的是，韩国特别重视修学旅行活动实施后的评价，要求学校通过以下五个步骤完成评价：

①调查并总结学生及家长的满意情况。

②召开由所有参与修学旅行的教师参加的自主评价会议，反省修学旅行过程中的问题，提出需要改进的内容，并将改进建议作为次年修学旅行计划的参考资料。

③要求学生登录学校生活记录簿平台，在成长档案袋中详细记录学习感想、研究报告等学习体验过程和结果。

④学校将所有关于修学旅行的过程性资料公开在所属地区教育厅网站，这些过程性资料作为数据库资料供全国中小学参考。

5. 新加坡：更认同本土文化

新加坡作为一个多种族多元文化混杂的城市国家，地域有限。其官方组织的研学活动是指"国际经验旅行"，也被称为浸濡活动。新加坡采取"政府鼓励资助，学校设计执行"的模式进行推广。该活动供小学4—6年级和中

学1—4年级学生参加。新加坡政府认为，每个学生在小学或中学阶段应至少参加一次出国浸濡活动。教育部会提供一定费用来资助学生出国，让每个学生都负担得起。团体规模介于15到100人之间，学校可根据自己的实际情况安排。研学地点选择以亚洲国家特别是中国为主。目的是让学生对与本国文化深度交织的国家或地区有更深入的了解，帮助学生在反思新加坡如何平衡多元文化共处交融的同时更加认同新加坡文化。

对于活动评价方面，由于实行"政府鼓励资助，学校设计执行"的模式，学校每年需要向教育部提交浸濡活动的报告，但与韩国公开分享的方式大有不同。该报告不公开发表，也不与其他机构分享。教育部有需要时也会收集学生的反馈表。学校会结合学生反馈表对整个浸濡活动进行反思，提出改进内容供次年参考。

在全球化的今天，学生不能再被束缚在象牙塔里学习固定不变的知识，研学旅行对培养学生核心素养的重要性不言而喻，这也是研学旅行越来越受世界各国教育界重视的原因。但是，研学旅行的成功实施不是一蹴而就的，需要系统的制度设计和细致、缜密的执行工作。最重要的是，怎样让学生通过研学旅行拓宽视野、舒展胸襟、培养能力，这是需要我们不断探索的。[①]

1.2 中国特色研学旅行的概念、类型与辨析

引例 西安的研学旅行模式

作为全国最早的试点城市之一，西安市走出了一条基于本地经济文化特色的研学旅行发展道路。西安市结合儿童青少年的发育水平和课程教材内容，在学期内积极组织开展小学四至六年级1至3天，初中一、二年级1至4天，高中一、二年级（含中等职业学校）1至5天的研学旅行。小学阶段研学旅行以了解乡土乡情为主，初中阶段研学旅行以了解县情市情为主，高中阶段研学旅行以了解省情国情为主。同时，西安市帮助服务和接待单位制订了上百个研学旅行一日、两日或多日方案。此外，西安市还建成了政府主导、部门协作、经费支持、组织规范、基地建设、课程推动、宣传引导、评价激励等八大工作机制，形成了四面八方布点、各具主题特色的研学旅行"西安教育地图"。数年来，西安市累计有1000余所学校的60余万名学生行走在包括博物馆、实践基地、现代化工厂、高新开发区、现代化农业园区、红色革命旧址等众多研学点构成的"西安教育地图"之上。学生通过参观学习、实践互动、体验等多种方式，提高了创新与实践能力，提升了人文及道德素养。

---

① 姜英敏，闫旭. 研学旅行制度建设的国际经验[J]. 人民教育，2019（24）：24—27.

> **情境分析**
>
> 基于西安的研学旅行经验，应思考在某地社会、经济、文化基础之上，政府、学校、企业该如何进行更好的分工协作，既不越位也不缺位，达成研学旅行整体成效最优。

"研学旅行"这一概念一方面深植于中国丰厚的历史文化和当代国情中，另一方面也与时俱进地不断吸收着西方国家的先进经验和近年来最新的国内研学旅行实践经验。这种富有中国特色的研学旅行从最广义的研学旅行参与者角度可以归纳为"从研学受众的真实生活和发展需要出发，从旅行生活情境中发现问题，转化为活动主题，通过探究、服务、制作、体验等方式，培养研学受众综合素质的跨学科实践性教育活动。随着时代的发展，研学旅行已经成为一种重要的教育方式，既能拓宽视野、增强知识储备，又能激发创新和实践能力，有利于人的全面发展"[①]。

1.2.1 中国特色研学旅行的概念

2016年，教育部等11部门《关于推进中小学生研学旅行的意见》（教基一〔2016〕8号）对研学旅行在组织主客体、教育体系中的特点和定位、学习时间、学习内容、意义价值等五个方面进行了明确的定义，即"中小学生研学旅行是由教育部门和学校有计划地组织安排，通过集体旅行、集中食宿方式开展的研究性学习和旅行体验相结合的校外教育活动"，研学旅行的时间"一般安排在小学四到六年级、初中一到二年级、高中一到二年级"，研学旅行的内容为"小学阶段以乡土乡情为主、初中阶段以县情市情为主、高中阶段以省情国情为主"。研学旅行的特点和价值在于研学旅行"是学校教育和校外教育衔接的创新形式，是教育教学的重要内容，是综合实践育人的有效途径"。至此，中国特色研学旅行的基本概念得到确认。

也是在2016年，为了承接这一重大教育改革内容，原国家旅游局（现文化和旅游部）也同步发布了《研学旅行服务规范》（LB/T 054—2016），该规范从旅游的角度将研学旅行定义为"以中小学生为主体对象，以集体旅行生活为载体，以提升学生素质为教学目的，依托旅游吸引物等社会资源，进行体验式教育和研究性学习的一种教育旅游活动"。可以看出这一规范不仅基本包含了教育部的有关规定，还指明了研学旅行的社会经济价值。

除了国家部门在政策和实践层面对研学旅行进行了定义外，学界也对研学旅行的概念进行了进一步细化。如杨崇君将狭义的研学旅行概念进一步分解

---

① 高敬敬．找准研学旅行发展"金钥匙"[N/OL]．中国旅游报（数字版）．2023-07-25[2023-08-01]．http://www.ctnews.com.cn/paper/content/202307/25/content_81397.html.

为五个要素：第一，研学旅行的主体部门是教育部门和学校；第二，研学旅行的组织形式是集体旅行、集中食宿；第三，研学旅行的性质是校外教育活动；第四，研学旅行是一种研究性学习和旅行体验相结合的学习；第五，研学旅行是一种教育创新。[①]这五个要素可以用来鉴别当前研学旅行市场中各种有意无意的概念混淆和宣传噱头。也只有把握住这五个要素，才能在研学旅行设计和实践中坚持中国特色研学旅行不走样、不变味。

从目前研学旅行的各地实践情况来看，全国各地普遍采用了教育部等11部门《关于推进中小学生研学旅行的意见》（教基一〔2016〕8号）中对研学旅行的定义，这个定义使用最普遍，也最权威。本书综合教育部、文化和旅游部及杨崇君的研究后认为狭义上的研学旅行应满足如下五个要素：第一，全国全体中小学生是参与对象；第二，教育部门主管研学旅行，具体由教育部门和学校进行组织；第三，研学实施地点是学校以外的场所；第四，集体旅行和集中食宿由学习和校外服务机构合作并安排实施，参与其中的广大中小学生不是走马观花的"游而不学"，而是在校内教师和校外研学旅行指导师的安排指导下进行研究性学习和实践体验；第五，研学旅行不是游离于中小学教育体系外的素质拓展，而是中小学教育体系中的正式组成部分之一，研学旅行是有明确的综合实践育人教育目标和内容的实践活动，它与中小学其他课程具有同等重要的地位。

1.2.2 研学旅行的相关概念及其辨析

研学旅行的五个要素虽然可以清晰地勾勒出研学旅行的基本面貌，但这五个要素与早先流行的其他各种校外活动多有交叉和共通之处，这里进一步进行厘清。

当前我国除了国家推行的研学旅行活动外，还有综合实践、劳动教育、营地教育等其他校外活动。

具体来说，研学旅行是教育部门和学校组织的校外教育活动，参与主体是全体中小学生；综合实践属于国家义务教育和普通高中课程方案规定的必修内容，与其他学科课程并列设置，是基础教育课程体系的重要组成部分；劳动教育是中共中央国务院推出的教育活动，涉及校内、家庭、基（营）地等多个场景，参与主体为大中小学生。与上述三种由国家教育部门推动实施的普及性和强制性教育活动相比，营地教育更多的是由市场化推动，由家长自愿参与并承担费用，子女个人或家庭共同具体参与的冬夏令营、亲子游学等。针对以上概念，以下分述之。

[①] 薛兵旺，杨崇君. 研学旅行概论 [M]. 北京：旅游教育出版社，2020：40—42.

1. 综合实践活动的概念及其与研学旅行间关系的辨析

2017年，教育部印发的《中小学综合实践活动课程指导纲要》明确指出综合实践活动"由地方统筹管理和指导，具体内容以学校开发为主，自小学一年级至高中三年级全面实施"。在课程属性上，综合实践活动是动态开放性的"跨学科实践课程"，强调"从学生的真实生活和发展需要出发"，选择并确定活动主题，通过探究、服务、制作、体验等方式，培养学生分析和解决现实问题的能力。并鼓励学生根据实际需要，对活动过程进行调整和改进，实现活动目的。综合实践活动既非某门学科知识的系统学习，也不同于某一门学科中的实践、实验环节，而是涉及多门学科知识的综合性跨学科实践课程。实践活动的主要类型有考察探究类、社会服务类、设计制作类和职业体验类。

综合实践活动与研学旅行的不同点和关系可以归纳如下：首先，研学旅行主要在小学四至六年级，初中一、二年级和高中一、二年级展开，而综合实践活动则贯穿于整个中小学各个年级。其次，综合实践活动更加凸显学生的主体性，即全程由学生设计主导，从学生的生活实际出发，打通课堂教育和生活之间的界限，并以学生为主体进行反思改进。研学旅行则由教师和研学旅行指导师进行设计引导。最后，从实践方面来看，研学旅行可归属于综合实践活动的考察探究类，即研学旅行是综合实践活动的子集。

2. 劳动教育的概念及其与综合实践活动间关系的辨析

劳动是人类特有的创造物质财富和精神财富的基本社会实践活动。劳动教育是培养学生热爱劳动、热爱劳动人民的教育活动。

劳动教育是新时代党对教育的新要求，是中国特色社会主义教育制度的重要内容，是全面发展教育体系的重要组成部分，是大中小学必须开展的教育活动。劳动教育是在系统的文化知识学习之外，有目的、有计划地组织学生参加日常生活劳动、生产劳动和服务性劳动，让学生动手实践、出力流汗，接受锻炼、磨炼意志，培养学生正确的劳动价值观和良好劳动品质的教育活动。在评价标准上，教育部颁布的《大中小学劳动教育指导纲要（试行）》要求将劳动教育纳入大中小学必修课程，将劳动素养纳入学生综合素质评价体系，把劳动素养评价结果作为衡量学生全面发展情况的重要内容，作为评优、评先的重要参考和毕业依据，也作为高一级学校录取的重要参考或依据。在课程设置上，我国要求构建劳动教育课程体系，大中小学设立必修课程和劳动周，同时强调其他课程应有机融入劳动教育内容和要求。

劳动教育与综合实践活动相比，有以下异同点。首先，综合实践活动和劳动教育都是中国特色教育体系的重要组成部分；其次，综合实践活动较劳动教育范围更为宽泛，劳动教育大略可以视为综合实践活动的子集；最后，相较于让大中小学生在综合实践活动中侧重习得科学与社会知识，劳动教育则侧重于让大中小学生在各种生活生产场景中通过实践习得基本生活生产技能。

3. 营地教育的概念及其与研学旅行间关系的辨析

与综合实践活动、劳动教育和研学旅行等属于中国特色教育体系不同，我国当下所流行的营地教育属于体系外的舶来品。美国营地协会给出的定义是：营地教育是一种在户外以团队生活为组织形式，能够达到创造性、娱乐性和教育意义的持续体验活动。通过领导力培训以及自然环境的熏陶帮助每一位参与者达到生理、心理、社交能力以及心灵方面的成长。

营地教育在我国于20世纪90年代初兴起，一些学校或旅行社、校外教育机构在寒暑假开展夏冬令营活动，营地活动有不同的主题。现代意义上的营地教育以教育学和发展心理学等跨学科理论与实践为依据，鼓励和引导青少年发掘自己的潜能，培养他们在21世纪经济全球化与社会多元化背景下共处、共赢所需要的意识与能力，如跨文化沟通与交流能力、领导力、生存能力、服务精神等。

营地教育在知识传授、能力培养、素质养成等方面与研学旅行有异曲同工之妙，但较研学旅行的目的性、教育性仍有差别。本质上，营地教育是市场化的校外教育形式，没有强制性和义务性，不在学期内进行，也不是所有学生都必须参与的，费用也相对较高，具体的营地服务和课程质量受社会市场的影响。

4. 综合实践活动、劳动教育和研学旅行间关系的辨析

综合实践活动、劳动教育和研学旅行三者之间的关系目前还没有定论。一种较为广泛的看法是，研学旅行和劳动教育都是综合实践活动的主要组成部分，二者融合共生，助推综合实践活动的发展。研学旅行等综合实践活动主题中可以设计劳动活动，综合实践活动是劳动教育的主阵地。当然，这种关系并非完全对应或被包容的关系，正是因为研学旅行有更广阔的空间，劳动教育有更深刻的内涵，研学旅行和劳动教育才能成为彼此紧密关联却又相互独立的体系，二者在中小学教育体系中的地位均愈发凸显。

研学旅行和劳动教育都以立德树人、培养人才为目的，研学旅行侧重于"读万卷书，行万里路"，劳动教育则侧重于"纸上得来终觉浅，绝知此事要躬行"，即让学生一方面掌握知识，开阔眼界，另一方面也要学会生存和生活。二者共同促进，以实现教育的知行合一，促进学生形成正确的世界观、人生观和价值观，培养他们成为德、智、体、美、劳全面发展的社会主义建设者和接班人。从研学旅行的角度来看，研学旅行不仅可以包含劳动教育和综合实践活动的手段和目的，还可以吸收营地教育的优势。表1-1为研学旅行与其他有关概念的对比。

表1-1　研学旅行与其他有关概念的对比[①]

名称		区别		
		组织形式维度	组织时间维度	课程内容维度
综合实践活动		义务教育阶段和普通高中教育阶段的必修课程，与其他学科课程共同设置，从小学到高中的所有年级全面实施，所有学生都要学习参加	小学一至二年级，平均每周不少于1学时；小学三至六年级和初中，平均每周不少于2学时；高中则要完成规定学分	综合实践活动课程与其他课程一样，均有明确的课程目标，此外还要求对活动内容、方式、过程和结果进行选择、组织、设计和评价
劳动教育		大体上属于综合实践活动中职业体验部分，由教育部门和学校有计划地组织学生参加日常生活、生产和服务性劳动	中小学劳动教育课程平均每周不少于1学时；职业院校培养阶段不少于16学时；本科培养阶段不少于32学时	中小学阶段的劳动教育与其他通用技术、地方课程、校本课程等有关内容进行必要的统筹；职业院校围绕劳动精神、劳模精神、工匠精神、劳动组织、劳动安全和劳动法规等方面开设劳动专题教育必修课程；普通高等学校在已有课程中专设劳动教育模块，或专门开设劳动专题教育必修课程，课程内容应加强马克思主义劳动观教育、普及与学生职业发展密切相关的通用劳动科学知识，经历必要的实践体验
营地教育	冬夏令营	由校外教育机构或旅行社利用中小学生假期组织开展的学习和训练活动，采取社会招募模式	寒暑假	属于教育体系外的素质拓展活动
	亲子游学	由校外教育机构或旅行社利用中小学生假期组织开展的子女与父母同行的活动，采取社会招募模式	国家法定假期或中小学生寒暑假	属于教育体系外的教育活动
研学旅行		属于综合实践活动中考察探究部分，由教育部门和学校有计划地组织安排，通过集体旅行、集中食宿的方式开展的研究性学习和旅行体验相结合的校外教育活动，是学校教育和校外教育衔接的创新形式，是教育教学的重要内容，是综合实践育人的有效途径	在小学四至六年级、初中一、二年级和高中一、二年级的学期内组织实施，每学年1～2次	研学旅行在小学阶段以乡土乡情为主、初中阶段以县情市情为主、高中阶段以省情国情为主

[①] 邓德智，景朝霞，刘乃忠.研学旅行课程设计与实施[M].北京：高等教育出版社，2021：6—10.

1.2.3 研学旅行课程类型

在厘清了研学旅行的概念、构成要素及其与其他相关概念的异同后,我们需要掌握研学旅行的分类。目前,学界一般根据活动对象的性质或活动实施的方式对研学旅行进行分类。

1. 按活动对象的性质分类

根据教育部等11部门《关于推进中小学生研学旅行的意见》(教基一〔2016〕8号),按照研学旅行活动对象的性质,研学旅行课程可以分为自然类、历史类、地理类、科技类、人文类、体验类等类型。

(1)自然类研学旅行课程

自然类研学旅行课程主要是指组织学生欣赏自然风景(山川河流、湖泊海洋等)和自然生物(如原始森林、野生动物)等的研学旅行课程。其目的是让学生感受祖国大好河山以及世界各地的美丽风光,感受大自然的美好与奇妙,激发与培养学生关爱大自然、热爱大自然的情感。

(2)历史类研学旅行课程

历史类研学旅行课程主要是指组织学生了解、理解和探索人类历史遗迹、名胜古迹、历史博物馆、名人故居等的研学旅行课程。其目的是让学生了解人类变迁和社会发展的过程,理解关键人物和关键事件在人类发展中的作用,更重要的是让学生感受人类的奋斗历史,革命的光荣历史。

(3)地理类研学旅行课程

地理类研学旅行课程主要是指组织学生参观、考察特殊地质现象(如沙漠、天坑、断层等)以及地质公园的研学旅行课程。其目的是让学生感受、探索地质奥秘、地质构造、地质环境及其形成,培养学生的环保意识和生态理念。

(4)科技类研学旅行课程

科技类研学旅行课程主要是指组织学生到科研基地(实验室)、科技馆、科技展览会、科技公司、厂矿企业、重大工程现场等进行参观、考察的研学旅行课程。其目的是让学生了解和探索科学原理及其应用,了解科技发展的过程及其给人类社会带来的影响与变化,想象未来的科技发展,以及进行科技制作等,并让学生感受改革开放的伟大成就。

(5)人文类研学旅行课程

人文类研学旅行课程主要是指组织学生深入各地体会不同地域人们的生活方式、风俗习惯、风土人情、理想信仰等的研学旅行课程。其目的是让学生感受中华传统美德,了解世界各地的风土人情,培养学生宽阔的胸怀,理解不同的生活方式和行为方式,并给予有需要的人以实质的、特殊的关怀。

(6)体验类研学旅行课程

体验类研学旅行课程主要是指组织学生体会各种职业以及各种特殊项目

（如高空体验、黑暗体验、极速体验、失衡体验、失重体验等）的研学旅行课程。其目的是让学生了解、体验不同职业的艰辛、乐趣、意义和责任，了解各行各业及整个社会的运转，增长学生各种特殊体验的经历，丰富学生的生活，完善学生的素质结构。

2. 按活动实施的方式分类

按照研学旅行活动实施的方式，研学旅行课程可分为参观类、体验类、操作类等类型。

（1）参观类研学旅行课程

参观类研学旅行课程是指那些只需要或者只能让学生通过视觉去观察、感受的研学旅行课程。在此类课程中，学生与活动对象（如风景、文物等）的直接接触较少，前文讲到的自然类、历史类研学旅行课程多半属于此类课程。

（2）体验类研学旅行课程

体验类研学旅行课程是指需要学生亲身参与相应的活动或在情境中进行体验的研学旅行课程，如前文提到的人文类、体验类研学旅行课程。此类课程允许或鼓励学生与研学对象接触，但这种接触通常不会改变研学对象的存在状态或性质。

（3）操作类研学旅行课程

操作类研学旅行课程是指需要学生动手制作和制造的研学旅行课程，如前文提到的地理类、科技类研学旅行课程中的有些内容，就需要学生动手操作。

当然，绝大多数研学旅行课程都是混合型的，既需要学生参观，又需要学生体验和操作。①

1.3 中国特色研学旅行的设计原则和意义价值

引例　研学旅行的失衡表现

2017年11月13日，湖北恩施来凤县实验小学组织310名学生赴武汉市参加研学旅行活动，其中一辆车行至武汉下高速时，不慎与交通附属设施发生碰撞，造成9名学生受轻伤。②

2017年以来，媒体披露的旅游景区因为旅游设施引发的人身伤害事故共

---

① 罗祖兵. 研学旅行课程设计[M]. 北京：中国人民大学出版社，2022：20—21.
② 实验小学生赴汉研学途中发生交通事故 9名学生受轻伤[EB/OL].（2017-11-14）[2023-08-02].https://www.sohu.com/a/204304510_763227.

有19起,占景区全部人身伤害事故总数近20%,居于首位。[①]

2019年7月22日,四川省内江市第二中学参加暑期赴京研学旅行的师生392人中,39名学生在返程列车上出现呕吐、恶心、腹痛等症状。经卫生部门诊断,为细菌性集体食物中毒,而食物是旅行社准备的方便食品。[②]

目前一些地方研学旅行活动开展较为随意,既无组织保障,也无经费和安全保障。有的旅行机构打着研学旅行的旗号,实则是假期托管班;有的旅行机构甚至只是几个人临时拼凑组成,没有相关资质,存在很大的安全隐患。这些情况严重地制约了研学旅行的健康、可持续发展。

一些研学旅行活动华而不实:或一味玩耍,只旅不学;或走马观花,学生无法静下心来观察、探究、体验,只旅不研;或只注重讲解知识,把应试教育的课堂搬到了户外,破坏了学生的自主性,只学不研;或过分强调学习,忽略了学生的个体性特点和感受,只学不旅。究其原因,主要是研学旅行课程目标弱化甚至缺失、恰当的课程开发缺乏、活动组织不力等,这降低了研学旅行课程的质量,育人效果难以达到。

教育行政部门很少有研学旅行指导师方面的专业培训,而一些社会机构的培训效果也不尽如人意。培训的滞后严重制约了研学旅行活动的广泛和高效开展。个别一线教师通过自学理论或参与研学旅行实践活动的方式提升了综合能力,但这种自我培训的方式无法形成一定规模,与研学旅行活动对研学旅行指导师在数量、质量上的要求不相适应。

一些学校组织的研学旅行活动反馈机制不完善。就研学旅行课程评价来说,多缺乏科学、系统的评价体系;评价的主体多以研学旅行指导师为主,学生自我评价和社会评价较少;评价的对象多以学生为主,对研学旅行指导师、行业机构和研学基(营)地的评价较少;评价的内容多集中在学生研学旅行活动中的表现和能力发展方面,对课程的编制是否合理、对活动的组织是否得力等评价较少;在评价的方式上,多重视目标完成情况的评价,忽略过程中的探究性、自主性、合作性评价。[③]

情境分析

从上述研学旅行的失衡表现看,在研学旅行开展过程中存在着交通安全管理、食品安全管理、课程评价等一系列需要重视的问题。出现上述问题的原因有研学旅行指导部门的不重视,有研学旅行主办方、承办方等的职责疏忽,也有研学旅行课程开发的华而不实,这些失衡的方面需要各个负责方端正态度,积极改进。

---

① 陈磊,赵婕.安全事故多发 景区旅游安全亟须完善立法 [EB/OL].(2018-11-26)[2023-08-15].http://travel.people.com.cn/n1/2018/1126/c41570-30420789.html.

② 程亚龙.赴京研学团39人食物中毒 学生称有火腿肠疑发青[EB/OL].(2019-07-23)[2024-01-10]. https://news.sina.com.cn/c/2019-07-23-doc-ihytcitm4131506.shtml.

③ 邱涛.研学旅行失衡的表现、成因及矫正 [J].教学与管理,2020(10):34.

1.3.1 中国特色研学旅行的设计原则

当前研学旅行市场高速发展，然而多方抢滩、价格虚高、货不对板等问题也不时暴露出来。如浙江省经营研学旅行业务的机构数千家，其中不少为各种培训机构、俱乐部、教育服务咨询类企业，未必具有委托开展研学旅行活动的文旅资质，研学旅行项目的质量也存在良莠不齐的情况。① 面对研学旅行迅猛增长所带来的新形势、新问题和新挑战，作为未来将投身于研学旅行事业的从业者，研学旅行工作者要秉承为祖国未来高度负责的态度坚决守住安全底线，增强家国情怀，践行新发展理念，将安全性、民族性、集体性、实践性、创新性等主要原则逐步融入研学旅行设计的各方面与全过程。

第一，安全性是研学旅行设计的重要原则。研学旅行课程设计方要在设计前系统地学习相关法律法规，要依法依规从实操层面厘清政府管理部门、学校、被委托企业、研学旅行指导师、家长、保险公司和部分具备民事行为能力的学生等各方的责任。研学旅行课程设计方要提前调研评估研学旅行活动整个环节的安全风险，并做好相关预案演练。学校、研学机构、研学基（营）地、研学参与人员等应强化全体人员的安全教育与安全意识，做到人人都是安全员。

第二，民族性是研学旅行设计的重要出发点和落脚点。研学旅行是学生在课堂外认识国情、传承民族文化的重要实践载体，具有鲜明的民族性特征。研学旅行课程设计者要认真学习和传承中华优秀传统文化，在研学旅行课程设计中，应该让学生更多地了解中华优秀传统文化的内涵和精髓，增强他们对中华优秀传统文化的认同感和自豪感。

第三，集体性是研学旅行课程设计者必须始终坚持的研学旅行价值导向。我国是社会主义国家，现代社会的大分工、强合作也要求广大中小学生必须从小就培养集体观念和合作意识。集体性强调中小学生和同学之间的合作、沟通和交流。中小学生要在实践中注重团队合作，发扬集体主义精神。在研学旅行活动中，应该让中小学生通过协作完成任务，强化集体荣誉感和团队精神，坚决避免突出个人、忽视集体的情况出现。

第四，实践性是研学旅行的"灵魂"所在。研学旅行课程设计者要让中小学生在体验中学会动手动脑，学会做人做事，培养创新精神和实践能力。在研学旅行活动中，相关工作人员应该让学生在实践中发挥自己的想象力和创造力，发现新的问题，寻找解决方案。研学旅行活动的实践性带来的新鲜感和收获感能提升学生的积极性、自主性。

第五，创新性是研学旅行始终服务于国家发展大局、始终服务于中小学生人生发展、始终保持自身生命力的原始动力。研学旅行课程设计者要把创

---

① 共青团中央.只旅行不研学？货不对板得解决！[EB/OL].（2023-05-28）[2023-08-01]. https://baijiahao.baidu.com/s?id=1767135830656896181&wfr=spider&for=pc.

新贯穿于研学旅行课程始终,加强研学旅行课程的教育实效性,不断优化研学旅行课程的设计与实施过程,让学生在研学旅行实践中不断加深对研学内容的理解,并转化为推动人的全面发展、推动党和国家事业发展的有效动能。

除此之外,研学旅行课程设计者在设计研学旅行活动的各个环节时还要时刻关注参与主体的自主性和实施方法的探究性,避免研学旅行指导师在研学旅行活动全过程中大包大揽,应尊重学生的主体性和创造性,坚决避免伤害学生自尊心和破坏学生积极性的行为产生。

研学旅行课程设计者还需要避免"游而不学""游完就完"和"一案百搭"的研学旅行课程设计误区。

第一,研学旅行课程内容虽然具有开放性,但要有明确的学习目标、系统的学习内容、规范的实施过程和科学的评价体系。各省市目前已将研学旅行课程教育评价结果逐步纳入学生学分管理体系和学生综合素质评价体系,即已从制度上确立了研学旅行课程在中小学评价体系中不可或缺的地位。研学旅行相关各方要在充分尊重个体差异性、鼓励多元发展的前提下,对学生参加研学旅行课程的情况和效果进行科学评价,这样不仅能将"游有所知""学有所获"的研学旅行课程实施的初衷落到实处,也为建立研学旅行多方互评互促制度和指导研学旅行未来发展打下良好基础。

第二,在研学旅行课程实施内容、研学目的地范围及研学时间范围方面,需要结合中小学生学段特点、成长规律特点来设计,地点由近至远,时间由短至长,内容逐渐从乡情、市情扩大到省情和国情范围,循序渐进地激发学生热爱家乡、热爱祖国的感情。这要求研学旅行课程设计者从各种主客观条件出发贯彻落实前述原则,科学设计研学旅行课程内容,坚决避免揠苗助长、华而不实、盲目跟风和生搬硬套。

1.3.2 中国特色研学旅行的意义价值

经过精心设计与实践的研学旅行课程,其意义价值绝不仅仅局限于培养学生的综合素质能力,党的二十大报告指出:"教育是国之大计、党之大计。培养什么人、怎样培养人、为谁培养人是教育的根本问题。育人的根本在于立德。全面贯彻党的教育方针,落实立德树人根本任务,培养德智体美劳全面发展的社会主义建设者和接班人。"教育部等11部门《关于推进中小学生研学旅行的意见》(教基一〔2016〕8号)中明确了就是要让广大中小学生在研学旅行中"感受祖国大好河山,感受中华传统美德,感受革命光荣历史,感受改革开放伟大成就,增强对坚定'四个自信'的理解与认同",同时要求研学旅行要以学生"学会动手动脑,学会生存生活,学会做人做事,促进身心健康、体魄强健、意志坚强,促进形成正确的世界观、人生观、价值观,培养他们成为德智体美全面发展的社会主义建设者和接班人"为培养目标。

可以看出研学旅行是为了实现党的教育目标应运而生的，也具备其他课程与教育方式所不能取代的地位及价值。

研学旅行本质上属于在旅行中的教育活动，其教育教学价值主要体现在以下三个层面：第一，从国家层面来看，研学旅行是在"游中学"，让国家未来接班人在学习知识技能的同时经历风雨，磨砺出优秀的意志和品质；第二，从学校层面来看，研学旅行是促使应试教育向素质教育转变的重要方式，是促使基础教育课程改革蜕变的重要抓手，也是结合所在地具体情境和社会需求形成学校办学特色和品牌的有效途径；第三，从学生个人和家庭层面来看，研学旅行的核心目标是在课堂外激发中小学生的学习兴趣，培养他们在更广阔的世界中思考和解决问题的能力。此外，研学旅行也能培养学生面向未来所必须具备的人际沟通和合作能力、对海量信息的筛选汇总能力、对各种诱惑的自我管理能力、对意外和复杂情境的适应能力、面向全球的对不同社会与文化的理解和包容能力、对有限时间和资源的管理能力、面对逆境困难时的自我激励能力和面对纷繁外部世界时保持独立品性的个人能力等八项能力。[①]

除此之外，研学旅行还对广大中小学生维护个人心理健康有着特殊的重要价值，在此基础之上才能帮助学生全面客观地认识当前中国国情并进行科学的生涯规划。

随着我国近年来社会经济的进一步发展，心理健康的重要性不亚于身体健康的新观念也日益深入人心。儿童与青少年的心理健康问题近年来愈发成为教育界、心理界甚至全社会都高度关注的焦点问题。儿童青少年心理问题的出现并非只与当下中国社会、经济、文化发展相关，而且与现今移动互联网时代互为因果、反复交织，已影响到中国特色社会主义事业接班人的培养。互联网的普及产生了帮助广大青少年建立人际关系、满足归属需要，链接社会关系、积累社会资本，获取信息资源、提升知识技能，分享生活状态、实现情绪表达等积极作用，同时也带来了青少年消极自我评价、降低自尊水平等负面社会影响，进而增加了青少年抑郁的风险。[②]广大青少年受学业压力等因素影响，实际上缺少通过校外实践的方式全面观察社会的机会，加之个人兴趣的差异和互联网公司的算法等因素影响，使他们实际上已经陷入了一个个以自我为中心的"信息茧房"之中。他们在面对虚拟空间里纷繁复杂的海量信息时缺乏辨识和正确看待的能力，三观形成和个人成长极易受到不良影响。

尤其需要注意的是，我国在 2022 年正式进入人口负增长时代，每年新生儿数量已经跌破千万大关，"未富先老"的基本国情对各行各业构成了永久性严峻挑战。面对我国老龄化的现实国情，国家、企业和个人除了积极拥抱

---

① 邓德智，景朝霞，刘乃忠. 研学旅行课程设计与实施 [M]. 北京：高等教育出版社，2021：10.

② 邓永光，沈璐璐. 社交网站使用对青少年抑郁的影响 [J]. 中国学校卫生，2023，44（4）：627.

新技术外，还必须系统地规划、研究如何合理分配日渐稀缺的人力资源。除了前述侧重于劳动技能获取和劳动观念培养的校设劳动教育课程外，还需要广大青少年进一步扩大视野范围，自主、全面地提前进行生涯规划教育。生涯规划的核心在于获取社会信息，了解现实与未来的社会发展趋势和人才需求；明确自身定位，找到合适的发展方向，追求幸福美好的未来。生涯规划教育就是有意识地将学科与生涯规划相关信息联系起来，并通过生涯规划主题式研学实践、劳动实践、职业体验、社会实践等方式，让学生亲身了解社会运作方式，体悟个人与社会、国家、世界的关系，增强根据自身兴趣专长进行生涯规划和职业选择的能力。①由此可见，研学旅行这种极为重要且极重实践的新式课程不仅与既有的劳动教育形成互补促进的关系，更是具有传统课堂理论教学所不能承担的教育作用。

面对上述诸多严峻紧迫的挑战，研学旅行能够在解决儿童与青少年心理问题方面起到重要作用。第一，研学旅行具有调节儿童与青少年心理的功能。它能使学生脱离单调的、程序化的日常学习生活，使焦虑、压力、厌恶等消极情绪在优美的大自然和丰富多彩的研学旅行活动中得到极大化解。第二，研学旅行是一种集体活动，它能有效改善儿童与青少年的伙伴关系，培养他们的集体感，重燃每个参与者的生活目标感，这些作用均是对抗儿童与青少年抑郁症的良药。②第三，研学旅行能够培养学生的创新能力与批判能力。每当学生来到一个相对陌生的地方时，都会产生新奇的感受，有助于学生进行对比和反思，从而提高创新能力；学生可以接触不同的人物和文化，接收不同的观点，从而真正走出以自我为中心的小圈子，建立对复杂国情、世情的正确认识，提高对网络内外多元观点进行辨别的能力。第四，研学旅行能够提高学生的心理品质。研学旅行基地有丰富的团体辅导场地和器具，可以训练学生的团队精神和拼搏冒险精神，提高学生心理承受能力；心理教育游戏可以激发学生的自信心，使学生克服恐惧心理。第五，在研学旅行课程中，学生所参与的职业体验能够帮助其发现自己的特长，培养学生正确的职业观，辅助学生进行职业规划。③

当下，包括研学旅行在内的各个行业都面临着人工智能迅猛发展和出生人口锐减的巨大挑战。研学旅行课程的设计者和实践者，必须站在时代背景下思考行业的发展路径，这样才能不断转危为机，永葆研学旅行的青春活力。

---

① 杜鹃，卢灵.渗透生涯规划教育的主题研学实践课程开发探究[J].中学地理教学参考，2023（13）：77—80.

② 吴凝，周婷，黄峥.青少年生活目标感与抑郁症状及年级的关系[J].中国学校卫生，2023，44（5）：682—685，690.

③ 黎启龙.研学旅行的德育特征、价值与实施[J].中学政治教学参考，2021（3）：41—44.

本章小结

我国研学旅行分为古代游学（鸦片战争前）、近现代留学修学（鸦片战争后至中华人民共和国成立前）和当代研学（中华人民共和国成立至今）三个时期，分别有孔子、司马迁、玄奘、李白、徐霞客、顾炎武、魏源、康有为、詹天佑、毛泽东和陶行知等著名代表人物。

狭义的研学旅行指由学校组织、学生参与的，以学习知识、了解社会、培养人格为主要目的的校外考察活动。本书认为狭义的研学旅行有以下五个要素：第一，全国全体中小学生是参与对象；第二，教育部门主管研学旅行，具体由教育部门和学校进行组织；第三，研学实施地点为学校以外的场所；第四，集体旅行和集中食宿由学习和校外服务机构合作并安排实施，参与其中的大中小学生不是走马观花的"游而不学"，而是在校内教师和校外研学旅行指导师的安排指导下进行研究性学习和实践体验；第五，研学旅行不是游离于中小学教育体系外的素质拓展，而是中小学教育体系中的正式组成部分之一，研学旅行是有明确的综合实践育人教育目标和内容的实践活动，它与中小学其他课程具有同等重要的地位。

研学旅行与诸多相关概念容易混淆。具体来看，综合实践活动是国家义务教育和普通高中课程方案规定的必修课程，与学科课程并列设置，是基础教育课程体系的重要组成部分；劳动教育是中共中央国务院推出的，涉及校内、家庭、基地等多个场景，参与主体为大中小学生；研学旅行是教育部门和学校组织的校外教育活动，参与主体为全体中小学生；劳动教育与研学旅行均属于综合实践活动的子集，三者同属于中国特色基础教育体系的一部分。营地教育属于我国现行教育体系外的自发性市场性教育活动，如由家长或机构组织开展的冬夏令营、亲子游学等。

根据教育部等11部门《关于推进中小学生研学旅行的意见》（教基一〔2016〕8号），研学旅行课程可以按活动对象的性质分为自然类、历史类、地理类、科技类、人文类、体验类等多种类型。按照研学旅行活动实施的方式，研学旅行课程可分为参观类、体验类、操作类等研学旅行课程类型。

中国特色研学旅行的设计原则包括安全性、民族性、集体性、实践性、创新性。此外，研学旅行还具有明确的学习目标、系统的学习内容、规范的实施过程和科学的评价体系。研学旅行是培育学生践行社会主义核心价值观的重要载体，也是拓展文化旅游发展空间的重要举措。研学旅行对维护广大中小学生个人心理健康、帮助学生全面客观认识当前中国国情和进行科学的生涯规划有着特殊重要的价值。

第 1 章 参考答案

简答题

1. 简述我国研学旅行的历史阶段、代表人物和主要事迹。
2. 研学旅行的定义是什么？它有哪些构成要素和课程类型？
3. 中国特色研学旅行具有哪些设计原则和意义价值？

第 2 章
研学旅行指导师素质与要求

学习导读

○ **本章概况**

本章重在结合历史和当下实际,明确"研学旅行指导师"这一新兴职业的概念,界定其外延和内涵,并指明研学旅行指导师所需具备的基本素质与职业要求。

○ **学习目标**

(1)掌握研学旅行指导师的概念;
(2)掌握研学旅行指导师所需的基本素质;
(3)掌握研学旅行指导师所需的职业要求;
(4)能够运用研学旅行指导师所需的基本素质与职业要求等相关知识,对相关案例中研学旅行指导师的做法进行分析与研判。

○ **素养目标**

(1)培养研学旅行指导师的教育情怀和职业精神;
(2)培养研学旅行指导师的政治素养和社会主义核心价值观;
(3)培养研学旅行指导师的职业理想,发掘其职业潜力。

引例　研学旅行指导师缺口巨大

自 2016 年教育部等 11 部门《关于推进中小学生研学旅行的意见》（教基一〔2016〕8 号）出台，各部门、各地区相继出台相应政策响应，几年时间以来，研学旅行通过实践不断发展和完善，可以说形成了一个新的行业，同时也诞生了一个新的职业，即研学旅行指导师。那么，研学旅行指导师进行等级评价的意义何在，又有怎样的含金量，对就业和职业发展有什么作用？

教育部等 11 部门《关于推进中小学生研学旅行的意见》（教基一〔2016〕8 号）明确指出各地要把研学旅行纳入学校教育教学计划，每年每生至少有 2～5 天研学旅行必修课时间，同时还将研学旅行纳入学生综合社会实践能力考核范畴。此后，全国各地相继发文落实具体执行措施，研学旅行行业人才的需求缺口巨大。

教育部 2022 年公布的相关数据显示，全国符合研学旅行年龄段的在校生（中小学）总规模约 2.22 亿人，如果按照一位研学旅行指导师带队 20 名学生来计算，全国至少需要 1100 万研学旅行指导师。

思考

成为一名合格的研学旅行指导师必须具备哪些素质呢？

研学旅行指导师的概念

引例　越来越多的新职业有了权威"身份证"

从事研学旅行指导工作的何意最近很高兴，因为人力资源和社会保障部近期公示的 18 个新职业中，研学旅行指导师在列。她感觉自己新潮的职业身份得到了权威认可。

2022 年，人力资源和社会保障部向社会公示民宿管家、家庭教育指导师、研学旅行指导师等 18 个新职业。经公示征求意见、修改完善后，这些新职业将被纳入新版职业分类大典。

2019—2021 年，人力资源和社会保障部会同有关部门发布了 4 批共 56 个新职业，包括 2022 年公示的 18 个新职业在内，人力资源和社会保障部发布的这些新职业主要集中在以下几类：

① 数字和高新技术领域，如大数据工程技术人员、无人机驾驶员、物联网安装调试员、农业数字化技术员等。

②现代服务业领域，如研学旅行指导师、调饮师、民宿管家等。

③能源与环保领域，如碳排放管理员、碳汇计量评估师、综合能源服务员、建筑节能减排咨询师等。

一些新职业从业者说，看到自己从事的工作被列入国家正式的职业目录，感觉自己获得了社会的认可，对工作更有信心了。

> **情境分析**
>
> 研学旅行指导师被国家人力资源和社会保障部正式列入国家职业目录，预示着研学旅行指导师这一职业被国家和社会认可，研学旅行指导师成为研学旅行管理专业学生未来就业的方向。

2.1.1 研学旅行指导师的定义

有别于常规形式的课堂教学，研学旅行既是行走的动态课程，又是跨学科的生成式课程。因此，带领学生进行研学旅行活动的师资质量，就显得特别重要。可以说，师资质量的高低，是决定研学旅行教育活动成功与否的关键。

在研学旅行师资的构成队伍中，研学旅行指导师的质量至关重要。那么，我们该如何解读"研学旅行指导师"的概念呢？2019年中国旅行社协会发布了《研学旅行指导师（中小学）专业标准》（T/CATS 001—2019），该标准作为目前全国唯一的研学旅行团体标准，明确了研学旅行指导师的定义。同年，文化和旅游部人才中心制定的《研学旅行指导师职业能力等级评价标准》，也采用该定义。

研学旅行指导师是指策划、制定或实施研学旅行课程方案，在研学旅行过程中组织和指导中小学生开展各类研究性学习和体验活动的专业技术人员。

我们可以从不同角度来解读该定义的具体内涵：

从工作流程看：该定义涵盖了研学旅行的行前工作（策划和制定课程方案）、行中工作（实施课程方案）、行后工作（评价总结）。从角色功能看：该定义指明了研学旅行指导师是研学课程的策划者、制定者和组织实施者。从职业需求看：研学旅行指导师不是一个传统职业岗位，而是一个新兴的职业，研学旅行指导师是既懂教育，又懂旅游的跨行业复合型专业人才。

《研学旅行指导师（中小学）专业标准》（T/CATS 001—2019）旨在规范和引导研学旅行指导师队伍的健康发展，提出了行业对合格研学旅行指导师专业素养的基本要求，是研学旅行指导师实施研学旅行教育活动的基本规范，是引领研学旅行指导师专业发展的基本准则，是研学旅行指导师培养、准入、培训、考核等工作的重要依据。

2.1.2 研学旅行指导师内涵辨析

1. 研学旅行师资队伍

从目前研学旅行实践来看,研学旅行活动的师资构成是多层面组合体,研学旅行师资队伍主要由以下几类人员构成:

(1)学校总负责人和研学承办机构的总领队

学校总负责人一般都是由学校副校长或院系主任来担任,研学承办机构的总领队则多是由企业的主管经理担任。他们主要负责研学旅行的组织工作,发挥总协调的作用。

(2)学校老师

学校老师是研学旅行实施过程中落实具体工作的重要成员,协助学生队伍的管理,落实各个环节的安排。

(3)承办方人员

承办方人员主要是指旅行社(研学服务机构)派遣的全陪导游、地陪导游以及景区、场馆的讲解员;基(营)地专业的教师或教练、科研场所特聘的授课教师等人员。

(4)安全员

安全员主要是指负责安全的人员或随队医生,他们在研学旅行活动过程中负责安全保障工作。

(5)家长志愿者

在某些特殊情况下,学校老师也会邀请家长志愿者以辅助老师的身份参与到研学旅行活动过程中来。

从教学设计角度来看,研学旅行过程中所说的研学旅行指导师其实是一个群体师资的概念,研学旅行活动必须由一群密切配合、各司其职的人员来共同完成;但是从具体的"岗位或人员"的角度出发,研学旅行指导师则是独立的岗位,承担着明确的岗位职责。

《研学旅行服务规范》(LB/T 054—2016)规定:在主办方人员配置中,"应至少派出一人作为主办方代表,负责督导研学旅行活动按计划开展","每20位学生宜配置一名带队老师,带队老师全程带领学生参与研学旅行各项活动";在承办方人员配置中,"应为研学旅行活动配置一名项目组长,项目组长全程随团活动,负责统筹协调研学旅行各项工作","应至少为每个研学旅行团队配置一名安全员,安全员在研学旅行过程中随团开展安全教育和防控工作","应至少为每个研学旅行团队配置一名研学导师,研学导师负责制定研学旅行教育工作计划,在带队老师、导游员等工作人员的配合下提供研学旅行教育服务","应至少为每个研学旅行团队配置一名导游人员,导游人员负责提供导游服务,并配合相关工作人员提供研学旅行教育服务和生活保障服务"。

可见,该规范将"研学导师"作为一个独立岗位,区别于主办方的带队老师、承办方的项目组长、安全员和导游人员。

2. 研学旅行指导师和研学导师

"研学导师"的名称来自《研学旅行服务规范》(LB/T 054—2016),本教材中采用了"研学旅行指导师",因为"导师"与"指导师"虽一字之差,但准确性却不同。《现代汉语词典》(第7版)中对"导师"的解释有两种:一是高等学校或研究机关中指导人学习、进修、写作论文的教师或研究人员;二是在大事业、大运动中指示方向、掌握政策的人。《现代汉语词典》(第7版)中对"指导"的解释是指示教导、指点引导。那些离开校园,前往各地开展研学旅行活动的学生,所需要得到的帮助正是对其研究性学习的指点与引导。因此,从研学旅行教育活动的客观实践出发,用"指导"会更加切合和准确,结合文件规定的"研学旅行"这一专有名词,新岗位的名称则可确定为"研学旅行指导师"。如果再根据接待对象来细分,本教材所述的"研学旅行指导师"还可以称为"中小学研学旅行指导师",简称"研学旅行指导师"。

2.1.3 研学旅行指导师与其他类似岗位的异同

1. 导游与研学旅行指导师的异同

导游是指依法取得导游证,接受旅行社委派,为旅游者提供向导、讲解及相关旅游服务的人员。在目前的归类中,固定在各大旅游景区内进行导游服务的景点讲解员,也属于导游的范畴。

从资格认定看,导游必须参加全国导游人员资格考试且成绩合格,与旅行社签订劳动合同或者在旅游行业进行注册,取得导游证并接受旅行社的委派后才能从业。而目前研学旅行指导师证书的取得,主要是通过行业培训,经测试合格后并获得行业认证,研学旅行指导师在主办方或承办方的聘用下即可执业。但从职业发展要求看,一名研学旅行指导师应同时取得导游证。

从工作职责看,导游的主要职责是在旅游活动中进行导游讲解、旅行生活服务,以及解决旅途中出现的问题。而研学旅行指导师不仅要履行导游职责,而且还要会策划、制定和实施研学旅行课程方案,在研学旅行过程中要组织和指导中小学生开展各类研究学习和体验活动。研学旅行指导师的工作重心不仅是讲解知识和生活服务,还包括教学设计、学习指导和安全管理等内容。

从服务对象看,导游接待的游客是不作区域、年龄、身份等方面的区分的,而研学旅行指导师的服务对象就是中小学生。

导游与研学旅行指导师有着高度的相似性。首先,二者的工作环境都是以校外社会真实场景为主。其次,二者都要求在室外工作环境中具备很强的组织能力、应变能力、语言表达能力等实操技能。再次，二者都要求有"广博兼有所专"的文化知识储备。最后，二者的主要职责都是保障整个活动的安全顺利进行。

2. 中小学教师与研学旅行指导师的异同

教师是履行教育教学职责的专业人员，承担着教书育人、培养社会主义事业建设者和接班人、提高民族素质的使命。

从资格认定看，中小学教师必须具备规定的学历、经国家教师资格考试合格，有教育教学能力并经认定合格，才可以取得教师资格证书。而研学旅行指导师的证书目前还是技能证书，不是国家准入的资格证书。但从职业发展的要求来看，研学旅行指导师应取得国家教师资格证书。

从工作内容看，中小学教师从事的主要是学校教育，工作内容主要是对学生进行学科理论教学。而研学旅行指导师从事的主要是校外教育，主要是带领学生以探索、体验、活动、研究性学习等方式来完成综合实践课程教学。

从工作场所看，中小学教师的工作场所主要是校内，而研学旅行指导师的工作场所则主要是校外。

中小学教师和研学旅行指导师也有相同之处。首先，二者进行的都是教学活动，具有"为人师"的性质。其次，二者的服务对象相同，都是学生。最后，二者都需要具备必要的教学资质和培训技能，保证学生学习目标的完成和活动的安全顺利进行。

3. 基（营）地教练与研学旅行指导师的异同

《现代汉语词典》（第7版）对"教练"的解释有两个：一个是动词，表示"训练别人使掌握某种技术或动作（如体育运动和驾驶汽车、飞机等）"；另一个是名词，意即"从事上述工作的人员"，如健身教练、足球教练等。本教材所指的教练，是指凭着一技之长，接受应聘，在一些基（营）地或旅游景区从事拓展训练等活动相关工作的人员。

从资格认定看，基（营）地教练更多的是需要教练员本人在各项单独技能上进行认证，认证主管单位各有不同。而研学旅行指导师的认证目前主要是在旅游行业。

从工作职能看，基（营）地教练强调技能上的指导作用，而研学旅行指导师强调的是在整个研学旅行活动过程中的引导和启发作用。

从工作范围看，基（营）地教练所从事的大多是研学旅行活动环节中的某项具体教学工作，而研学旅行指导师所要负责的则是从课程设计到落实，再到后期评价的整个教学过程。

从工作场所看，基（营）地教练的工作场所以基（营）地为主，比较固定，而研学旅行指导师的工作场所则是随着研学旅行活动地点的变化而变化的。

从服务对象看，基（营）地教练的服务对象是不作区域、年龄、身份等方面的区分的，而研学旅行指导师的服务对象就是中小学生。

基（营）地教练与研学旅行指导师也不乏相同之处。首先，二者都是在校外以实践体验的方式来教学的。其次，二者都承担一定程度的教育职责，有着与教师相似的职责。最后，由于教学情况复杂，二者都需要有很强的活动组织能力、安全防范能力与事故处理能力。

2.1.4 研学旅行指导师的分类

目前，研学旅行指导师这一职业在我国尚处于不断形成和规范的阶段。由于这一职业涉及面广、服务范围大、专业要求高，因此，我们可以从不同维度对其进行分类。

1. 按委派主体分

按照委派主体的不同，可将研学旅行指导师分为以下四种类型。

（1）学校研学旅行指导师

学校研学旅行指导师（简称"学校指导师"），是指按照规定取得研学旅行指导师证书，接受学校委派，代表校方实施研学旅行课程方案，为研学旅行活动提供专业服务并具备教师资格的人员。此类人员大多由在校的教师组成，是学校实施综合实践课程的主要成员。

（2）旅行社研学旅行指导师

旅行社研学旅行指导师（简称"旅行社指导师"），是指按照规定取得研学旅行指导师证书，接受符合《研学旅行服务规范》（LB/T 054—2016）所规定的旅行社委派，代表旅行社实施研学旅行课程方案，为研学旅行活动提供专业服务，并具备导游资格的人。

若根据各旅行社所承担的分工不同再进一步细分，旅行社指导师还可分为：组团社研学旅行指导师（简称"组团社指导师"），是指接受组团社委派而开展工作的研学旅行指导师；地接社研学旅行指导师（简称"地接社指导师"），是指接受地接社委派而开展工作的研学旅行指导师。受旅行社团队服务的专业化和成本因素影响，导游与研学旅行指导师合二为一的趋势越来越明显。

（3）基（营）地研学旅行指导师

基（营）地研学旅行指导师[简称"基（营）地指导师"]，是指按照规定取得研学旅行指导师证书，接受各级主管部门认定的研学实践教育基（营）地的委派，代表基（营）地实施研学旅行课程方案，为研学旅行活动提供专业服务的人员。

（4）其他类研学旅行指导师

其他类研学旅行指导师（简称"机构指导师"），是指按照规定取得研学旅行指导师证书，接受第三方研学服务机构（包括旅游景区、博物馆、图书馆、科技馆、少年宫、研究所等研学资源单位，教育、文化、培训等研学服务机构）

的委派，实施研学旅行课程方案，为研学旅行活动提供专业服务的人员。

2. 按就业方式分

按照就业方式的不同，可将研学旅行指导师分为以下两种类型。

（1）专职研学旅行指导师

专职研学旅行指导师是指按照规定取得研学旅行指导师证书，被学校、研学服务机构或研学资源单位正式聘用，签订劳动合同，以研学旅行教育工作为主要职业的从业人员。这类人员大多受过高等教育和专门训练，大部分具有导游资格证书或教师资格证书等专业证书，是学校、研学服务机构、研学资源单位、旅行社或基（营）地的正式员工。

（2）兼职研学旅行指导师

兼职研学旅行指导师指平时不以研学旅行指导师工作为主要职业，而是利用业余时间，被学校、研学服务机构或研学资源单位临时聘用并委派从事研学旅行教育工作的人员。目前这类人员可细分为两种：一种是被学校、研学服务机构、研学资源单位、旅行社或基（营）地等临时聘用，按照规定取得研学旅行指导师证书，但只是兼职从事研学旅行教育工作的人员。另一种是被学校、研学服务机构、研学资源单位、旅行社或基（营）地等临时聘用，没有取得研学旅行指导师证书，但具有特定知识或技能，并临时从事研学旅行教育工作的人员，如科研机构的专家学者、文化遗产地的非遗传承人、民间民俗艺人等，他们是研学旅行师资队伍的重要补充，往往可以深入讲授和指导研学旅行课程，有力保证了研学旅行课程的高品质实施。

3. 按技能等级分

随着研学旅行教育活动在全国各地不断深化开展，为规范研学旅行指导师职业的发展，根据国家职业技能等级要求、《研学旅行指导师职业能力等级评价标准》、《研学旅行指导师（中小学）专业标准》（T/CATS 001—2019）及《研学旅行指导师国家职业标准》（征求意见稿）的规定，我国从专业技能水平角度将研学旅行指导师由低到高分成"四级（中级工）、三级（高级工）、二级（技师）、一级（高级技师）"四个级别，具体判断依据见《研学旅行指导师国家职业标准》（征求意见稿）。

2.2 研学旅行指导师基本素质

引例 研学旅行指导师应具备哪些关键能力和素质？

"读万卷书，行万里路"现如今已经成为素质教育的新内容和新方式。研学旅行对于提升中小学生的自理能力、创新精神和实践能力，培养和树立中小学生正确的价值观和道德意识是行之有效的教学方式，在研学旅行活动被正式纳入中小学校内教学计划等政策的推进下，在家长教育意识和消费观念升级的刺激下，有关研究表明，未来3～5年研学旅行将高速发展，参与研学旅行的中小学生有望快速增长。

研学旅行是培养学生综合素质的校外教育活动，教育离不开师资的培养和建设。在研学旅行中，研学旅行指导师承担着重要的职责。当前，研学旅行管理与服务专业人才在行业中存在严重缺口。2019年10月，中华人民共和国教育部发布公告，将"研学旅行管理与服务"列入《普通高等学校高等职业教育（专科）专业目录》增补专业，要求自2020年起执行招生计划。

纵观研学旅行整个行业，目前急需四类人才：一是懂业务的研学管理人才；二是懂教育的研学课程开发人才；三是懂教学的课程实操人才；四是懂安全的统筹协调人才。如何才能培养出一批规范化、专业化的研学旅行指导师人才队伍呢？研学旅行指导师到底需要具备哪些方面的素质呢？

> **情境分析**
> 研学旅行活动开展过程中急需规范化、专业化、高素质的研学旅行指导师。研学旅行指导师只有不断加强专业学习和素养提升，才能成为行业所需要的人才。

2.2.1 职业理想

1. 职业理想概述

职业理想是指人们在职业上依据社会要求和个人条件，借想象而确立的奋斗目标，即个人渴望达到的职业境界。它是人们实现个人生活理想、道德理想和社会理想的手段，并受社会理想的制约。

职业理想是人们对职业活动和职业成就的超前反应，与人的价值观、世界观、人生观、职业期待、职业目标密切相关。

社会主义职业精神所提倡的职业理想主张各行各业的从业者放眼社会利益，努力做好本职工作，全心全意为人民服务、为社会主义服务，这种职业理想是社会主义职业精神的灵魂。一般来说，从业者对职业的要求包括三个方面：维持生活、自我完善和服务社会。

2. 研学旅行指导师职业理想的要求

（1）职业理想要符合实际

研学旅行指导师确立职业理想必须以个人能力为依据，应结合职业要求和自身的客观条件，正确地评估自己，给自己合理的职业定位，不能好高骛远。

（2）职业理想应符合社会需要

一般认为当个人的能力、职业理想与职业岗位达到最佳结合时，即三者实现有机统一时，这个职业才是个人的理想职业。研学旅行指导师的职业理想应符合社会需要。研学旅行指导师通过个人不断的努力，迟早会实现自己的职业理想，成为一名优秀的研学旅行指导师，使自己的职业变成理想职业。

（3）研学旅行指导师要有崇高的职业理想追求

由于旅游行业具有一定的敏感性，极易受到外界各种经济、社会环境的影响，而研学旅行作为国家基础教育的一部分，事关千千万万个青少年儿童的成长，因此，研学旅行指导师这一职业在安全性、适当性、竞争性等方面都对从业人员有着极高的要求。研学旅行指导师必须具有正确的价值观和强烈的责任感，要有崇高的职业理想追求，并肩负起神圣的教育使命。

2.2.2 职业责任

1. 职业责任概述

职业责任是指人们在一定职业活动中所承担的特定职责，它包括人们应该做的工作和应该承担的义务。职业活动是人一生中最基本的社会活动，职业责任是由社会分工决定的，是职业活动的中心，也是构成特定职业的基础，往往通过政策或法律形式加以确定和维护。职业责任包括职业团体责任和从业者个体责任两个方面。

2. 研学旅行指导师的职业责任

研学旅行指导师的职业责任包括负责与研学旅行相关的企业的团体责任和从事研学旅行的从业者的个体责任两个方面。

旅行社、研学基（营）地等作为负责研学旅行的相关企业，承担一定的团体责任，主要包括社会责任、法律责任、教育责任及安全责任等。由于研学旅行具备中小学教育的一部分职能，是我国基础教育的重要组成部分，因此，研学旅行的组织方和承办方在社会、法律、教育、安全等方面都承担着重要的责任。同理，研学旅行指导师是研学旅行中最重要的角色之一，既承担着指导教师、监督管理员的职责，又肩负着导游、教练与组织服务者的重任，研学旅行指导师作为个体，同样需要履行相应的职业操守，承担一定的职业责任。

2.2.3 职业态度

1. 职业态度概述

职业态度是指个人对所从事职业的看法及在行为举止方面反映的倾向。

一般情况下，职业态度的选择与确立，与个人对职业的价值认识有关。职业态度易受主观方面因素（如心境、健康状况）和客观环境因素（如工作条件、人际关系、管理措施等）的直接影响而发生变化。肯定的、积极的职业态度促进人们去钻研技术、掌握技能，提高职业的工作能力。职业态度的形成与发展是人们对有关职业知识的吸收、职业需求的满足、所属群体对他的期待，以及职业实践获得的体验等因素综合的结果。

影响职业态度形成的因素主要包括以下四个方面。

（1）自我因素

自我因素包括个人的兴趣、能力、抱负、价值观、自我期望等。自我因素是在个人成长过程中一点一滴逐渐积累形成的，多与个人的成长背景相关。个人若能对各项自我因素有深入的了解，将有利于了解何种职业较适合自己，有助于做出明确的职业选择。个人在选择职业时所表现出来的态度，也是对个人兴趣、能力、抱负、价值观、自我期望的一种反映。

（2）职业因素

职业因素包括职业市场的需求、职业的薪资待遇、工作环境、发展机会等。个人对职业世界的认识越深，就越能够掌握正确的职业信息，也越能够获得比较切合实际的职业选择。相反地，对职业认识有限的人，无法做出正确的职业选择。因此，个人对职业的认知会影响其职业态度。

（3）家庭因素

家庭因素包括家庭的社会地位、父母期望、家庭背景等。不论父母的学历高低、社会地位如何，大多数父母都希望自己的子女能拥有比自己更高的学历，从事比自己更有发展的工作。因此，在进行职业选择时，家人的意见通常会影响个人的职业态度。

（4）社会因素

社会因素包括同事关系、社会地位、社会期望等。在职业发展的过程中，个人的最终目标是在其职业上有所成就，有更多的人希望自己能成为社会中有身份、有地位的人。社会上，一般认为医生、律师、艺术家有较高的社会地位，清洁人员有较低的社会地位，虽然这并不是正确的观念，但或多或少地影响了个人的职业态度。因此，社会因素通常也会影响个人的职业态度。

2. 研学旅行指导师职业态度的表现

研学旅行指导师应保持以下职业态度。

（1）热情

研学旅行与服务行业一样，属于非生产劳动，是一种通过提供一定的劳务活动，提供一定的服务产品，创造特定使用价值的劳动。但是研学旅行又不是一项简单的服务，因为它的服务对象是中小学生，服务对象的可塑性和模仿性特别强，所以需要研学旅行指导师在研学旅行活动中表现出热烈、积极、主动、友好的情感或态度来引导学生，用热情来感染学生，从而营造出和谐的研学氛围，进而推动学生积极主动地完成各项研学任务，实现预期的研学目标。

（2）勤奋

"勤"在《现代汉语词典》（第7版）中解释为"尽力多做或不断地做"，而"奋"解释为"鼓起劲来"。唐代著名诗人韩愈说过"书山有路勤为径，学海无涯苦作舟"。他告诉人们：在读书、学习的道路上，没有捷径可走，没有顺风船可驶，想要在广博的书山、学海中汲取更多更广的知识，勤奋是必不可少的。研学旅行指导师在研学旅行的道路上也没有捷径可走，只有通过勤奋地工作，做好"五勤"（脑勤、眼勤、嘴勤、手勤、腿勤），才能引导学生在研学旅行活动中保持勤奋，才能让学生在研学旅行中有较大的收获。

（3）敬业

敬业是一个道德的范畴，是个人专心致力于自己的工作，是个人对自己所从事工作负责的态度，也是人们从业的基本要求。作为从事教育行业的研学旅行指导师，应该具备崇高的敬业精神：热爱研学旅行指导师事业，忠于职守，持之以恒；有强烈的事业心，尽职尽责，全心全意为学生服务；有进取意识，不断创新，精益求精，忘我工作。

（4）忠诚

忠诚是指个人对国家、对人民、对事业、对上级、对朋友等尽心尽力，代表着诚信、守信。在我国传统道德观念中，忠诚是衡量人品的一个重要标准。作为研学旅行指导师，要忠诚于教育事业，忠诚于旅游业，常怀感恩之心，坚守职业良心，像爱家人一样爱护学生。

（5）进取

一位优秀的研学旅行指导师不是天生的，而是在后天的不断学习中成长起来的。拥有进取心是研学旅行指导师做好工作的最基本条件，也是其能够稳步发展的必要条件。研学旅行指导师是复合型、全能型人才，他们既要具备导游人员的带团、控团能力，讲解员的写作、讲解能力，同时还要具备教师的课程设计能力、教学能力和职业素养；研学旅行指导师不仅要因地制宜，在研学活动现场把学生组织好，还要因材施教，对不同学龄段的学生进行有效引导，这要求他们要严谨治学，勤于进取，保持永恒的进取心。

（6）协作

协作是指在研学旅行课程实施过程中，部门与部门之间、个人与个人之间的协调与配合。通过协作把个人的力量联结成集体的力量有助于实现预期目标。每一场研学旅行活动，都需要依赖一定数量的服务团队。研学旅行中有研究性学习、体验、讲解、集体生活、参观活动等多种形式，工作内容涉及行程安排、安全管理、餐饮住宿、课程设置等，这些都要求研学旅行指导师与团队其他人精诚合作、步调一致，以共同完成研学旅行实践教育。

2.2.4 职业道德

1. 职业道德概述

职业道德是指从事一定社会职业的人们，在履行其职责的过程中理应遵循的道德规范和行业行为规范。

由于从事某种特定职业的人们有着共同的劳动方式，经历过共同的职业训练，因而往往具有相似的职业兴趣、态度、爱好、心理习惯和行为方式，这些内容形成特殊的职业责任和职业纪律，从而产生特殊的行为规范和准则，即职业道德。

2. 研学旅行指导师职业道德概述

（1）研学旅行指导师职业道德的内容

研学旅行指导师职业道德的内容主要有以下方面。

① 爱国守法、恪尽职守。

爱国守法是社会主义公民基本道德规范之一。爱国守法主要是指爱国主义和遵纪守法，强调公民应培养高尚的爱国主义精神，自觉地学法、懂法、用法、守法和护法。研学旅行指导师要在爱国的前提下，遵守国家的法律、法规，不得有违背党和国家方针政策的言行，应全面贯彻国家教育方针，自觉遵守教育法律法规，依法履行教师职责。

② 教书育人、关爱学生。

研学旅行指导师要遵循教育规律，实施素质教育，因材施教；要关心爱护学生，尊重学生人格，平等公正对待学生。对学生严慈相济，做学生的良师益友；要保障学生安全，关心学生健康，维护学生权益。不讽刺、挖苦、歧视学生，不体罚或变相体罚学生；要一切为学生着想，维护学生的合法权益，尊重与满足学生的合理要求。

③ 为人师表、以身作则。

研学旅行指导师应坚守高尚情操，严于律己，以身作则；要严格要求自己，遵守社会公德，衣着整洁得体，语言规范健康，举止文明礼貌，作风正派，注重言传身教。研学旅行指导师只有不断提高自我修养，做到以身作则，才能真正为人师表。

④ 立德树人、传承文化。

研学旅行是加强学生中华优秀传统文化教育、培育和践行社会主义核心价值观、落实立德树人根本任务的有效途径。因此，研学旅行指导师要在学生宝贵的研学旅行过程中，有意识地传播中华优秀传统文化和社会主义核心价值观，通过具体的场景和实例来树立学生的"四个自信"，让学生从眼里和心里真实地感知祖国的伟大，从而实现在学校无法取得的教育效果。

⑤ 身心健康、积极向上。

研学旅行指导师的工作既是一项高智能的脑力劳动，也是一项非常艰苦的体力劳动，研学旅行指导师必须要有强壮的身体和健康的心理才能完成这项工作。研学旅行指导师带领大量的中小学生进行研究性学习，往往承担着很大的精神压力，如果研学旅行指导师不懂得自我调适，化解或分散各种心理情绪，就容易产生各种问题，影响工作的顺利开展。因此，研学旅行指导师要不断学习，提高自己的思想觉悟和工作技能，培养坚定的意志和积极乐观的心态，与学生一起成长。

⑥ 言行一致、诚实守信。

"言必信，行必果"。言行一致、诚实守信是中华民族的传统，也是一个人立足社会，与人交往取得他人信任的通行证，能反映出一个人的素质和修养。在研学旅行活动过程中，研学旅行指导师务必做到重诺守信，"言必信，行必果"，踏踏实实地做好每件事，并对自己所做的事负责，用诚信的光芒来照耀学生。

⑦ 团结协作、顾全大局。

团结协作、顾全大局是集体主义观念在研学旅行工作中的具体表现，它要求研学旅行指导师在服务研学对象的过程中必须以国家和集体利益为重，讲团结、顾大局，要能够处理好与他人之间的关系，杜绝相互指责的现象发生。

⑧ 意志坚定、沉着冷静。

意志坚定、沉着冷静是研学旅行指导师必备的重要素质之一。研学旅行过程中可能会遇到各种问题，在面对困难问题时，研学旅行指导师应沉着应对，冷静思考后做出恰当的处理。

⑨ 文明礼貌、仪容端庄。

文明礼貌、仪容端庄是研学旅行指导师在工作过程中必须具备的基本职业道德。研学旅行指导师不但要尊重每个学生的生活习惯、宗教信仰、民族风俗等，还要注重自己的仪容仪表，应做到穿着得体、妆容适度、举止大方、行为文明，为学生做出表率。

⑩ 耐心细致、优质服务。

耐心细致、优质服务是研学旅行指导师的一项重要的职业道德要求，是衡量研学旅行指导师工作态度的一项标准。研学旅行指导师对待学生应耐心、细心、热心，应尽最大努力帮助学生解决遇到的问题。研学旅行指导师在工作过程中必须时刻保持优质服务的意识。

（2）研学旅行指导师职业道德的作用

研学旅行指导师职业道德是道德功能在研学旅行职业范围内的具体表现。它对研学教育事业的发展，对相关从业人员素质的提高，以及对社会良好风气的形成，都有着重要的作用。研学旅行指导师职业道德的主要作用如下：

首先，职业道德是研学旅行指导师实现角色认同的前提。这种角色既代表了学校和社会对研学旅行指导师个体在整个研学旅行行业中的定位，同时也包含了社会各界对研学旅行指导师个人表现的行为模式的期望；既包括他人对研学旅行指导师行为的期待，也包括研学旅行指导师对自身应有行为的认知。研学旅行指导师的职业道德是实现这种角色认同的基础。

其次，职业道德是研学旅行指导师敬业乐教、发展成长的内在动力。职业道德是对研学旅行指导师的道德品质和职业行为的基本要求。这些外在规定需要研学旅行指导师内化为职业使命，它会成为研学旅行指导师专业发展的精神动力。研学旅行活动过程中，学生们将时刻接触到研学旅行指导师生活中的状态，容易受到潜移默化的影响，因此研学旅行指导师自身必须树立正确的价值观，养成良好的道德习惯，成为学生的榜样，起到正面的示范作用。研学旅行指导师需要不断更新自己的教育理念，探究更适合学生的教育方式。

最后，职业道德是研学旅行指导师进行职业交往、解决利益冲突和矛盾的重要准则。在研学旅行活动过程中，研学旅行指导师需要与其他教师、安全员、学生、旅行社、酒店、车队、研学基（营）地等主体进行多方沟通。研学旅行指导师在落实研学旅行活动流程的过程中要与各方人员打交道，应对各种突发状况，化解各种矛盾冲突，以确保活动顺利、有序、有效地开展。研学旅行指导师在处理与他人、集体的利益关系时如何把握原则，就需要职业道德的约束。职业道德不仅是研学旅行指导师专业发展的动力，更有助于研学旅行指导师明晰研学旅行教育的价值和意义。

2.3 研学旅行指导师职业要求

引例 如何让"玩"对孩子更有意义？

2022年7月15日是第八个世界青年技能日，新技能开辟新天地。暑假开启，很多孩子都在期待一场不一样的研学旅行，如何让"玩"这件事更有意义？作为人力资源和社会保障部公布的18个新职业之一，研学旅行指导师尝试给更多家庭带来答案。那么，研学旅行指导师是做什么的呢？接下来我们走进宁夏的一个青少年实践基地一探究竟。

"95后"研学旅行指导师孙雨为学生准备的研学项目是泥塑制作初体验，让学生学习感受中国传统民间艺术的独特魅力。

在孙雨看来，研学旅行指导师像是导游和教师的结合体，既要像导游一样带领学生观光游览、吃饭住宿，还要像教师一样，将知识设计为一个个课题，带领学生在玩中探索学习。在研学旅行过程中，研学旅行指导师不仅是知识的传递者，更是学生的支持者、合作者、引导者。

眼下正值暑期，宁夏银川市青少年综合实践基地每天有20个班同时实施活动课程，孙雨和她的同事们都是身兼数职的多面手。

孙雨告诉记者，以前做导游只需要对风景人文进行讲解，而研学时，则要着重介绍植被、地形地貌、建筑力学等方面的知识，更重要的是，需要对不同年龄段的研学对象采取不同的方式。这是一门学问，她还在不断学习、不断超越自己。随着"双减"政策的推进，研学旅行受到了更多家长的青睐，能让中小学生过上丰富多彩的暑假，是让她最有成就感的地方。

> **情境分析**
> 一名优秀的研学旅行指导师既要像导游一样带领学生体验祖国大好河山，又要像老师一样带领学生在行走的课堂中获取更多知识。一名优秀的研学旅行指导师要在课程设计上下功夫，多设计学生喜爱的课程。

研学旅行指导师的职业要求是多方面的，主要有形象要求、专业知识要求、职业技能要求等。

2.3.1 研学旅行指导师的形象要求

研学旅行作为一种体验式教育，是学生们喜欢的一种学习方式。在整个研学旅行活动过程中，研学旅行指导师承担着言传身教、引导育人的光荣职责。塑造一个良好的职业形象，为参与研学旅行课程的学生树立一个值得学习的榜样，是研学旅行指导师实施好课程的第一步。从职业形象上来说，研学旅行指导师的举手投足、衣着发式等不经意间都可能成为学生学习的对象，所以必须高度重视。专业、亲切的职业形象能有效拉近研学旅行指导师和学生之间的距离，有助于建立一种新型的师生关系，从而在潜移默化中使学生学到人际交往的知识，为走出校门后顺利融入社会奠定良好的基础。

1. 仪容要求

仪容，主要是指人的外观容貌，由发式、面容及人体所有未被服饰遮掩的肌肤所构成。在研学旅行活动中，首先引起学生注意的是研学旅行指导师的仪容，它反映着研学旅行指导师的精神面貌、朝气和活力，是传递给学生视觉感官最直接、最生动的第一信息，这是形成"第一印象"的基础。容貌固然有先天的成分，帅气或美丽的容颜，容易为研学旅行指导师在学生面前赢得很好的印象分。不过，对于绝大多数从事研学旅行指导师工作的人员来说，仪容上的魅力，更多的是来自于后天职业与专业的个人形象。具体来说，研学旅行指导师的仪容除了应达到教师的要求外，还应特别注意以下几点：

① 保持面容清爽，男士应剃须，女士可化淡妆。
② 勤洗发，勤理发，不染发，发型应大方利落。
③ 保持口腔、鼻腔的卫生，勤刷牙漱口，防止口腔异味。

④ 不留长指甲，不涂深色指甲油，忌标新立异。

2. 仪表要求

仪表，即人的外表，包括容貌、姿态、风度等，在此主要是指一个人外表的穿着装扮。在研学旅行活动中，研学旅行指导师的仪表往往能体现其专业程度和职业态度。一般来说，研学旅行指导师在衣着打扮上，首先应该符合工作需要，方便研学实践课程的开展。其次，应考虑形象需要，身为实践课的教师，在学生面前应时刻具备"为人师表"的意识，体现在服饰上，就需要有一定的严谨度。最后，再考虑美观适用的需要，既然服饰体现了一个人的修养，那么穿着打扮在符合职业身份的基础上，也可以适当地体现出个人对美的追求和服饰与工作的适用性。具体来说，研学旅行指导师在仪表方面应注意以下几点：

① 如有统一的工作服，则在上岗时应按照规定统一着装，工号标志应佩戴在左胸合适位置。若无统一服装，则着装宜端庄大方、洁净整齐，符合课程开展的需要。

② 除了大众化的品牌，一般不建议穿着偏于奢侈的名牌服装，不佩戴与工作无关的装饰品。

③ 忌穿款式过露、材质过透、显得过紧的服装。夏天男士忌穿背心、短裤、拖鞋，女士忌穿吊带衫、短裙和拖鞋。如果穿的是长袖长裤，则在上岗时，一般不宜卷起衣袖和裤管。

④ 在室外场地开展活动时，不应佩戴墨镜或变色镜，以确保与学生用眼神进行有效沟通交流。

⑤ 鞋子与袜子都应适合户外活动，保持清洁无破损。

3. 仪态要求

仪态，泛指通过人的身体所呈现出来的各种姿势，主要包括站姿、坐姿、走姿、手势和表情神态等。研学旅行指导师在工作中所展示出来的仪态，不但可以体现其职业修养，更能透射其内在的文化修养和精神品质。研学旅行指导师应该时时处处注意个人仪态，通过言传身教的方式，在学生面前做好榜样。优雅自信的姿态，充满亲和力的神情，充满力量的举止，都能在悄无声息中滋润学生的心田。具体来说，研学旅行指导师在仪态方面应注意以下几点：

① 上岗后应当保持饱满的精神状态，开朗亲切、稳重自信，忌哈欠连天、萎靡不振。

② 站姿应挺拔，身体端正，挺胸收腹。双臂自然下垂，不可将双臂抱在胸前或叉在腰间。忌随意晃动身体，肩摆腿摇，注意不要有各种习惯性的小动作。

③ 坐姿宜端庄，不可斜躺或后靠椅背。双腿与肩同宽自然放置，不可张开过大，也不可跷二郎腿。

④ 行姿应落落大方，步调宜轻盈稳健，忌将双手斜插裤兜，身体在行进中不可左摇右晃。

⑤ 用眼神与学生进行交流时，要注意应以环视或虚视的目光，有意识地顾及在场的每一位学生。忌只盯着一个人看，或对某一个人全身上下乱扫。目光应当热情友善，最好能配以脸部的微笑。

⑥ 在指导研学旅行活动过程中，研学旅行指导师的肢体动作应有力但不可过猛，肢体语言应当恰当，如使用手势时忌用单指指人，宜用平摊的手掌指示。

4. 语言要求

语言是研学旅行指导师与学生进行思想交流，向学生传播文化知识，引导学生有序开展研学旅行活动的重要工具。首先，每一位研学旅行指导师都应当练好语言这一基本功，尤其是口头语言的表达方式应该适用于中小学生这一群体，表达既要条理清晰，逻辑分明，富有节奏感，也要力争生动形象，深入浅出，晓畅易懂。其次，研学旅行活动独特的教学环境决定了研学旅行指导师与学生之间会有更多的互动，这就要求研学旅行指导师能巧妙地运用语言艺术，在研学旅行活动开展过程中灵活地应对各种情形，主动引导话题。此外，为了降低与学生之间的代沟，研学旅行指导师应当保持开放的心态，积极了解学生群体的话语体系，以便更好地开展研学教育工作。总之，语言是塑造研学旅行指导师个人形象的重要载体，需要研学旅行指导师时刻有"为人师表"的意识，规范自身的用语习惯。具体来说，应注意以下几点：

① 由于研学旅行活动开展的环境各不相同，研学旅行指导师应根据现场具体环境，灵活调整音量，声音饱满有力量，一般以所有学生能听清楚为准。

② 语速应当适中，语调应亲切，语气有温度，灵活把握语言的节奏感。

③ 口齿要清晰，表达应连贯，句意当集中，避免东拉西扯、含糊不清。

④ 普通话规范，用语适当，禁止使用粗俗的口头禅，不得发表错误观点和不良信息，不得出现损害国家利益、社会公共利益或违背社会公序良俗的语言。

2.3.2　研学旅行指导师的专业知识要求

研学旅行指导师在研学旅行实践中起着至关重要的作用，不仅要负责中小学生在研学旅行过程中的教育及安全，还要照顾好学生的旅行生活，解决各种问题，提升学生的自理能力和实践能力，促进他们的全面发展。研学旅行指导师在研学旅行过程中的角色绝不仅仅是知识的传递者，还是中小学生的支持者、合作者、引导者。因此，研学旅行指导师掌握旅行、教育、安全、法律等相关的专业知识，是完成研学旅行教育教学目标、落实研学旅行课程方案的基础。

1. 研学旅行知识

(1) 研学旅行餐饮知识

按照《研学旅行服务规范》(LB/T 054—2016) 的要求,研学旅行机构应以食品卫生安全为前提选择餐饮服务提供方。因此,研学旅行指导师应该了解并熟知餐饮的基本常识;提前落实用餐的地点、时间、人数、标准及要求,并一一进行核实和确认;同时还要了解用餐地点停车位情况,用餐饭店所在的楼层,几个安全出入口,餐厅洗手间的位置等。

研学旅行指导师要了解包括营养学基础、食品营养学和食品卫生学三大部分的常识,了解食品中的基本营养成分、特殊活性成分和有毒有害成分,具体包括营养素与能量、食品的消化与吸收、膳食营养与健康、特定人群的营养、公共营养、各类食品的营养保健特性、食品的营养强化、功能(保健)食品、食品污染及其预防、食物中毒及其预防、食品安全与卫生管理等。能合理建议餐厅搭配膳食,监控餐饮卫生安全情况。例如,四季豆一定要炒熟,尽量避免有鱼刺的菜等。

(2) 研学旅行住宿知识

研学旅行指导师应该了解研学旅行住宿要求的知识,可以按照《研学旅行服务规范》(LB/T 054—2016) 中提出的"应以安全、卫生和舒适为基本要求,提前对住宿营地进行实地考察"的要求执行。

在研学旅行住宿方面,研学旅行指导师应注意以下一些事项:住宿地应便于集中管理;应方便承运汽车安全进出、停靠;应有健全的公共信息导向标识,并符合《标志用公共信息图形符号》(GB/T 10001) 的要求;应有安全逃生通道;应提前将住宿地相关信息告知学生和家长,以便其做好相关准备工作;应详细告知学生入住注意事项,宣讲住宿安全知识,带领学生熟悉逃生通道;应在学生入住后及时进行首次查房,帮助学生熟悉房间设施,解决相关问题;特别安排男、女学生分区(片)住宿,女生片区管理员应为女性;应制定住宿安全管理制度,开展巡查、夜查工作。此外,露营地住宿要求应符合《休闲露营地建设与服务规范》(GB/T 31710) 的要求;应在实地考察的基础上,对露营地进行安全评估,并充分评价露营接待条件、周边环境和可能发生的自然灾害对学生造成的影响;应制定露营安全防控专项措施,加强值班、巡查和夜查等工作。另外研学旅行指导师还需掌握逃生自救知识、户外露营地相关知识。如果研学活动涉及在外露营住宿,研学旅行指导师还要掌握露营地的选择、帐篷的搭建等技巧。

(3) 研学旅行交通知识

按照《研学旅行服务规范》(LB/T 054—2016) 的要求,研学旅行机构应该根据研学的路程选择好交通出行工具,研学旅行指导师要熟知无论选择什么样的交通工具,都要以"预防为主,安全第一"为原则。

根据《研学旅行服务规范》（LB/T 054—2016）的规定，研学旅行指导师应熟知下列研学旅行中的交通常识和规定：

① 单次路程在400千米以上的，不宜选择汽车，应优先选择铁路、航空等交通方式。

② 选择水运交通方式的，水运交通工具应符合《水路客运服务质量要求》（GB/T 16890）的要求，不宜选择木船、划艇、快艇。

③ 选择汽车客运交通方式的，行驶道路不宜低于省级公路等级，驾驶人连续驾车不得超过2小时，停车休息时间不得少于20分钟。

④ 应提前告知学生及家长相关交通信息，以便其掌握乘坐交通工具的类型、时间、地点以及需准备的有关证件。

⑤ 宜提前与相应交通部门取得工作联系，组织绿色通道或开辟专门的候乘区域，特别是铁路交通。

⑥ 应加强交通服务环节的安全防范，向学生宣讲交通安全知识和紧急疏散要求，组织学生安全有序乘坐交通工具。

⑦ 应在承运全程随机开展安全巡查工作，并在学生上、下交通工具时清点人数，防范出现滞留或走失。

⑧ 遭遇恶劣天气时，应认真研判安全风险，及时调整研学旅行行程和交通方式。

⑨ 要了解交通的各种求救应急电话号码，如交通报警电话122、全国高速公路救援统一报警电话12122、铁路服务电话12306等。

（4）研学游览观光知识

研学旅行又被称为是"行走的课堂"，但这不是出来走马观花，学校和家长更希望通过旅行体验，帮助学生获取知识，领略旅行目的地、基（营）地的各种地质、生物及景观风光，了解不同类型文化知识。研学旅行指导师应结合中小学的地理、生物、科技及历史学科的知识，引导学生感受大自然的神奇，宇宙中的奥妙；通过设置博物馆的研学旅行活动，了解中国上下五千年的文化；通过设置红色旅游基地的研学旅行活动，发扬艰苦朴素的精神。

为了让学生开阔视野，劳动和体验能达到最佳结合，针对不同年级、不同年龄的学生，研学旅行指导师在行前必须认真备课、精心设计，做好充分的教学准备。研学旅行指导师应当掌握旅游审美知识、中国文化发展知识、中国宗教艺术知识、中国文物相关知识、旅游景观知识等。

（5）研学文娱体验知识

研学文娱体验项目是研学旅行活动中必备的类型之一，文娱体验项目种类繁多、形式多样，既有丰富多彩的体育拓展训练，又有形式各异的爱国教育、文化娱乐及越野宿营等户外活动。

中小学生无论参加什么样的研学文娱体验项目，研学旅行指导师都要保障学生在安全的前提下进行。一般在学生体验前，研学旅行指导师一定要开好说明会，并对项目的知识性、趣味性、安全性等方面进行着重讲述。研学旅行指导师要始终在项目体验过程中做好巡视、解答工作，以确保研学文娱体验项目顺利、安全进行。

2. 通识教育与基础教育知识

（1）通识教育知识

通识教育通过向学生展示人文、艺术、社会科学、自然科学和工程技术等领域知识及其演化流变、陈述阐发、分析范式和价值表达，帮助学生扩大知识面，构建合理的知识结构，强化思维的批判性和独立性，进而转"识"成"智"，提升学生的洞察、选择、整合、迁移和集成创新能力，尤其是提升学生有效思考的能力、清晰沟通的能力、做出明确判断的能力和辨别一般性价值的能力。

通识教育知识体系包括科学大类、哲学大类、经济学大类、法学大类、历史大类、中华传统文化大类、生理心理大类、艺术大类、文学大类、当代技能大类等，甚至包括生活、厨艺、商业、健身等。研学旅行指导师要不断完善自身的通识教育知识体系，然后在研学旅行活动过程中帮助学生接受通识教育，这有利于学生建立相对完善的知识体系，并能对日后接受到的新知识进行独立思考。

因为通识教育特别强调学生实践能力的培养，实际上是素质教育有效的实现方式之一。在通识教育中，贯彻"博学与精专相统一的个性化素质教育"，把通识教育分解成哲学社会科学素养、人文素养、自然科学与技术素养、美学艺术素养、实践能力素养五大模块。学校可以结合实际开发不同主题的研学旅行活动，鼓励学生结合自己的实际跨学科、跨专业自由选择研学旅行活动，充分发展个性，博学多识；鼓励学生从难、从严、从自己实际出发选择研学旅行活动，从而增强学习的主动性，全面提高个人素质。

（2）中小学课程知识

2001年教育部印发《基础教育课程改革纲要（试行）》，2022年3月25日教育部印发了《义务教育课程方案》（2022年版）以及16个义务教育学科课程标准。新修订的义务教育课程标准立足世界教育改革前沿，描绘了中国未来十年乃至更长时间义务教育阶段学校的育人蓝图，改革重点主要体现在以下三个方面：一是强调素养导向，注重培育学生终身发展和适应社会发展所需要的核心素养，特别是真实情境中解决问题的能力，基于核心素养确立课程目标，遴选课程内容，研制学业质量标准，推进考试评价改革。二是优化课程内容组织形式，跳出学科知识罗列的窠臼，按照学生学习逻辑组织呈现课程内容，加强与学生经验、现实生活、社会实践的联系，通过主题、项目、任务等形式整合课程内容，突出主干、去除冗余。三是突出实践育人，强化课程与生产劳动、社会实践的结合，强调知行合一，倡导做中学、用中学、创中学，注重引导学生参与学科探究活动，开展跨学科实践，经历发现问题、解决问题、建构知识、运用知识的过程，让认识基于实践，再通过实践得到提升，从而克服认识与实践"两张皮"的现象。

义务教育课程方案优化了课程设置。整合小学原品德与生活、品德与社会和初中原思想品德为"道德与法治",进行一体化设计;改革艺术课程设置,一至七年级以音乐、美术为主线,融入舞蹈、戏剧、影视等内容,八至九年级分项选择开设;科学、综合实践活动开设起始年级提前至一年级;落实中央要求,将劳动、信息科技及其所占课时从综合实践活动课程中独立出来。

修订后的义务教育课程加强了学段衔接。一是注重幼小衔接,基于对学生在健康、语言、社会、科学、艺术领域发展水平的评估,合理设计小学一至二年级课程,注重活动化、游戏化、生活化的学习设计。二是关注从小学到初中学生在认知、情感、社会性等方面的发展变化,把握课程深度、广度的变化,体现学习目标的连续性和进阶性。三是了解高中阶段学生特点和学科特点,为学生进一步学习做好准备。

研学旅行指导师要熟知以上内容,并要随着课程标准的更新进行学习。

3. 教育教学知识

(1) 教育教学理论知识

教育教学理论是教育学的一个重要分支。它既是一门理论科学,也是一门应用科学;它既要研究教学的现象、问题,揭示教学的一般规律,也要研究、利用和遵循规律获取解决教学实际问题的方法策略和技术。教学理论既是描述性的理论,也是处方性和规范性的理论。教学理论来源于教学实践而又指导教学实践,与教学实践形成辩证关系。

教育教学理论知识包括:教育及教育学的产生与发展、教育与社会的发展、教育与人的发展、各种教育制度、教育目的、教育研究的基本方法、学习与学习理论等。

(2) 学生管理知识

研学旅行指导师在研学旅行活动中既扮演着班主任的角色,又扮演着导游、团长,以及安全员等多重角色。研学旅行指导师一定要关爱学生、尊重学生,进行民主管理,高度负责地关心研学旅行事务,耐心解决学生个体或班级中出现的问题。

学生管理知识包括:学生学习心理,学习动机的激发与培养,学生发展心理,学生情绪情感和意志、人格和能力、自我意识的发展,学生心理辅导,课堂管理方法等。

4. 安全防护知识

研学旅行活动的主要参与人员是中小学生。然而中小学生通常年龄较小,行为观念成熟度很低,自我保护意识较差,群体活动难以控制。通常情况下,研学旅行是有组织的集体出行,中小学生人数规模庞大,这会给研学旅行组织的安全管理带来较大的风险。因此，做好研学旅行过程中的安全保障工作是研学旅行活动的首要任务。

（1）研学旅行的主要风险因素

中小学生研学旅行风险因素主要包含人员因素、管理因素、工具因素、饮食因素、环境因素等，具体如表2-1所示。

表2-1 中小学生研学旅行风险因素

来源	风险类型
人员	研学旅行组织者、研学旅行指导师和提供辅助工作的有关人员安全管理意识和水平不够，研学旅行指导师的职业倦怠，学生、家长的安全意识不强，学生安全和自救知识缺乏，医护人员、驾驶人员技术不高，饮食供应者质量保障意识不强等
管理	研学旅行活动相关机构的管理体系不完善、不正规，未经国家相关部门考核批准认可
工具	新的交通工具未经试验，旧的交通工具检修不及时，教学工具安全性未经检测等
饮食	饮用水、饮料、食品的质量不达标，饮食搭配不符合季节变化规律，不符合学生身体发育特点等
环境	住宿地点周围存在安全隐患，研学基（营）地地形崎岖，高温、低温、暴风、暴雨等恶劣天气，以及其他非人力可控的自然灾害等风险

（2）研学旅行安全防护知识

针对常见研学旅行安全风险，研学旅行指导师应该系统掌握以下安全防护知识或技能。

① 预防和应对社会安全类事故的相关知识和技能：包括了解如何预防青少年犯罪，防盗措施和技巧，防骗知识和技巧，以及如何防止公共场合的各种骚扰等。

② 预防和应对公共卫生事件的相关知识和技能：包括认识、了解常见传染病，了解消化道传染病，分辨呼吸道传染病，了解食物中毒基本症状以及初步处理方法，了解水污染，能够通过标志查看食品安全情况等。

③ 预防和应对意外伤害事故的相关知识和技能：熟悉现场急救的基本方法和技能，掌握简单包扎、简单止血的方法，知道如何处理猫狗抓咬等意外伤害，熟悉各类运动伤害的预防方法，熟悉各类实验室、实操环境的安全预防工作等。

④ 预防和应对网络信息安全事故的相关知识和技能：包括安全上网的有关知识，如何防止学生沉迷网络，如何防止学生登录不良网站，知道如何指导学生正确使用手机、电脑等网络和通信工具等。

⑤ 预防和应对自然灾害的相关知识和技能：包括应对各种恶劣天气（如雷电天气、冰雹、冻雨等）的方法和技巧，以及各种自然灾害（如地震、洪水等）的预防措施和应急处理程序，掌握火灾、电梯被困的自救方法等。

⑥ 预防和应对影响学生安全的其他事件的相关知识和技能：包括如何识别和处理校园暴力，了解青春期常见问题，能帮助学生调节青春期的情绪，知道如何应对强行乞讨，能引导学生远离毒品、珍爱生命等。

⑦各类保险相关知识：包括各类保险的保险范围，各类保险理赔申请流程等。

5. 法律法规及政策标准知识

（1）教育类法律法规

教育类法律法规是教育活动和教育行政活动中的各种法律规范性文件的总称，主要是指有关教育的专门法律、法令、条例、规则、章程等，也包含其他法规中与教育有关的各种规范性条文。研学旅行指导师要熟知教育类法律法规，并能用以指导研学旅行活动。与研学旅行活动相关的教育类法律法规主要有《中华人民共和国教育法》《中华人民共和国义务教育法》《中华人民共和国未成年人保护法》《中华人民共和国职业教育法》《中华人民共和国教师法》《学生伤害事故处理办法》等。

（2）旅游类法律法规及标准

在旅游类法律法规中，《中华人民共和国旅游法》是上位法，由全国人民代表大会常务委员会于2013年4月25日通过，自2013年10月1日起施行，2018年10月26日第二次修正。旅游法共计十个章节，一百一十二条，其中旅游者的权利和义务、经营者的权利和义务对研学旅行指导师有很大的指导意义。另外，2016年12月19日原国家旅游局（现文化和旅游部）发布的行业标准《研学旅行服务规范》（LB/T 054—2016），以及2019年2月中国旅行社协会发布的全国首个团体标准《研学旅行指导师（中小学）专业标准》（T/CATS 001—2019）是研学旅行指导师必须掌握的内容。

（3）研学旅行相关政策知识

自2013年我国发布的《国民旅游休闲纲要（2013—2020年）》提出"逐步推行中小学生研学旅行"以来，国家及各个省市陆续颁布了众多研学旅行相关政策。研学旅行指导师应掌握以下相关政策：一是2016年11月30日教育部等11部门颁布的《关于推进中小学生研学旅行的意见》（教基一〔2016〕8号），该意见明确提出将研学旅行纳入学校教育教学计划，与综合实践活动课程统筹考虑；明确了参与研学旅行的对象等许多重要内容。二是2017年教育部发布的《中小学德育工作指南》《中小学综合实践活动课程指导纲要》，2020年3月26日中共中央、国务院印发的《关于全面加强新时代大中小学劳动教育的意见》，以及2022年国家发展和改革委员会和旅游部联合印发的《国民旅游休闲发展纲要（2022—2030年）》。

（4）其他法律法规

除以上现行的法律法规外，针对各种研学课程，研学旅行指导师能了解或熟知越多的政策法规，就越有利于研学旅行工作的进行，如《中华人民共和国民法典》《中华人民共和国预防未成年人犯罪法》《中华人民共和国环境保护法》《中华人民共和国野生动物保护法》《中华人民共和国道路交通安全法》《中华人民共和国自然保护区条例》《中华人民共和国文物保护法》等。

2.3.3 研学旅行指导师的职业技能要求

研学旅行课程是一种独立形态的课程，同时它也是一种经验型课程，注重学生多样化的实践性学习。研学旅行还关注学生与社会生活的联系，研学旅行课程强调以学生的社会实践和社会需要为核心，重在有效地培养和发展学生解决问题的能力。因此，研学旅行指导师不仅要有文化专业知识、教育知识，还要在探究、调查、访问、协作、劳动实践等方面有指导学生的能力。研学旅行指导师所具备的职业技能是其落实研学旅行课程的关键所在，主要包括以下方面。

1. 研学旅行活动策划能力

策划能力是策略思考与计划编制等能力的统称。策略思考又称策略性思考，指的是为取得某种效果，编制具体行动计划的过程；或为达到某种特定的目的，思考与设计所需采用方法的过程。研学旅行活动策划是指按照已经确定的方法论，编制具体行动计划的过程，是将一个个研学旅行活动单元进行精细组织的过程。因此，研学旅行指导师不仅需要有扎实的基础知识，而且要具备很强的策划能力。

（1）研学旅行活动策划能力的构建

活动策划人能力的强弱取决于其能不能做好一份策划案，这份策划案应能满足甚至超出研学主办方的预期。想要做好一份活动策划案，研学旅行指导师需要具备以下能力：文案能力（包括制定活动主题、编写活动传播推广文案、包装活动整体文案等方面的能力）、策略能力（包括品牌策略、营销策略、传播策略、活动主题策略等方面的能力）、PPT能力（包括视觉排版、逻辑梳理、软件操作、活动流程动线设计等方面的能力）、提案能力（包括商务礼仪、演讲、谈判、逻辑表达等方面的能力）、学习能力（包括感知观察、记忆、阅读、解决问题等方面的能力）、创新能力、资源整合能力等。

（2）研学旅行活动策划能力的培养途径

研学旅行指导师的研学旅行活动策划能力的培养途径如下：

① 分析研学主题。每一次研学旅行活动，对研学主题的分析程度是最能体现研学旅行指导师策划能力和水平的。因此，研学旅行指导师在策划研学旅行活动时，不仅要理解研学主题，还要进行深入的分析，从研学旅行课程方案的总主题到单元主题都要分析，同时还要分析不同年龄段的研学对象，以及资源的组织配置、方案的实施等。

② 总结学习规律。要掌握中小学生学习的基本规律，学习知识必须按照科学合理的规律进行。规律是事物内部固有的、本质的、必然的联系及发展

趋势。中小学生的学习规律和主要学习方法是不同于成人的，他们学习的主要是基础知识和基本能力，虽然智力在学习中的作用日益明显，但非智力因素依然发挥着十分重要的作用。研学旅行指导师在策划研学旅行活动时应考虑这样几点：一是要求学生轻松愉悦地参与各项活动，充分体验活动的乐趣；二是要培养学生的观察力、思维推理能力和动手能力；三是注重培养学生的集体合作精神和团队配合意识。

③ 加强与学校、教师的沟通。每所学校的办学理念、教育优势、师资特点都不一样，组织研学旅行的目的也不尽相同。加强与学校、教师的沟通，熟悉学校的办学宗旨，了解学校的优势特长，厘清学科知识和校本教材的关系，向教师虚心求教，是为学校制定优秀的研学旅行课程方案的有效途径，同时也是快速提高研学旅行指导师自身策划能力的好方法。

2. 心理辅导能力

研学旅行指导师需要具备一定的心理辅导能力。研学旅行指导师与学生之间应建立融洽的关系，以帮助学生正确地认识自己、接纳自己，进而欣赏自己，并克服成长中的困难，充分发挥个人潜能。对学生进行心理辅导是一项复杂、艰巨又专业的系统工程，研学旅行指导师虽然不能像心理咨询师那样专业，但是掌握一些中小学生心理健康知识和心理辅导的方法和技巧，对整个研学旅行活动的顺利开展会有很大帮助。

（1）中小学生心理健康的内容

中小学生心理健康的内容主要包括正常的智力、积极的自我意识、良好的心境、和谐的人际关系、较强的意志品质、完整的人格。

（2）中小学生常见心理问题的类型及表现

狭隘：斤斤计较，心胸太狭窄，不能接纳和理解他人，对小事耿耿于怀，爱钻牛角尖。

嫉妒：当别人比自己好时，表现出不自然、不舒服甚至怀有敌意，更有甚者用打击、中伤手段来发泄内心的嫉妒。

敏感：内心敏感、多疑，常常把别人无意中说的话、不相干的行为当作对自己的轻视或嘲笑，并因此而喜怒无常，情绪变化很大。

失落：中小学生抱有许多幻想，并希望将其变为现实，他们会付出种种努力甚至刻意追求，当这种需求持续得不到满足或仅部分满足时，就产生了挫败感。

自卑：对自己缺乏信心，认为自己在各方面都不如别人，无论是学习上，还是在生活中，总是把自己看得比别人低一等，这种自卑心理严重影响学生自身的情绪，从而引发一系列不良认知。

叛逆：中小学生正处于成长过渡期，独立意识和自我意识日益增强，他们迫切希望摆脱家长的监护，同时，为了表现自己的与众不同，容易对任何事情持批判的态度。

（3）研学旅行活动中常见的心理辅导方式

研学旅行指导师要善于发现和分析学生出现的心理问题，采取合理的方式给学生以指导，切忌采用生硬的态度和方式，应使用心理咨询的技巧和方法帮助学生进行态度和行为的改变。就心理治疗的具体方法而言，认知行为疗法、解决问题疗法、心理动力疗法以及集体心理疗法都是可以采用的方法。

① 认知行为疗法。认知行为疗法是一种通过改变学生的思维方式和行为习惯来改善其心理问题的方法。它通过帮助学生认识自己的负面思维方式和行为模式，教授他们改变这些思维方式和行为模式的方法，以减轻心理问题。

② 解决问题疗法。解决问题疗法是一种通过帮助学生解决实际问题来改善其心理问题的方法。它通过帮助学生识别和解决他们所面临的具体问题来减轻学生的负面情绪。

③ 心理动力疗法。心理动力疗法是一种通过探索学生潜意识和内心深处的问题来改善其心理问题的方法。它通过帮助学生了解自己的内心世界，解决潜在的心理问题来减轻学生的负面情绪。

④ 集体心理疗法。集体心理疗法是一种通过帮助学生在群体中分享、交流彼此的经验和情感来改善学生心理问题的方法。它通过帮助学生感受他人的支持和理解来减轻自己的负面情绪，提高自信心。

研学旅行指导师在研学旅行活动过程中是学生重要的心理依托，可以在短时间给予学生强大的社会支持，所以研学旅行指导师要注重学习相关知识，提高心理辅导能力，更好地为研学旅行活动服务。

3. 教育教学能力

教育教学能力是指研学旅行指导师在研学旅行活动中，为达到研学旅行课程目标、顺利完成教学活动所表现出来的能力。教育教学能力具体包括钻研学科知识的能力、了解和研究学生的能力、语言表达能力、应变反馈能力、现代信息技术的运用能力。

（1）钻研学科知识的能力

初级阶段的研学旅行课程是学科课程的衍生和补充，学科知识是学生研学旅行课程的基础。因此，研学旅行指导师要深入钻研中小学的学科知识、课程标准和教材，分析研学旅行课程目标、课程内容和学科知识之间的内在联系，找到研学旅行课程与学科知识的连接点。研学旅行指导师对学科知识钻研得越深入，研学旅行课程的效果就越好。

（2）了解和研究学生的能力

研学旅行指导师在传递知识的同时，应对不同年龄段的学生进行分析，这是研学旅行指导师教育教学工作的出发点，也是研学旅行指导师的一项基本功。研学旅行指导师要善于根据学生年龄段的共性规律和外部表现了解他们的个性和心理状态，如思想状况、道德水平、知识层次、智力水平及兴趣、爱好、性格等。只有了解学生的实际情况，并将了解到的情况与研学旅行活动过程中具有教育性、参与性的具体事例有机结合，才能做到有的放矢、长善救失、因材施教。

（3）语言表达能力

在研学旅行课程中，研学旅行指导师的语言表达方式和质量，影响着学生的智力发展水平。科学地使用教学语言，是实现研学旅行课程教学目标的保证。首先，教学语言应具有科学性。研学旅行课程的主要任务之一，就是向学生传授各种知识。因此，研学旅行指导师的教学语言必须具有科学性，做到准确、精练，有条有理，合乎逻辑。其次，教师的教学语言应具有启发性。在研学旅行课程中，教师的语言能否引起学生的积极思考，帮助学生打开思路，引导学生独立、主动地去获取知识，是实现学生研究性学习的关键所在。因此，研学旅行指导师的教学语言必须具有启发性，通过启发性的语言激发学生的求知欲望，给学生留有思考的余地。最后，研学旅行指导师要善于运用生动形象的语言，激发学生的创造性思维，引发学生丰富的想象。

（4）应变反馈能力

在研学旅行课程中，研学旅行指导师还应具备处理各种意外情况的能力，对学生反馈的关于所接受知识的信息要随时掌握，及时处理，同时，要了解学生的期望与困难，并根据这些信息及时调整研学旅行课程节奏，使其适宜于学生。对研学旅行过程中稍纵即逝的有价值的信息，研学旅行指导师要及时捕捉，合理利用，生成课程及时教育学生。

（5）现代信息技术的运用能力

信息化时代，研学旅行指导师必须能够根据各种条件的变化，灵活选用教学方法和先进的信息技术提升教育教学能力，如采用电化教学，制作多媒体资源，利用传播媒体平台等，使研学旅行课程更加生动直观。研学旅行指导师还可以用现代信息技术（定位手环、智能评价）来进行学生管理，这不仅可以提高研学旅行课程的质量，活跃气氛，而且有利于研学旅行课程现场控制，保障学生安全。

本章小结

研学旅行指导师是指策划、制定或实施研学旅行课程方案，在研学旅行活动过程中组织和指导中小学生开展各类研究性学习和体验活动的专业技术人员。

按照委派主体的不同，可将研学旅行指导师分为学校指导师、旅行社指导师、基（营）地指导师、机构指导师四种类型。按照就业方式的不同，可将研学旅行指导师分为专职研学旅行指导师和兼职研学旅行指导师两种类型。按技能等级分，可以将研学旅行指导师由低到高分成"四级（中级工）、三级（高级工）、二级（技师）、一级（高级技师）"四个级别。

研学旅行指导师必须具备职业理想、职业责任、职业态度和职业道德。职业理想是指人们在职业上依据社会要求和个人条件，借想象而确立的奋斗目标，即个人渴望达到的职业境界。职业责任是指人们在一定职业活动中所承担的特定职责，它包括人们应该做的工作和应该承担的义务。职业态度是指个人对所从事职业的看法及在行为举止方面反应的倾向。职业道德是指从事一定社会职业的人们，在履行其职责的过程中理应遵循的道德规范和行业行为规范。

研学旅行指导师职业要求包含仪容、仪表、仪态、语言等形象要求，研学旅行知识、通识教育与基础教育知识、教育教学知识、安全防护知识、法律法规及政策标准知识等专业知识要求，以及研学活动策划能力、心理辅导能力、教育教学能力等职业技能要求等。

第2章
参考答案

一、简答题

1. 按照委派主体的不同，可将研学旅行指导师分为哪几类？
2. 按照就业方式的不同，可将研学旅行指导师分为哪几类？
3. 可从哪几个方面来培养研学旅行指导师的职业精神？
4. 研学旅行指导师的职业道德包括哪些内容？
5. 塑造研学旅行指导师的职业形象可以从哪几个方面入手？
6. 研学旅行指导师应掌握哪些知识和技能？

二、实训项目

研学旅行指导师认知实训

实训内容：

1. 通过各种形式，走进研学旅行指导师的实际工作场景。
2. 全班分为若干小组，分别到附近中小学、旅行社、研学基（营）地去调研，了解研学旅行的基本情况，分析和总结在研学旅行活动中存在的主要问题和取得的成绩，以及研学旅行指导师应该具备什么知识、能力和素质等。
3. 每个小组归纳总结调研成果，然后在班级分享。

第 3 章

研学旅行课程设计

学习导读

○ **本章概况**

本章分为三节,主要介绍了研学旅行课程主题的选题原则、选题方法、命名方法以及课程主题类型,研学旅行课程目标设计的理论依据、基本原则、步骤以及方式,研学旅行课程内容的含义和特点、研学旅行课程内容的类型、设计原则以及选择依据等内容。

○ **学习目标**

(1)掌握研学旅行课程主题的选题原则、选题方法和命名方法;

(2)熟悉研学旅行课程主题类型;

(3)了解研学旅行课程目标设计的国家政策依据、教育理论依据、课程理论依据以及课程教学目标依据;

(4)掌握研学旅行课程目标设计的原则、步骤和方式;

(5)了解研学旅行课程内容的含义、特点及类型;

(6)掌握研学旅行课程内容的设计原则和选择依据;

(7)通过本章学习,能够简单设计出符合不同学段学生特点的研学旅行课程方案。

○ **素养目标**

(1)增强学生的创新意识,培养学生的创新思维;

(2)提升学生的人文素养、综合能力和素质;

(3)培养学生严谨认真、精益求精的态度;

(4)增强学生研学旅行和策划的安全管理意识。

3.1 研学旅行课程主题

> **引例** 北京市海淀区研学旅行课程建设

北京市海淀区教科院带领70余所中小学探索研学旅行课程建设之路,通过对百余条研学线路和典型案例进行内容分析,总结了一系列小学、初中、高中不同学段研学旅行课程的设计要素和区分点。

(1)根据学生的认知心理特点,设置不同学段的课程目标,体现出适宜的梯度。

小学阶段:以价值体验为主,亲历自然考察、社会体验、参观教育基地等活动,开阔眼界、感知社会,初步获得有积极意义的体验;能自觉遵守公共空间的行为规范,理解公共规则的意义,对个人与集体有正确认识;培养对党、对国家的热爱之情,为自己是中国人感到自豪。

初中阶段:以价值体悟为主,积极参加文化考察、场馆体验、红色之旅、社会实践,愿意主动分享体验和感受;能够运用学过的知识解释社会中的一些现象,解答使自己困惑的问题;通过参与各类活动,形成积极的劳动观念和态度,加深对社会主义核心价值观的理解;了解国家一些重要的社会建设工程,形成国家认同,热爱中国共产党。

高中阶段:以价值体认为主,通过参加研学旅行活动,掌握课题研究的常用方法和基本规范,综合运用所学知识解决问题;将阅读与旅行深度融合,通过读书、行走建构认知体系,深化国家认同,坚定"四个自信",加深对中国共产党的感情;体悟个人成长与社会进步、国家发展和人类命运共同体的关系,具有国际视野。

(2)安排适宜的旅行距离、活动空间以及课程内容。

小学3至4年级:在北京市中心城区活动1天。可以到离学校距离较远的公园、果园、菜园、动物园、植物园、博物馆等,观察周围的环境,开展采摘、调查、生产、搜集资料、合作探究、安全保护、礼仪修养和文明行为习惯养成等活动。课程内容应与低年级校内课程有机衔接,能被低年级学生接受、完成。

小学5至6年级:活动1~5天。可以在离北京市中心城区较远的行政区活动,如海淀区学生可以到延庆、密云、房山等区的实践教育基地学习,还可以扩展到整个京津冀地区,乃至更远的齐鲁、徽州地区或西安、上海等地。根据活动距离远近和时间安排设计研学旅行活动内容,学生可以在研学旅行目的地考察自然地理、人文历史、文化艺术,也可以侧重于体验非遗传承、高新科技等。

初中阶段:在京外活动3~6天。可以在华北、华中、华东、东北等区域考察探究。学校应以项目式学习方式组织,让学生带着课题去旅行,用学过的政治、历史、地理、物理、化学、生物等学科知识解决问题,用语文、英语、数学等学科知识表达、传播研究成果。

高中阶段：在国内或国外活动 7～10 天为宜。根据高中生选课、选考方向和个性发展倾向，研学线路有可选择的必要性，学校应至少提供 2 条可供选择的主题研学线路，有的学校会提供 4～6 条线路供不同班级和不同学科倾向的学生选择。高中生要带着明确的研学任务出去，行前做好充分准备，行中综合运用多个学科的知识解决问题，采用调查、观察、实验、文献查找、对比研究等多种方法进行研究，行后完成研学论文或报告成果。

> **情境分析**
>
> 北京市海淀区研学旅行课程建设从学生的认知心理特点、研学旅行距离、活动空间和课程内容进行细分，同时又根据不同年龄段的学生设计不同内容的研学旅行课程。

3.1.1 课程主题选题原则

研学旅行课程主题是研学旅行教育活动的主旨与核心，是研学旅行课程目标、内容、实施与评价的焦点。研学旅行课程主题的选择应遵循教育性、实践性、开放性、综合性、层次性、因地制宜和与时代同步等原则。

1. 教育性原则

研学旅行是校外教育实践活动，教育性原则是确定研学旅行课程主题的首要原则，也是衡量研学旅行课程主题是否有效的基本原则。

教育性原则要求课程内容要以中小学生自身发展需求为中心，尊重学生的自主选择权，充分调研学生参与研学实践教育的意愿与积极性，引导学生围绕课程主题，从自我成长需要的角度切入，选择具体活动内容。研学旅行指导师要善于捕捉和利用课程实施过程中生成的有价值的问题，指导学生深化课程主题，不断完善活动内容，使研学旅行课程的内容更有利于实现课程主题的教育性目标。

2. 实践性原则

实践性原则要求从人的发展规律角度实现教育目的，强调从以研学旅行指导师为中心走向以学生为中心，强调让学生亲身经历各项活动过程，引导学生在"动手做""实验""探究""设计""创作""反思"的过程中进行"体验""体悟""体认"，并在全身心参与活动过程中发现、分析和解决问题，体验和感受生活，发展实践能力与创新能力。

学生是教育活动的主体，整个研学旅行过程学生必须亲自参与实践，整个活动也要确保学生的主体性地位不变。

3. 开放性原则

研学旅行课程鼓励学生跨领域、跨学科学习，为学生自主活动留出空间，把成长、生活环境作为学习场所，打破学科界限，打破课堂教学的模式，面向学生的整个生活世界，不断拓展活动时空和活动内容，使学生的个性特长、实践能力、服务精神和社会责任感不断提升。因此，研学旅行课程主题的选题应该遵循开放性原则。

作为校外教育的重要形式，研学旅行课程的教育目标不仅仅是学校教育的延伸，更是我国基础教育的创新和积极探索，课程主题的开放性是对研学旅行课程特性的现实表述与要求，有利于增加课程的吸引力，促进学生创新能力的培养。与学科课程相比，研学旅行课程更注重学生的情感体验和全面发展，每个研学旅行活动应有多种解决问题的途径和方案，也就是不确定性，只有这样，思维水平、知识水平、生活经验不同的学生才可以通过自己的努力获得程度不同的成功体验。

4. 综合性原则

研学旅行课程是一门综合的跨学科课程，其主题的选择应遵循综合性原则。具体来说，综合性原则要求研学旅行课程主题以促进学生的综合素质为目标，打破学科界限，综合考虑学生与自然的关系、学生与他人和社会的关系、学生与自我的关系，做到知识、能力、道德等方面的内在整合。

5. 层次性原则

研学旅行活动在空间上具有层次性。在设立研学旅行课程体系时，小学阶段以乡土乡情为主，初中阶段以县情市情为主，高中阶段以省情国情为主。

研学旅行活动在内容上具有层次性。发现问题和提出问题是研学旅行活动的重要环节，进而还要对问题加以探究，这个过程对于不同的学生群体需要进行区别。对于小学生，要求他们对发现的问题能够做出简单合理的解释即可，而对于中学生则要求他们能够提出解决问题的合理策略，并得出相应的探究成果。

同时，课程主题应基于学生可持续发展的要求，设计长短期相结合的活动形式，使活动内容具有递进性和层次性。一方面，课程主题设计要做到使活动内容由简单到复杂，使活动主题由浅入深发展，不断丰富活动内容，拓展活动范围，促进学生综合素质的持续提高。另一方面，要有效处理好学期之间、学年之间、学段之间活动内容的有机衔接与联系，构建科学合理的有层次性的课程主题。

应用案例3-1

【案例概况】

乔家大院坐落于山西省晋中市祁县,是以人文主义旅游资源为特色的全国中小学生研学实践教育基地。情境感知视域下乔家大院民俗博物馆研学基地研学旅行课程设计如下表所示。

乔家大院研学旅行课程设计[①]

学段	研学重点	研学主题	研学内容
小学	感乡情	晋中自然、人文地理和乔家发展史	体验晋中民俗与风情(方言、面食、建筑物风格等);学习黄土高原地貌(成因、自然植被、资源、环境问题等);讲述乔家背后的故事;角色扮演,重温大院日常生活
初中	悟晋商	"万里茶道"历史探究	"万里茶道"沿途区域地理(地貌交通、水文、气候等);"万里茶道"中晋商的作用与运行机制
高中	明国情	晋商与国家	乔家大院匾额与楹联内容学习,了解修身、齐家之道;探究晋商汇通天下对当时历史发展的价值与现实意义;研究经济发展与国家制度的关系

【案例解析】

课程实施是课程设计成为现实的保障。乔家大院研学旅行课程实施具体包括:①寓教于乐,按照体验式学习实施路径展开,基于旅游和学习情境,感知地方自然环境与特色文化。鼓励学生与当地居民对话交流,使学生熟悉民风、民俗,了解当地经济、文化和社会的发展情况。②在情境体验中进行反思,增强学生对文化的理解,引导他们倾听、观察、发现当地居民生活问题,自由发表意见,并充分发挥主观能动性,反思造成问题的原因,与教师和同伴交流自己的情感、态度和想法,丰富学生自主获得关于知识、文化多样性的体验。③丰富现场活动并将不同学科知识纳入课程设计。乔家善于经商,算盘不仅是古代的计算工具,更象征着经营之道和成功秘诀。研学旅行指导师围绕算盘,引导学生运用发散性思维进行写作、美术等创作。④研学旅行指导师的引导和实施规划至关重要。研学旅行指导师需要在课程实施前搜寻和整理信息,确立研究主题,对旅行、活动、知识传授等进行逻辑梳理与串联,使课程实施有章可循且不混乱,促进学生消化吸收。

6. 因地制宜原则

我国国土辽阔,地域差异、自然与文化差异巨大,同一地域城乡之间的办学条件、校园文化也存在显著差异。因此,各地必须根据不同的资源状况设计和开发相应的主题,并转化为可行的课程方案,凸显地域特色,具体问

---

① 董艳,高雅茹,赵亮,等.情境感知视域下研学旅行课程设计探究——以"乔家大院民俗博物馆研学基地"为例[J].现代教育技术,2021,31(4):119—125.

题具体分析，切忌生搬硬套。资源尤其是研学旅行的资源无所谓优劣，更没有高低之分，有的只是特色上的差异。区域性的特色资源往往是最有价值的研学旅行资源。研学旅行课程主题开发设计要充分利用身边和社区的资源。

7. 与时代同步原则

随着时代的发展，人类社会在科技等诸多方面取得了显著的进步与发展。在科技发展日新月异的今天，教育面临着前所未有的挑战。研学旅行恰恰是解决这一问题的有效途径。因此，选择研学旅行课程主题时应及时关注时代、科技的发展现状，关注学生鲜活的现实生活环境。

课程主题设计具有引导学生将其兴趣、需要与国家乃至世界社会经济发展的步伐保持一致的作用。研学旅行课程主题的选择应充分体现时效性，以有效弥补当前学科课程内容相对固定的不足，使学生能够紧跟时代发展的步伐，成长为适应社会发展和时代需要的新时代人才。

3.1.2 课程主题选题方法

研学旅行课程主题选题方法主要有整合学科资源法、融合学校活动法、教育目标达成法、挖掘社区资源法、运用社会热点法、生活与职业体验法、研学旅行指导师经验提炼法和学生自主选题法等。

1. 整合学科资源法

综合性课程的优势在于能更有效地引起学生的探究兴趣，有利于学生综合能力的培养。研学旅行课程是一门综合性课程，面对各学科蕴含的培养学生素养的问题，研学旅行课程可以通过一个主题把它们统筹起来，并围绕这个主题组织、设计活动内容。

需要注意的是，在统筹时应打破现有的常规格局，围绕主题整合学科课程资源。课程主题应当体现综合性、开放性等特点，使学生不只是"学习"知识，更要"学会""学懂"；不仅让学生的"知"和"智"得到发展，而且要促进学生"德"和"能"的发展。

2. 融合学校活动法

2017年教育部颁布的《中小学德育工作指南》在实施途径和要求中指出："要精心设计、组织开展主题明确、内容丰富、形式多样、吸引力强的教育活动，以鲜明正确的价值导向引导学生，以积极向上的力量激励学生，促进学生形成良好的思想品德和行为习惯。"同时，该文件建议开展以节日、纪念日等为主题的教育活动，研学旅行课程主题可以与学校活动主题有机结合起来。

融合学校活动的方式不仅可以丰富学校育人的途径，也可以为研学旅行课程提供丰富的主题来源，促进学生的思想品德和行为习惯得到进一步完善和发展。

3. 教育目标达成法

"立德树人""学生发展核心素养"等是对当前我国教育目标的精练描述。核心素养是一种跨界素养，学生核心素养的发展是多维度的，涉及人文、科学、生活、实践等多个方面。因此，研学旅行课程主题可以根据教育目标进行遴选。

4. 挖掘社区资源法

社区是学生学习生活的场所，他们对社区既熟悉又陌生，熟悉是因为天天接触，对环境熟悉，陌生是因为对于社区的类型、运作和服务功能缺乏全面系统的了解。不仅仅是学生，研学旅行指导师也同样面临着这些问题。因此，研学旅行指导师可以充分利用社区资源设计丰富多样的研学旅行课程，主题可以根据社区资源的特点进行选择。

挖掘社区资源中的红色教育基地、中华传统文化、古代著名工程、民居民俗、科普场馆、博物馆、艺术馆、非遗馆、传统农业和工矿企业、各类高校及科研院所、实验室等，在这些社区资源中可以挖掘出合适的研学旅行课程主题。

5. 运用社会热点法

研学旅行的一项重要内容是让学生感受祖国的大好河山，感受日新月异的科技给人们生活带来的新变化，从而增强学生的国家认同感。例如，高铁刚刚运行时，可以选取和利用社会的热点资源设计"乘坐高铁"的研学旅行课程主题，让学生感受祖国科技的飞速发展。2023年，大熊猫花花因其呆萌可爱的形象成为"顶流女明星"，并掀起了一股"熊猫"热潮，研学旅行指导师可以抓住这一社会热点，设计"我是大熊猫行为学家""我是大熊猫守护者"等研学旅行课程主题。

6. 生活与职业体验法

生活本身丰富多彩，职业类型也多种多样。结合中小学职业生涯规划课程，研学旅行指导师可以将生活中需要解决的问题和不同的职业有选择地设置为研学旅行课程主题，并选定合适的课程主题开展研学旅行活动。

7. 研学旅行指导师经验提炼法

设计研学旅行课程主题，不仅应当充分发挥学生的自主性，还要重视研学旅行指导师的经历、爱好和特长。研学旅行指导师可以从个人经验出发，结合自身兴趣和爱好，设计研学旅行课程主题。由于研学旅行指导师比较熟悉要开展活动的内容、学生的知识能力以及兴趣方向，基于研学旅行指导师个人经验确立的主题更能保证研学旅行课程的顺利实施。同时，如果研学旅行指导师能够结合自己的业余爱好和兴趣设计研学旅行课程主题，他们将会更加积极、更有热情地投入研学旅行课程实施过程中，并且通过自己的热情激发学生的兴趣，使研学旅行课程能够持续开展。此外，让研学旅行指导师从自身经验和兴趣出发指导学生开展活动，也有利于研学旅行指导师发挥自身的特长和潜力，使研学旅行课程的效果更加理想。

8.学生自主选题法

在研学旅行课程主题的确立过程中，研学旅行指导师可以发动学生独立自主地发现和寻找问题，然后师生共同来筛选问题，把问题转化为活动主题。

研学旅行指导师通过创设情境，激发学生的创造性思维，引导和启发学生从多个方面发现和寻找研究课题，鼓励学生在自己所处的自然、社会和生活环境中留心观察、用心体会、细心辨析，探寻自己感兴趣的问题或课题，并将问题及时地记录下来，再经过讨论转化为研学旅行课程主题。例如，学科教学所涉及的与实践有关或学生非常感兴趣且想进一步了解的内容，学生个人生活或学习中遇到的问题，学校、家庭、社区生活中学生感兴趣的现象，科技与社会热点问题等，都可以作为研学旅行课程主题。对于自己选择的主题，学生参与的积极性会更高，活动效果也会更好。

研学旅行课程主题的选择方法多种多样，这需要学校、研学基（营）地等机构或部门根据资源的实际情况和本部门、本单位的实际情况统筹考虑，选择可行性强、具有教育价值和意义的课程主题。

3.1.3　课程主题命名

研学旅行课程方案是研学旅行活动的重要行动指南，一个好的主题会让研学旅行课程方案富有吸引力和导向性，因而课程主题的命名尤为重要。

研学旅行课程主题命名是一个"取名"的过程，也是内容提炼的过程。研学旅行课程主题名称一定要聚焦于研学内容，要和研学旅行课程的设计息息相关。一个好的主题名称就是一个好的教育素材。

1.课程主题命名的基本原则

《说文解字》云："题，额也。"标题犹如一个人的额头，通常是课程主题内容或中心的概括，有着非常显著的地位。研学旅行课程主题命名需遵循以下基本原则。

（1）立德树人原则

研学旅行课程要始终落实立德树人的根本任务，倡导社会主义核心价值观，帮助学生了解国情、热爱祖国、开阔眼界、增长知识，提高社会责任感、创新能力和实践能力，让学生感受祖国大好河山、中华传统美德、革命光荣传统和改革开放的伟大成就，坚定中华民族的"四个自信"。因此，立德树人是研学旅行课程主题命名应遵循的首要原则。

（2）教育性原则

课程主题的名称是对研学旅行课程内容的提炼和概括，是研学旅行课程的重要组成部分。教育性是研学旅行课程的内在要求，课程主题的名称是研学旅行课程教育价值的外在呈现，课程主题的名称应当突出教育性原则。

（3）题文一致性原则

题文一致性是课程主题命名最基本的要求。研学旅行课程主题的名称要能准确地概括课程的核心内容、精神和本质，做到内容真实、观点准确、文字精确、题文一致。课程主题的名称不仅要求文字简练、概念准确、语义清晰，还要能清楚、直截了当地告诉学生课程的内涵与目标。

（4）科学性原则

研学旅行课程的教育属性决定了课程主题命名时必须遵循科学性原则。所谓科学性原则，一方面是指用词科学，包括选用专业术语，选用已经证实的结论性结果，不能选用俗语俚语，不能选用未经证实的假想内容。另一方面，科学性原则是指表述要科学，包括语言陈述方式要符合学生的阅读习惯，陈述内容的思想导向要符合科学认知等。

（5）规范性原则

规范性原则主要是指主题名称用词规范，主题风格要符合学生身心发展规律、符合学生综合素质培养的需要。课程主题名称的内涵应突出实践性，体现研学旅行活动的特征，反映时代的发展和科技的进步。

2.课程主题命名的基本要求

研学旅行课程主题命名主要有四个基本要求，即准确规范、简洁醒目、新颖有趣和贴近实际。

（1）准确规范

① 课程主题的名称要内容准确，表述规范。

② 课程主题的名称外延必须与课程具体内容一致，即要做到课程主题的名称将研学旅行课程研究的核心内容交代清楚，与研学旅行课程目标相符。

③ 课程主题的名称内涵不能太大，也不能太小，要把研学旅行课程的对象和内容准确地表达清楚。

④ 课程主题的名称不能用口号式、结论式、疑问式句型，而应以陈述式句型表述。

⑤ 课程主题的名称表述不能含糊笼统，应尽可能地突出研学内容、研学对象、核心概念。

⑥ 课程主题的名称不宜出现并列式、对仗式词组，能不要的文字尽量删掉。

（2）简洁醒目

标题是一个"语句"，简洁是其显著特点。《现代汉语词典》（第7版）对"标题"的解释是"标明文章、作品等内容的简短语句"。课程主题的名称要想简洁醒目，需做到以下几点：①长度不要超过20字；②要新颖独特，富有新意；③宜简不宜繁，宜短不宜长，尽量避免概念化语言，多用形象化、具体化语言；④表述方式要符合阅读习惯，避免晦涩的学究语言。

（3）新颖有趣

研学旅行课程名称应新颖有趣，新颖生动、不落俗套的事物往往更能引起学生的学习兴趣，但也不能为了新颖而哗众取宠，不能为了有趣而偏离研学旅行课程目标。

（4）贴近实际

课程主题的名称要贴近学生的生活实际，符合学生的年龄特征。研学旅行课程在小学、中学都要开设，因此需要充分考虑学生的年龄和身心特点，有趣味性、较生活化的课程主题名称更适合小学生，新颖、有挑战性的课程主题名称更适合初中生，思考性强一些的课程主题名称更适合高中生。

课程主题名称就像一个人的名字一样，应具有鲜明的个性和特色，一个好的主题名称是好的研学旅行课程的开端，可以有效引导学生进入研学情境，为开展研学旅行活动奠定基础。

3. 课程主题命名的常用方法

研学旅行课程具有体验性、研究性等特点，课程主题的命名应该更加注重教育性和体验性。常用的命名方法有聚焦法、抽取法、创新法、"地点+"法等。

（1）聚焦法

教育部发布的《中小学综合实践活动课程指导纲要》推荐了152个活动主题，由于客观存在的城乡差异和学情差异，所推荐的主题都比较宽泛，因其缺乏具体的研究对象，所以不具备直接作为课程主题名称的条件，实际中可以以这些主题为参考，对某一主题进一步聚焦，使之具体化。这是当前研学旅行课程主题最为便捷的一种命名方式。

（2）抽取法

抽取法就是抽取研学旅行课程中的关键词作为标题，这是课程主题命名的常用方法，也是比较稳妥、有效的方法。

研学旅行课程主题分为单一研学旅行课程主题与综合研学旅行课程主题，命名时可以抽取不同的关键词来作为课程主题名称。

（3）创新法

创新法是先对研学旅行课程内容进行提炼，再围绕研学主旨发挥想象和联想，以各种方式创新地设计课程主题名称的方法。课程主题的命名可以融入文学构词法，可以借用学科专业词汇，还可以运用辩证手法。例如，对诗词歌赋的凝练引用或改编套用——滕王阁研学旅行课程以"落霞与孤雁齐飞，秋水共长天一色"为课程主题名称。

（4）"地点+"法

研学旅行课程主题还有"地点+研学内容""地点+研学方式""地点+主题内容"等几种命名方法。例如，"人说山西好风光""人人都说沂蒙山好"都是采用了"地点+内容"的方式，同时引用了歌曲中的内容，从而形成了响亮的研学旅行课程主题名称。

4. 课程主题命名的步骤

研学旅行课程主题命名的步骤如下。

（1）明确教育目标

教育目标是遴选研学旅行课程内容、设计研学旅行课程方案的依据，也是课程主题设计的首要考虑因素，有针对性地明确教育目标是选择研学旅行课程主题名称的第一步。教育目标要明确且具体，尽量保证可行性，不能大而全，过于空泛。例如，培养学生的创新精神、时间管理能力，让学生热爱大自然等就相对空泛，不宜作为教育目标。

（2）遴选关键词

基于教育目标选择研学旅行课程内容、设计研学旅行活动能突出研学旅行课程主题。因此可以从课程内容、活动组织方式等选取关键词，或者凝练研学旅行课程主题内涵，作为课程主题名称的相关内容。如果选用的是教育部推荐的活动主题，也可以针对所选用主题的聚焦内容提取关键词或凝练研学旅行课程主题内涵进行创新。

（3）选择恰当的表达方式

恰当的表达方式能让主题名称具有可读性，且能充分体现课程的主旨及教育目标。在课程主题命名的过程中，需要选择恰当的表达方式。

（4）锤炼标题文字

用压缩标题的内容、删除标题中多余的字词、改变标题的叙述方式、适当采用简称等方式反复推敲和锤炼标题，可以让课程主题名称变得准确、简洁、新颖。

（5）确定课程主题名称

经过上述步骤后，可以把拟定的课程主题名称同研学旅行课程设计师资团队进行商议，如无异议，便可以确定下来；如有异议，再根据以上步骤思考，直至师资团队商议确定。

3.1.4 课程主题类型

研学旅行课程主题类型有很多种划分形式,本书根据教育部等11部门《关于推进中小学生研学旅行的意见》(教基一〔2016〕8号)提出的自然类、历史类、地理类、科技类、人文类、体验类等研学旅行课程类型详细介绍对应的研学旅行课程主题。

1. 自然类

自然类研学旅行课程可以让学生从地形地貌特征、动植物种类、生态环境保护等方面去了解和感受自然环境,体会自然因素之间的联系,领会人与大自然的关系,培养学生对大自然的热爱之情。这类研学旅行课程主题类型可以基于当地山水的特色,或者以大自然的神奇为切入点,还可以着重表现祖国大好河山的美丽,更可以突出"绿水青山就是金山银山"的科学发展理念,重点表现人与自然的和谐。

2. 历史类

中华文明绵延五千年,有着顽强的生命力,博大精深、灿烂辉煌、令人向往,是中华儿女的宝贵财富。历史类研学旅行课程主要分为历史探究类和红色教育类。该类研学旅行课程是以重要历史事件发生地作为主要研学基地而构建的,包括历史遗迹、革命纪念地等爱国主义教育基地。在历史类研学旅行课程中,学生通过实地考察、阅读史料,建立现代社会生活与历史事件、传统文化的联系,培养人文素养和文化理解能力。

历史类研学旅行课程主题可以侧重体现传统文化的厚重感,或者凸显传统文化的传承与发展,也可以体现当地为人所熟知的具有代表性的历史人物、历史事件的影响。

3. 地理类

研学旅行课程与地理学科联系尤为密切,这不仅是因为地理学科有着丰富的研学旅行课程资源,同时也是因为地理学科本身就要求培养学生的地理实践能力。地理类研学旅行课程主题是常见的研学旅行课程主题类型之一。

4. 科技类

科技的发展已经渗透到人们生活的各个角落,人们每天都在享受着科技带来的便利。在研学旅行活动中,科技类研学旅行课程主题可以侧重于考察科技馆、天文馆、航空航天馆、现代工业和农业等,探究科技在人类社会发展中各个方面的应用,了解其工作原理,以让学生联系生活实际加深印象；也可以侧重于国防知识的学习探究，包括国防科学技术、军事训练方法等。

5. 人文类

人文类研学旅行课程旨在让学生了解和认识一个国家或地区的文化、艺术、教育、习俗等，形成对特定的社会文化现象的综合认知和深入理解。人文类研学旅行课程强调文化理解、欣赏传承，能起到拓宽学生知识面的作用，使学生既可以学到鲜活的知识，又能获得深刻的体悟。人文类研学旅行课程主题可以结合具体的民俗特点，重点突出文化传承与发展，也可以由学生用简洁活泼的语言来表达自己对当地文化亲身体验后的感受。人文类研学旅行课程包含服饰民俗、饮食民俗、农耕民俗、二十四节气民俗、民间体育竞技等物质生活民俗、社会生活民俗、精神生活民俗等内容。

6. 体验类

体验类是当前研学旅行课程类型中最受欢迎的一类，其对应主题包括社会生活体验、体能拓展训练、职业体验等类型。

① 以社会生活体验为主题的课程需要学生深入到社会生活中进行学习和探究，到社会中去了解不同的社会分工，就交通、卫生、饮食、就业情况等进行考察，以体验社会角色，体会每种社会角色的重要性，培养社会责任感。这类课程主题应体现不同社会角色不同的社会使命。

② 以体能拓展训练为主题的课程可以增强学生的体能。我们要培养的是德、智、体、美、劳全面发展的人才，其中"体"不可忽视。在针对学生体能提高开展的研学旅行活动中，教师可以带领学生到野外去，在保障安全的基础上训练学生体能，让学生掌握一些地理知识、急救护理知识，培养学生在恶劣环境下的生存能力，锻炼他们的意志品质。这类课程主题要注意激励学生挖掘自身潜能、团结同学同伴。

③ 以职业体验为主题的课程主要是通过让学生参观一些机构来了解社会机构的功能以及这个机构中工作岗位的职业性能，从而提高学生对各类职业的认识和对社会的了解，满足学生对职业的好奇心，有利于学生的职业生涯发展规划。这类研学旅行课程在我国开展得较少，随着高中生职业生涯发展规划课程的实施，将成为今后研学旅行的热点。

> **知识链接3-1**

教育部《中小学综合实践活动推荐主题汇总》

（1）1—2年级

考察探究活动：神奇的影子、寻找生活中的标志、学习习惯调查、我与蔬菜交朋友。

社会服务活动：生活自理我能行、争当集体劳动小能手。

设计制作活动：我有一双小巧手——手工纸艺、陶艺；我有一双小巧手——制作不倒翁、降落伞、陀螺等。

职业体验及其他活动：队前准备、入队仪式、少代会、红领巾心向党。

（2）3—6年级

考察探究活动：节约调查与行动、跟着节气去探究、我也能发明、关爱身边的动植物、生活垃圾的研究、我们的传统节日、我是"非遗"小传人、生活中的小窍门、零食（或饮料）与健康、我看家乡新变化、我是校园小主人、合理安排课余生活、家乡特产的调查与推介、学校和社会中遵守规则情况调查、带着问题去春游（秋游）。

社会服务活动：家务劳动我能行、我是校园志愿者、学习身边的小雷锋、红领巾爱心义卖行动、社区公益服务我参与、我做环保宣传员、我是尊老敬老好少年。

设计制作活动：设计制作活动包括信息技术类和劳动技术类。其中信息技术类包括：我是信息社会的"原住民"、"打字小能手"挑战赛、我是电脑小画家、网络信息辨真伪、电脑文件的有效管理、演示文稿展成果、信息交流与安全、我的电子报刊、镜头下的美丽世界、数字声音与生活、三维趣味设计、趣味编程入门、程序世界中的多彩花园、简易互动媒体作品设计、手工制作与数字加工。劳动技术类包括：学做简单的家常餐、巧手工艺坊、魅力陶艺世界、创意木艺坊、安全使用与维护家用电器、奇妙的绳结、生活中的工具、设计制作建筑模型、创意设计与制作（玩具、小车、书包、垃圾箱等）。

职业体验及其他活动：今天我当家，校园文化活动我参与，走进博物馆、纪念馆、名人故居、农业基地，我是小小养殖员，创建我们自己的"银行"（如阅读、道德、环保），找个岗位去体验，走进爱国主义教育基地、国防教育场所，过我们10岁的生日，红领巾相约中国梦，来之不易的粮食，走进立法、司法机关，我喜爱的植物栽培技术。

（3）7—9年级

考察探究活动：身边环境污染问题研究，秸秆和落叶的有效处理，家乡生物资源调查及多样性保护，社区（村镇）安全问题及防范，家乡的传统文化研究，当地老年人生活状况调查，种植、养殖什么收益高，中学生体质健康状况调查，中学生使用电子设备的现状调查，寻访家乡能人（名人），带着课题去旅行。

社会服务活动：走进敬老院、福利院，我为社区做贡献，做个养绿护绿小能手，农事季节我帮忙，参与禁毒宣传活动，交通秩序我维护。

设计制作活动：信息技术类包括组装我的计算机、组建家庭局域网、数据的分析与处理、我是平面设计师、二维三维的任意变换、制作我的动画片、走进程序世界、用计算机做科学实验、体验物联网、开源机器人初体验。劳动技术类包括探究营养与烹饪、多彩布艺世界、我是服装设计师——纸模服装设计与制作、创作神奇的金属材料作品、设计制作个性化电子作品、智能大脑——走进单片机的世界、模型类项目的设计与制作、摄影技术与电子相册制作、3D设计与打印技术的初步应用、现代简单金木电工具和设备的认识与使用、基于激光切割与雕刻的创意设计、立体纸艺的设计与制作、"创客"空间、生活中的仿生设计、生活中工具的变化与创新。

职业体验及其他活动：举行大队建队仪式、策划校园文化活动、举办我们的3·15晚会、民族节日联欢会、中西方餐饮文化对比、少年团校、举行建团仪式（14岁生日）、职业调查与体验、毕业年级感恩活动、制定我们的班规班约、军事技能演练、"信息社会责任"大辩论、走近现代农业技术。

（4）10—12年级

考察探究活动：清洁能源发展现状调查及推广、家乡生态环境考察及生态旅游设计、食品安全状况调查、家乡交通问题研究、关注知识产权保护、农业机械的发展变化与改进、家乡土地污染状况及防治、高中生考试焦虑问题研究、社区管理问题调查及改进、中学生网络交友的利与弊、研学旅行方案设计与实施、考察当地公共设施。

社会服务活动：赛会服务我参与、扶助身边的弱势群体、做个环保志愿者、做农业科技宣传员、参与公共文化服务、做普法志愿者。

职业体验及其他活动：制定自然灾害应急预案及演练、关注中国领土争端、高中生生涯规划、走进社会实践基地、走进军营、创办学生公司、18 岁成人仪式、业余党校、我的毕业典礼我设计。

说明：

（1）为了更好地理解和落实《中小学综合实践活动课程指导纲要》提出的基本活动方式，上文所推荐的活动主题分别是以某一种活动方式为主来呈现的。这些活动方式不是孤立的，一个主题活动往往包含多种活动方式，在主题实施过程中需要学生经历不同的活动方式，才能使活动更加深入和完善。

（2）上文所推荐的活动主题只是样例，其主要依据是：立足学生综合素质培养的需要，体现综合实践活动的特征；贴近学生的生活实际和年龄特征，反映时代发展和科技进步的内容，同时兼顾城乡差异；落实班团队活动和相关专题教育的要求。

（3）上文列出的主题均有一定弹性，难度可深可浅，时间可长可短。有些主题在不同学段都可以实施，这里只呈现在某一学段，学校可根据实际情况灵活选择和安排。

（4）上文所推荐的活动主题不做硬性规定，仅供学校选择参考。学校可结合实际开发更贴近当地学生生活、富有特色的活动。

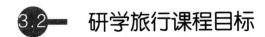

3.2　研学旅行课程目标

引例　丹霞山生物多样性研学旅行活动课程

面对当前的生物多样性减少、水资源短缺、全球气候变化等环境问题，对于正处在义务教育阶段的初中生来说，培养他们尊重生命、爱护地球与环境、保护生物多样性的社会责任感就具有非常重要的现实意义。因此，韶关市第十一中学的生物研学团队开发了初一、初二学生丹霞山生物多样性研学旅行课程。丹霞山生物多样性研学旅行课程目标立足于生物学科核心素养，以素养目标的达成，让学生具有保护环境、保护生物多样性的生态观和社会责任感，通过研学旅行活动实践让学生体验科学探究的一般过程和方法，形成团队合作精神，培养归纳概括的能力，养成批判的思维方式。

> **情境分析**
>
> 该案例中的研学旅行课程目标不够细化,没有向学生提供具体明确的学习目标,学生不清楚在每个研学旅行活动中的学习目标是什么。因此,研学旅行课程设计者可以结合具体的研学旅行活动将案例中课程目标进一步细化,培养并提升学生科学思维、科学探究的能力。

研学旅行课程目标是指在研学旅行课程设计与开发过程中,一定阶段的学生通过研学旅行课程的实施在德、智、体、美、劳等方面应达到的程度。课程目标具有重要的导向作用和指导价值,既能落实立德树人、培养人才的根本任务,也能对研学旅行课程开发、实施和评价提出总体性质量要求,可以引领研学旅行课程开发和实施的方向,是课程内容、课程实施、课程评价的重要参考标准。

3.2.1 课程目标设计的理论依据

课程目标设计的主要理论依据有:国家政策、教育理论、课程理论和学校课程教学目标等。

1. 国家政策依据

研学旅行是有意组织的活动,需要有明确的目标和计划。国家陆续出台的一系列关于研学旅行的政策性文件都对研学旅行课程目标提出了相应的要求。表3-1为涉及研学旅行课程目标的政策性文件及相应内容。

表3-1 涉及研学旅行课程目标的政策性文件及相关内容

文件发布时间	政策性文件	涉及课程目标的相关内容
2014年8月9日	《国务院关于促进旅游业改革发展的若干意见》(国发〔2014〕31号)	将研学旅行、夏令营、冬令营等作为青少年爱国主义和革命传统教育、国情教育的重要载体,纳入中小学生日常德育、美育、体育教育范畴,增进学生对自然和社会的认识,培养其社会责任感和实践能力
2016年3月18日	《关于做好全国中小学研学旅行实验区工作的通知》(基一司函〔2016〕4号)	培养中小学生的创新精神和实践能力
2016年11月30日	教育部等11部门《关于推进中小学生研学旅行的意见》(教基一〔2016〕8号)	立德树人、培养人才为根本目的……因地制宜开展研学旅行。让广大中小学生在研学旅行中感受祖国大好河山,感受中华传统美德,感受革命光荣历史,感受改革开放伟大成就,增强对坚定"四个自信"的理解与认同;同时学会动手动脑,学会生存生活,学会做人做事,促进身心健康、体魄强健、意志坚强,促进形成正确的世界观、人生观、价值观,培养他们成为德智体美全面发展的社会主义建设者和接班人

（续表）

文件发布时间	政策性文件	涉及课程目标的相关内容
2017年1月19日	《国务院关于印发国家教育事业发展"十三五"规划的通知》（国发〔2017〕4号）	践行知行合一，将实践教学作为深化教学改革的关键环节，丰富实践育人有效载体。制定中小学生综合实践活动指导纲要，注重增强学生实践体验
2017年7月17日	《教育部办公厅关于开展2017年度中央专项彩票公益金支持中小学生研学实践教育项目推荐工作的通知》（教基厅函〔2017〕25号）	着力提高中小学生的社会责任感、创新精神和实践能力
2017年8月17日	《中小学生德育工作指南》	开展各类主题实践。加强劳动实践。组织研学旅行。开展学雷锋志愿服务。不断增强学生的社会责任感、创新精神和实践能力
2017年9月25日	《中小学综合实践活动课程指导纲要》	以培养学生综合素质为导向。强调学生综合运用各学科知识，认识、分析和解决现实问题，提升综合素质，着力发展核心素养，特别是社会责任感、创新精神和实践能力，以适应快速变化的社会生活、职业世界和个人自主发展的需要，迎接信息时代和知识社会的挑战
2017年12月6日	《教育部办公厅关于公布第一批全国中小学生研学实践教育基地、营地名单的通知》（教基厅函〔2017〕50号）	各省级教育行政部门要指导各地各校充分利用研学实践教育基地、营地，组织开展丰富多彩的研学实践教育活动，帮助广大中小学生感受祖国大好河山，感受中华传统美德，感受革命光荣历史，感受改革开放伟大成就，激发学生对党、对国家、对人民的热爱之情，提高中小学生的社会责任感、创新精神和实践能力
2020年3月20日	《中共中央、国务院关于全面加强新时代大中小学劳动教育的意见》	劳动教育是中国特色社会主义教育制度的重要内容。以习近平新时代中国特色社会主义思想为指导，全面贯彻党的教育方针，落实全国教育大会精神，坚持立德树人，坚持培育和践行社会主义核心价值观，把劳动教育纳入人才培养全过程，贯通大中小学各学段，贯穿家庭、学校、社会各方面，与德育、智育、体育、美育相融合，紧密结合经济社会发展变化和学生生活实际，积极探索具有中国特色的劳动教育模式，创新体制机制，注重教育实效，实现知行合一，促进学生形成正确的世界观、人生观、价值观

2．教育理论依据

（1）教育学理论

研学旅行是一种特殊的教育活动，因此，研学旅行课程目标的设计首先需要教育学领域相关基础理论的支撑。"读万卷书，行万里路""知行合一""事上磨炼"等中国传统教育理念和近代陶行知主张的生活教育理论等，都与研学旅行的精髓深深契合。西方教育思想也高度重视实践中的教育活动，较为典型的西方教育理论有法国政治家、哲学家、教育家卢梭的自然主义教育思想，美国著名教育家杜威的经验学习理论，瑞士著名心理学家皮亚杰的建构主义认知理论，美国著名心理学家罗杰斯的人本主义教育理论及美国著名教育家大卫·库伯的体验学习理论。中国教育理论与西方教育理论都为研学旅行课程目标的设计提供了重要的参考依据。例如，卢梭的自然主义教育思想所倡导的受教育者走向大自然、顺其自然本性而教育的理念，是现今研学旅行课程所要重新加以思考并遵循的。杜威所提出的"教育即生长"的教育本质观对设计研学旅行课程目标有重要的启示，即课程目标设计要注重学生的主动生成的过程。

（2）心理学理论

学习和教育过程是重要的心理活动过程，研学旅行课程目标的设计也需要教育心理学、认知发展心理学以及体验心理学等心理学理论的支持。

① 教育心理学。

教育心理学是主要研究教育和教学过程中教育者和受教育者心理活动现象及其产生和变化规律的心理学分支。美国心理学家桑代克提出的学习三大定律（效果律、准备律、练习律）及个别差异理论，成为20世纪20年代前后教育心理学研究的重要课题。教育心理学从教育的角度去研究人的心理规律，为实际教育教学提供科学的理论指导，因此研学旅行课程目标的设计需要教育心理学的支持。

② 认知发展心理学。

皮亚杰提出的心理发展观是对当代认知发展心理学影响最大的理论。皮亚杰认为心理结构的发展涉及图式、同化、顺应和平衡，将儿童智力发展划分为感知运算阶段、前运算阶段、具体运算阶段、形式运算阶段四个阶段，并认为儿童的认知发展过程是一个由低向高的顺序发展的过程。皮亚杰的心理发展观不仅为编制适合学生思维和认知发展水平的课程体系提供了理论依据，也为教育工作者开展教育教学活动提供了理论指导。研学旅行课程目标的设计应遵循学生的认知发展水平和规律，应设计适合不同认知阶段学生的课程目标。

③ 体验心理学。

大卫·库伯将体验学习阐释为一个包括具体体验、反思观察、抽象概括和行动应用的体验循环过程，提出了著名的四阶段"体验式学习圈模型"，将学习者的学习风格大致分为经验型学习者、反思型学习者、理论型学习者和应用型学习者四类。大卫·库伯认为，这四种类型的学习者不存在价值的优劣判别，它们之间存在一定的互补性。因此，研学旅行课程目标的设计要充分考虑学生的学习风格差异。

3. 课程理论依据

研学旅行课程目标的设计除了要考虑国家政策依据和教育理论依据之外，还必须考虑课程的基本原理。关于课程的基本原理主要有以下课程理论。

（1）拉尔夫·泰勒的课程目标观

拉尔夫·泰勒是美国著名教育学家、课程理论专家和行为目标的代表人物，他所著的《课程与教学的基本原理》被誉为"现代课程理论的'圣经'"。泰勒在《课程与教学的基本原理》一书中主要就课程目标提出了以下观点：

① 课程目标的重要性。泰勒认为目标是最为关键的，强调在整个教育还未开始之前就应该先把课程目标确定下来，这样课程目标就具有了定位性、先导性。

② 课程目标的来源。泰勒认为课程目标选择的来源主要包括对学生的研究、对当代社会生活的研究和学科专家的建议。

③ 课程目标的陈述。泰勒认为，教师单向陈述、要素列举陈述和抽象概括陈述这三种课程目标陈述形式是不完备的，必须选择其他的陈述形式。他指出，最有效的目标陈述形式是既指出要使学生养成哪种行为，又要言明这种行为能具体运用的生活领域。

④ 课程目标的内在结构。

泰勒指出课程目标的内在结构主要包括行为和内容两个方面，前者是指要求学生表现出来的行为，这里的行为往往是那些显而易见的外在行为，后者是指这种行为所适用的领域。

泰勒的课程目标观对研学旅行课程目标设计的启示主要有：①研学旅行课程设计应充分认识到课程目标的重要性，高度重视课程目标的设计。②泰勒强调应从学习者本身、当代社会生活和学科专家的建议三个方面来确立课程目标，这为研学旅行课程目标的确立提供了依据。③泰勒明确提出学生才是课程目标陈述的主体，这为研学旅行课程目标的编写奠定了理论基础。例如，通过研学旅行课程，提升学生的综合实践能力。

（2）劳伦斯·斯腾豪斯的生成性目标理论

劳伦斯·斯腾豪斯是英国著名的课程理论家，在教育研究和探讨课程的设计发展方面做出了卓越贡献。生成性目标理论源于杜威，在斯腾豪斯的理论中得到倡导和传播。斯腾豪斯认为生成性目标不是由外部事先规定的目标，而是在教育情境之中随着教育过程的开展而自然生成的目标，它关注的是学习活动的过程，而不是结果。生成性目标最大的特点在于它的生成性，它是在问题解决过程中形成的，不是预先设定的，它是通过学生、教师与环境在教学过程中相互影响和作用而产生的。

斯腾豪斯的生成性目标理论对研学旅行课程目标设计的启示主要有以下两个方面：①生成性目标关注学生学习过程中的生成性，与研学旅行课程目标不谋而合。研学旅行课程是一门集实践性、开放性和生成性于一体的课程，研学过程是实现课程目标的途径与载体，生成性是研学旅行课程目标的特点之一。②生成性目标提倡为学生的自由成长提供足够的空间，因此研学旅行课程目标设计应预留一定的弹性空间。

(3) 艾斯纳的表现性目标理论

艾斯纳是美国著名的美学教育家、课程论专家。艾斯纳特别强调课程目标的重要性，表现性目标是艾斯纳提出的叙写课程目标的一种主张。艾斯纳表现性目标理论的主要观点如下：①行为目标是基础，涉及的是人为未来生活作准备的较低层面的素质。表现性目标才是课程目标的中心和根本，重视人的个性，尤其是教师和学生在课程教学中的自主性、创造性，强调较高层次的素质才是人在未来生活中能获得个性解放的重要学习内容。②表现性目标是唤起性的，而非规定性的。表现性目标关注的是学生在具体的教育教学实践活动中表现出的个性和结果，而不是在活动之前设定的目标。艾斯纳认为课程是学生个性发展和创造性表现的过程。③表现性目标适合于表述复杂的智力性活动，已有技能和理解是这种活动得以进行的工具，并且这类活动有时需要开发新的智力工具，进而产生创造性的活动。

艾斯纳所提出的表现性目标对研学旅行课程目标设计的启示有以下两个方面：①表现性目标强调个性解放和主动生成，研学旅行课程目标设计要关注学生在实践活动中表现出来的个性解放和主动生成。②艾斯纳主张目标表现宜采取开放式的形态，不强求统一的规格和标准，重视课程活动及其结果的个体性、差异性，这为研学旅行课程目标的陈述提供了借鉴。

(4) 布鲁姆的教育目标理论

布鲁姆是美国著名的教育家和心理学家，他于1956年提出的认知领域目标分类掀起了20世纪教育目标分类的热潮，该分类系统一直被国内外教育界广泛采用。1964年，布鲁姆又与克拉斯沃等人提出了情感领域目标分类的原则。1972年，美国的哈罗和辛普森进一步提出动作技能领域目标分类的原则。这三部分共同组成了一个完整的布鲁姆教育目标分类体系。①认知领域。布鲁姆将认知领域从低到高依次分为知道（认识并记忆）、领会、应用、分析、综合和评价六个层次。②情感领域。情感领域的中心是价值（态度）、兴趣、爱好和欣赏。依据价值内化的程度，情感可以分为接受、反应、价值化、组织和价值的性格化五个级别。③动作技能领域。该领域的目标分类相比前两个领域的目标出现要晚一些，哈罗、辛普森等人提出了该领域的不同分类方法。辛普森于1972年将动作技能领域的目标分为七级，分别为知觉、定势、指导下的反应、机械动作、复杂的外显反应、适应以及创新。

布鲁姆的教育目标理论对研学旅行课程目标设计的影响主要表现在以下两个方面：①布鲁姆的教育目标理论是我国课程标准中三维目标即知识与技能、过程与方法、情感态度与价值观提出的理论依据。②布鲁姆的教育目标理论为研学旅行课程目标的制定提供了理论与实践依据，是指导研学旅行课程目标设计的重要工具。

4. 学校课程教学目标依据

（1）三维目标

三维目标是指学生在接受教育的过程中应该达成的三个层次的目标，即知识与技能、过程与方法、情感态度与价值观。三维目标的本质是促进人的全面发展。研学旅行课程目标设计的出发点应当是促进学生的全面发展，因此研学旅行课程目标设计应该涵盖三维目标的内容，并且以情感态度与价值观为首要目标。

（2）核心素养目标

学生发展核心素养主要指学生应具备的，能够适应终身发展和社会发展需要的必备品格和关键能力。我国学生核心素养培养以"全面发展的人"为核心，其框架由文化基础、自主发展、社会参与三个方面构成，综合表现为人文底蕴、科学精神、学会学习、健康生活、责任担当、实践创新六大素养，具体细化为国家认同等十八个基本要点。

一方面，核心素养框架体系为研学旅行课程目标设计提供了新的理论基础。另一方面，研学旅行课程很好地契合了核心素养中的六大素养，是落实核心素养目标的具体方法，研学旅行课程目标设计的出发点是培养学生的全面发展。

（3）综合素质目标

2017年9月教育部颁发《中小学综合实践活动课程指导纲要》，明确规定了综合实践活动的课程总目标，即"学生能从个体生活、社会生活及与大自然的接触中获得丰富的实践经验，形成并逐步提升对自然、社会和自我之内在联系的整体认识，具有价值体认、责任担当、问题解决、创意物化等方面的意识和能力"。因此综合实践活动课程在提出总目标的基础上，具体分为价值体现、责任担当、问题解决、创意物化四个方面内容，并对小学、初中、高中三个学段分别提出学段目标。

《中小学综合实践活动课程指导纲要》对综合实践活动课程目标的规定是研学旅行课程目标编写的主要依据。一方面，综合实践活动课程目标为研学旅行课程目标维度的确定提供了依据。另一方面，综合实践活动课程目标为研学旅行课程目标的具体陈述提供了参考。综合实践活动课程目标的陈述内容和研学旅行课程目标有很多相似之处。有的研学旅行指导师在设计研学旅行课程目标时，根据主题课程总目标和学段目标，结合具体课程资源，直接结合综合实践活动课程在价值体认、责任担当、问题解决、创意物化四个方面的内容制定目标，这也是一种有效、快捷的编写方法。

3.2.2　课程目标设计的基本原则

研学旅行课程目标设计必须遵循政治性原则、可测性原则、多维性原则、针对性原则、可行性原则、时限性原则、层次性原则和灵活性原则等基本原则。

1. 政治性原则

研学旅行课程以立德树人、培养人才为根本目的。研学旅行指导师是从事立德树人工作的教育工作者，最终目的是培养新时代中国特色社会主义新人。因此，研学旅行课程目标设计必须强调立德树人目标，这样才能实现教书育人的目的。

2. 可测性原则

可测性原则是指课程目标的陈述应力求目标准确、具体，表达清晰，体现目标的操作性和可检测性。课程目标的表述要详细规定学生要达到的发展水平，有明确的数据或可观测的表现，并使之具体化，便于研学旅行指导师、学生和研学旅行活动各方管理者检测是否达成目标。课程目标的表述要避免含糊不清和不切实际，否则难以理解和把握，在研学旅行课程教学中无法执行。

3. 多维性原则

多维性原则力求使学生获得全面发展，体现目标的多维性。知识与技能的传授并非课堂教学的唯一任务，甚至有时都不是主要目标，还需要注重研学旅行过程与方法掌握的设计，更要有情感态度与价值观提升的内容。每一位研学旅行指导师在每一次研学旅行活动中都必须思考学生的全面发展问题。

4. 针对性原则

研学旅行课程目标不应是固定的、公式化的，维度顺序也不应该是一成不变的，而应相对精准地体现研学旅行课程的性质、课程内容的重点与难点、学生及其在特定社会时期的发展需求。

5. 可行性原则

研学旅行课程目标的制定应基于学生的素质、经历等情况，以实际工作要求为指导，充分考虑所设立的目标是否可行或可操作。

6. 时限性原则

研学旅行课程目标的制定和实施会受到时间的影响和制约。一方面，研学旅行课程目标都是要求在特定时间内要达成的，目标的设立必须指明其时间的区间。另一方面，在不同的时段，课程目标是发展变化的，研学旅行课程设计者要根据环境和课程内部条件的变化及时制定出新的课程目标。没有时间限制的课程目标不仅没有办法考核，而且容易造成考核结果不公平。

7. 层次性原则

层次性原则是指课程目标设计要考虑到地域差异、学生个体的差异以及学习结果的层次性、差异性，研学旅行课程设计者应基于这些差异制定相应的课程目标，以确保课程目标的针对性。

应用案例3-2

大运河扬州段研学旅行课程的目标设计

【案例概况】

在《研学旅行服务规范》（LB/T 054—2016）的指导下，结合大运河的特点，融合运河及其周边的自然生态景观、运河文化精神、非物质文化遗产、聚落与建筑景观、水工及附属设施等具体内涵，将大运河扬州段研学旅行课程的目标设计如下：

小学学段的主要课程目标是欣赏运河风光、了解运河故事和运河人家的生活，激发学生对运河文化的兴趣，感受运河民俗文化，了解大运河对人们社会生活的影响。具体来讲，通过让学生对运河及周边湿地、人文建筑的游览，欣赏运河之美，了解运河的发展现状，亲身体会水体环境保护的重要性，培养科学精神和综合思维能力，锻炼意志品质，提升实践能力。

初中学段的课程目标延伸到对大运河的盐运文化、漕运文化等历史文化的探寻，通过探究运河减水闸、船闸等水利技术的运用，增进对大运河和扬州城市发展的理解，深入了解大运河的渊源及沿河的历史文化遗迹，掌握水质的检测和分析方法等实践技能。

高中学段的课程目标则要上升至大运河与政治国脉的关系探究，对大运河与政治、经济、文化发展的关系进行研究思考。在研学旅行活动中认知大运河对于沿河政治、经济和文化发展的突出成就，理解传承、保护、利用大运河的重要性及学习相应的策略。

【案例解析】

三个学段的研学旅行课程目标高度循序渐进，具有层次性，研学旅行课程具体内容的深度呈现螺旋式下探。

8. 灵活性原则

在研学旅行课程实施过程中，研学旅行课程目标并不是一经确定后就一成不变的，课程目标受到所处的外部环境和内部环境的影响，具有随时被调整或改变的可能。因此，一方面，课程目标的设计需要考虑到未来可能的变化情况，应更具有科学性；另一方面，在外部环境等影响因素变化时，需要随时调整课程目标，以便更好地适应课程的开展。

研学旅行活动要求人人参与，力求每个学生都获得发展，不能让任何一个学生掉队。这就要求研学旅行课程目标应具有一定的灵活性，考虑学生之间的差异性。研学旅行指导师教学的高标准就是无论学生的学识高低，都要激发他们对学习的自豪感，让学生喜欢刨根问底，引发学生进行深入思考。

3.2.3 课程目标设计的步骤

研学旅行课程目标分为主题课程总目标、学段目标和专题课程目标。

1. 主题课程总目标的设计步骤

研学旅行课程的主题课程总目标是基于教育目的和培养目标制定的，是教育目的和培养目标在教育活动中的具体化。主题课程总目标指明了该课程的基本任务，是全部课程活动的出发点。主题课程总目标的设计受学生的研究、当代社会生活的研究以及学科专家的建议三个方面因素的影响。主题课程总目标的设计一般要经历六个基本步骤：①研究教育目的与培养目标；②分析课程目标来源因素；③分析研学旅行课程的性质；④形成目标草案；⑤进行论证与修改；⑥确定主题课程总目标。

2. 学段目标的设计步骤

学段目标是根据主题课程总目标和学生身心发展水平制定的，也就是不同学段的课程总目标。学段目标要充分考虑主题课程总目标和学生身心发展水平两个方面的因素。学段目标的设计一般要经过六个基本步骤：①研究主题课程总目标；②分析不同学段的学生身心发展水平和认知规律；③分解主题课程总目标并制定各学段目标；④审查讨论学段目标；⑤修订审查后的学段目标；⑥确定学段目标。

> **知识链接3-2**

教育部《中小学综合实践活动课程指导纲要》片段

二、课程目标

（一）总目标

学生能从个体生活、社会生活及与大自然的接触中获得丰富的实践经验，形成并逐步提升对自然、社会和自我之内在联系的整体认识，具有价值体认、责任担当、问题解决、创意物化等方面的意识和能力。

（二）学段目标
1. 小学阶段具体目标
① 价值体认：通过亲历、参与少先队活动、场馆活动和主题教育活动，参观爱国主义教育基地等，获得有积极意义的价值体验。理解并遵守公共空间的基本行为规范，初步形成集体思想、组织观念，培养对中国共产党的朴素感情，为自己是中国人感到自豪。
② 责任担当：围绕日常生活开展服务活动，能处理生活中的基本事务，初步养成自理能力、自立精神、热爱生活的态度，具有积极参与学校和社区生活的意愿。
③ 问题解决：能在教师的引导下，结合学校、家庭生活中的现象，发现并提出自己感兴趣的问题。能将问题转化为研究小课题，体验课题研究的过程与方法，提出自己的想法，形成对问题的初步解释。
④ 创意物化：通过动手操作实践，初步掌握手工设计与制作的基本技能；学会运用信息技术，设计并制作有一定创意的数字作品。运用常见、简单的信息技术解决实际问题，服务于学习和生活。

2. 初中阶段具体目标
① 价值体认：积极参加班团队活动、场馆体验、红色之旅等，亲历社会实践，加深有积极意义的价值体验。能主动分享体验和感受，与老师、同伴交流思想认识，形成国家认同，热爱中国共产党。通过职业体验活动，发展兴趣专长，形成积极的劳动观念和态度，具有初步的生涯规划意识和能力。
② 责任担当：观察周围的生活环境，围绕家庭、学校、社区的需要开展服务活动，增强服务意识，养成独立的生活习惯；愿意参与学校服务活动，增强服务学校的行动能力；初步形成探究社区问题的意识，愿意参与社区服务，初步形成对自我、学校、社区负责任的态度和社会公德意识，初步具备法治观念。
③ 问题解决：能关注自然、社会、生活中的现象，深入思考并提出有价值的问题，将问题转化为有价值的研究课题，学会运用科学方法开展研究。能主动运用所学知识理解与解决问题，并做出基于证据的解释，形成基本符合规范的研究报告或其他形式的研究成果。
④ 创意物化：运用一定的操作技能解决生活中的问题，将一定的想法或创意付诸实践，通过设计、制作或装配等，制作和不断改进较为复杂的制品或用品，发展实践创新意识和审美意识，提高创意实现能力。通过信息技术的学习实践，提高利用信息技术进行分析和解决问题的能力以及数字化产品的设计与制作能力。

3. 高中阶段具体目标

① 价值体认：通过自觉参加班团活动、走访模范人物、研学旅行、职业体验活动，组织社团活动，深化社会规则体验、国家认同、文化自信，初步体悟个人成长与职业世界、社会进步、国家发展和人类命运共同体的关系，增强根据自身兴趣专长进行生涯规划和职业选择的能力，强化对中国共产党的认识和感情，具有中国特色社会主义共同理想和国际视野。

② 责任担当：关心他人、社区和社会发展，能持续地参与社区服务与社会实践活动，关注社区及社会存在的主要问题，热心参与志愿者活动和公益活动，增强社会责任意识和法治观念，形成主动服务他人、服务社会的情怀，理解并践行社会公德，提高社会服务能力。

③ 问题解决：能对个人感兴趣的领域开展广泛的实践探索，提出具有一定新意和深度的问题，综合运用知识分析问题，用科学方法开展研究，增强解决实际问题的能力。能及时对研究过程及研究结果进行审视、反思并优化调整，建构基于证据的、具有说服力的解释，形成比较规范的研究报告或其他形式的研究成果。

④ 创意物化：积极参与动手操作实践，熟练掌握多种操作技能，综合运用技能解决生活中的复杂问题。增强创意设计、动手操作、技术应用和物化能力。形成在实践操作中学习的意识，提高综合解决问题的能力。

3. 专题课程目标的设计步骤

研学旅行课程专题课程目标是根据主题课程总目标、学段目标和课程资源属性制定的，是学段目标在具体专题课程中的细化。与主题课程总目标和学段目标不同，专题课程目标应更加具体、更具操作性。制定专题课程目标时要考虑学段目标和具体的课程资源两个方面的因素。专题课程目标的设计一般要经过七个基本步骤：①研究学段目标；②分析不同学段的学生身心发展水平和认知规律；③了解具体课程资源的属性与特点；④撰写专题课程目标；⑤审查讨论具体的专题课程目标；⑥修订审查后的专题课程目标；⑦确定专题课程目标。

3.2.4 课程目标的构成和陈述方式

1. 课程目标的构成

一个完整的课程目标包括行为主体、行为动词、行为条件和表现程度四个要素。

① 行为主体是目标表述句中的主语,意为学习者,这里指学生。课程目标的陈述应指向学生的学习行为而不是教师的传授行为。规范的课程目标开头应当要清楚地表明达成目标的行为主体是学生,如"学生能辨认……""学生能背诵……""学生能解释……"等。

② 行为动词是目标表述句中的谓语和宾语,说明通过学习学生应能做什么,是目标表述中的最基本部分,不能省略。课程目标应采用可观察、可操作、可检验的行为动词来陈述。

③ 行为条件是目标表述句中的状语,说明上述行为在什么条件下产生。如"通过小组探究学习,制定……""在网上收集资料,检验……"等。

④ 表现程度规定学生达到上述行为的最低标准,用来测量学生学习的结果所达到的程度。如"能准确无误地说出……""详细地写出……""客观正确地评价……"等是目标表述句中的状语部分,正是限定了目标水平的表现程度,才能便于检测学生的学习效果。

应用案例3-3

【案例概况】

课程目标:通过观看教学视频与教师现场示范操作,学生在40分钟内独立地完成一份扎染作品。

【案例解析】

本案例中,"通过观看教学视频与教师现场示范操作"是行为条件,"学生"是行为主体,"40分钟内独立地"是表现程度,"完成一份扎染作品"是行为动词。

2. 课程目标的陈述方式

完整的课程目标体系包括结果性目标、体验性目标与表现性目标三类,目标陈述方式也相应有结果性目标陈述方式、体验性目标陈述方式、表现性目标陈述方式三种。

(1) 结果性目标陈述方式

结果性目标说明学生的学习结果是什么,指教学活动结束后学生身上所发生的行为变化。这种目标指向具有精确性、具体性、可操作性的特点,主要应用于"知识与技能"领域。结果性目标细分为知识和技能两个子领域。知识分为了解、理解和应用三个水平，技能分为模仿、独立操作和迁移三个水平。结果性目标的陈述如表 3-2 所示。

表3-2 结果性目标的陈述

领域	目标水平	行为动词	目标举例
知识	了解水平：包括再认或回忆知识；识别、辨认事实或证据，举出例子；描述对象的基本特征等	说出、背诵、辨认、回忆、选出、举例、列举、复述、描述、识别、再认等	运用地质年代等资料，简要描述地球的演化过程。[《普通高中地理课程标准》（2017年版 2020 年修订）]
	理解水平：包括把握内在逻辑联系；与已有知识建立联系；进行解释、推断、区分、扩展，提供证据；收集、整理信息等	解释、说明、阐明、比较、分类、归纳、概述、概括、判断、区别、提供、转换、猜测、预测、收集、整理等	运用示意图，说明地球的圈层结构。[《普通高中地理课程标准》（2017年版 2020 年修订）]
	应用水平：包括在新的情境中使用抽象的概念、原则；进行总结、推广；建立不同情境下的合理联系等	应用、使用、质疑、设计、解决、撰写、拟定、检验、总结、推广、证明、评价、分析等	运用图表并结合实例，分析自然环境的整体性和地域分异规律。[《普通高中地理课程标准》（2017年版 2020 年修订）]
技能	模仿水平：包括在原型示范和具体指导下完成操作；对所提供的对象进行模拟、修改等	模拟、重复、再现、模仿、例证、临摹、扩展、缩写等	绘制示意图，解释各类陆地水体之间的相互关系。[《普通高中地理课程标准》（2017年版 2020 年修订）]
	独立操作水平：包括独立完成操作；进行调整与改进；尝试与已有技能建立联系等	完成、表现、制定、解决、拟定、安装、绘制、测量、尝试、试验等	会正确使用电压表、电流表测量基本的电学量。[《义务教育物理课程标准》（2022年版）]
	迁移水平：包括在新的情境中运用已有技能；理解同一技能在不同情境中的适用性等	联系、转换、灵活运用、举一反三、触类旁通	结合实例设计旅游出行的时间、线路以及景区内部线路。[《普通高中地理课程标准》（2017年版 2020 年修订）]

应用案例3-4

【案例概况】

"认识现代化农业科技—体验新时代农耕之乐"课程目标如下：

（1）掌握基本的外出安全知识，提高自我保护意识。

（2）阐述现代新型无土栽培种植模式，以及雾培植物墙、雾培花篮、倒三角雾培区、塔形气雾栽培区、基质栽培技术。

（3）能辨认肉生植物 20 种，草药 15 种，蔬菜 5 种，并分析归纳鱼菜共生循环系统的原理。

【案例解析】

本案例中课程目标主要陈述学生的学习结果，而且是知识领域的学习结果。

（2）体验性目标陈述方式

体验性目标主要是描述学生自己的心理感受、情绪体验。体验性目标所采用的行为动词是体验性的、过程性的，这种方式指向无须结果化的或难以结果化的课程目标，主要应用于"过程与方法""情感态度与价值观"领域。体验性目标分为三个水平，即经历（感受）、反应（认同）和领悟（内化）。体验性目标的陈述如表3-3所示。

表3-3 体验性目标的陈述

目标水平及含义	行为动词	目标举例
经历（感受）水平：包括独立从事或合作参与相关活动、建立感性认识等	经历、感受、参加、参与、尝试、寻找、讨论、交流、合作、分享、参观、访问、考察、接触、体验等	感受数学在实际生活中的应用，体会数学的价值。[《义务教育数学课程标准》（2022年版）]
反应（认同）水平：包括在经历基础上表达感受、态度和价值判断；作出相应的反应等	遵守、拒绝、认可、认同、承认、接受、同意、反对、愿意、欣赏、称赞、喜欢、关注、重视、尊重、爱护、珍惜、蔑视、拥护等	欣赏并尝试创造数学美。[《义务教育数学课程标准》（2022年版）]
领悟（内化）水平：包括具有相对稳定的态度；表现出持续的行为；具有个性化的价值观念等	形成、养成、具有、热爱、树立、建立、坚持、保持、确立、追求等	具有学习和研究物理的好奇心与求知欲。[《高中物理课程标准》（2017年版2020年修订）]

应用案例3-5

【案例概况】

"匠心工艺·非遗传承"课程目标如下：

（1）了解匠人手艺生活背后的心血与责任，品悟"工匠精神"，思考工匠精神的现实意义。

（2）通过对岭南建筑工艺和广彩瓷的鉴赏，形成健康的审美价值取向，提高艺术素养。

（3）从不同角度领略广府文化及其艺术价值，感受广州作为"海上丝绸之路东方发祥地"的历史沉淀。

（4）思考非遗艺术的传承价值和面临的困境，唤醒传承传统工艺的责任意识。

【案例解析】

本案例中课程目标主要描述的是学生的心理感受和情绪体验，所采用的行为动词"品悟""形成""感受""唤醒"等是体验性的、过程性的。

（3）表现性目标陈述方式

表现性目标旨在培养学生的创造性，强调学习及其结果的个性化。表现性目标的陈述关注的不是学生在教学活动结束后应该展示的行为结果，而是学生在此情境中获得的个人意义。表现性目标主要应用于对实践类和艺术类课程的陈述。表现性目标分为复制和创作两个水平。表现性目标的陈述如表3-4所示。

表3-4　表现性目标的陈述

目标水平及含义	行为动词	目标举例
复制水平： 在研学旅行指导师的提示下重复某项活动；利用可得到的资源，复制某项作品、产品或者某种操作活动；按研学旅行指导师的指令或提示，利用多种简单技能完成某项任务等	从事、做、说、画、写、表演、模仿、表达、演唱、展示、复述等	能用打击乐器或其他课堂乐器进行独奏、简单的合奏或为歌（乐）曲伴奏。[《义务教育艺术课程标准》（2022年版）]
创作水平： 按照提示，从事某种比较复杂的创作；按照自己的思路和可得到的资源完成某种服务，利用多种技能创作某种产品	设计、制作、描绘、涂染、编织、雕塑、拓、收藏、表演、编演、编曲、扮演、创作等	能够根据特定主题和表现需要，选择合适的声音材料和表现形式，与同伴合作编创并表演音乐故事、音乐游戏、短小音乐剧和情景剧等。[《义务教育艺术课程标准》（2022年版）]

应用案例3-6

【案例概况】

根据艾斯纳的表现性目标理论提出的表现性目标如下：

（1）考察和评估《老人与海》的重要意义。

（2）在一个星期里读完《红与黑》，并列出令你印象深刻的五件事情。

（3）参观动物园，讨论在那里看到的最有趣的几件事。

【案例解析】

从这个案例可以看出，表现性目标关注的不是事先规定的结果，而是学生在活动中的创造性表现。它为学生提供了活动的领域，而结果则是开放的。表现性目标对学习结果和水平未进行界定，因此课程评价在操作上有一定难度。

3.3 研学旅行课程内容

引例 "孔孟故里"研学旅行课程内容选择[①]

孔子故里——曲阜"三孔"在山东省济宁市，同是儒学文化代表人物的孟子，故居也是山东省济宁市，因此，本次研学旅行的课程设置为孔孟故里研学旅行。孔子和孟子作为儒学文化的代表人物，其思想中的"仁""礼"等都对后世产生了深远的影响。济宁市的孔府、孔庙、孔林，以及孟府、孟庙对学生的传统美德培养和文化熏陶有很好的作用。将孔孟故里作为研学旅行课程资源点进行开发，能让学生学习优秀传统文化，符合课程标准的要求。

孔孟故里研学旅行课程是针对小学四年级的学生而设计的，在课程内容的选择上要相对简单，学生要在了解孔孟文化的基础上提升能力和培养情感。孔孟故里研学旅行课程主要是参观"三孔"以及孟府、孟庙，感受拜师礼，听"孟母三迁"的故事等。孔孟故里研学旅行课程内容如下表所示。

孔孟故里研学旅行课程内容

研学旅行课程主题	具体内容
孝文化主题研究	参观孟府、孟庙，听取"孟母断机杼教子"和"孟母三迁"的故事，感悟母亲养育之苦，思考"孟母三迁"的重要性，学会感恩父母
线装书制作主题研学	制作线装书
儒家文化主题研学	参观孔府、孔庙、孔林，参加祭孔拜师礼，感受儒家文化的魅力

情境分析

小学四年级的学生已经有了关于优秀传统文化学习的经验，已经学习过部分简单的中华优秀传统文化经典诵读篇目，具有文言文的学习基础，也接触了部分儒学经典语录等。在研学旅行课程内容的选择上，孔孟故里研学旅行课程考虑了学生的身心发展特点。除此之外，该课程还增加了培养动手能力和增强团队精神的活动。

[①] 欧纹菲. 山东省小学中华优秀传统文化研学旅行课程开发研究 [D]. 聊城：聊城大学，2021：57—58.

3.3.1 研学旅行课程内容设计概述

1. 课程内容的含义和特点

（1）课程内容的含义

课程内容是指课程专家以课程目标为依据，并遵循青少年学生的身心状况及发展规律，考虑学生认知活动的特性，结合课程与教学改革进程中的历史经验，对学生所要学习的具体内容选编形成的分科或综合性的课程纲要及其教科书。课程内容是对学生应当学习的具体知识的谋划和预设。

（2）课程内容的特点

课程内容是课程的核心要素，它具有系统性、完整性、科学性和规范性的特点。

① 系统性和完整性。

课程内容必须是系统的知识体系，构成课程内容的知识之间具有紧密的结构和逻辑关系。学生通过学习课程内容，在掌握知识的同时，也增强了运用知识分析问题、解决问题的能力。某一学科完整的知识体系可以培养学生在该学科领域的核心素养，进而促进学生综合素养的发展。

② 科学性和规范性。

课程内容应具有科学性，这主要是指作为课程内容的材料要科学准确、逻辑清晰、结构严谨。课程内容的规范性包括内容组织呈现的规范性和语言陈述的规范性，每一门学科都有自身的内容结构规范、语言规范和符号规范。

2. 研学旅行课程内容的含义和特点

（1）研学旅行课程内容的含义

研学旅行课程内容是指以研学旅行课程目标为依据，遵循不同学段青少年学生的身心发展规律，并考虑到学生认知活动的特性，对学生所要学习的内容进行选编形成的研学旅行课程体系。它包含了学生旅行参观、考察和体验的研学点、旅游景区载体、活动场馆、基（营）地的资源，以及其所承载的文化、技术、概念、原理、方法，传递的思想与价值观。

研学旅行课程内容的设计与研学旅行课程设计的内容不同。研学旅行课程内容的设计主要指对选定的学习内容做进一步的细化设计；而研学旅行课程设计的内容主要指设计的项目要素，如课程目标设计、研学方式设计、研学方法设计、课程内容设计、资源设计、课程评价设计等。

（2）研学旅行课程内容的特点

研学旅行课程内容除了具备一般学科课程内容的特点，即系统性和完整性、科学性和规范性以外，还具有以下几个特点：

① 内容的教育性。一般的旅游观光活动没有明确的教育目的，重在观赏

与领略，所以旅游观光活动内容的选择具有随意性。而研学旅行课程内容则必须与课程目标相一致，并为课程目标服务。

社会是个大舞台，也是全方位的育人场所。走出去，耳闻目睹，比借助书本了解更有说服力。设计研学旅行课程内容可以从不同角度考虑，如家国情怀类涉及爱国主义教育、革命传统教育、国情教育、国土意识、国防意识、红色教育、传统文化教育、改革开放教育、现代化教育、"四个自信"教育等；沟通交往协作类涉及集体主义教育、爱的教育、合作意识与能力培养、文明素质教育等。这些类别并不是孤立的，往往在一次研学旅行课程中要涉及多种教育类型，并且要起到综合育人的效果。

② 内容的实践性。研学旅行课程内容是在真实的情境和场景中进行表现的。它不同于学科课程的文字表达，也不同于实验室中控制条件下的机械操作，学生是在现实情境中学习，在真实情境中实践。课程内容的学习过程就是学习经验的实践过程。

研学旅行课程以自然世界为教材，引导学生亲近自然，了解社会，参与生活，理解各地文化，开展科学考察，在实践中产生真知、检验真知，提高学习效率，丰富知识与体验，感知知识的力量和人生的意义。这些都表现出研学旅行课程内容的实践性，弥补了校内课程育人方式的不足，意义非凡。

③ 内容的体验性。学科课程的学习活动重在向学生传授学科知识，培养学科应有的思维方式，倾向于学科抽象思维的培养。而研学旅行课程的内容则具有突出的体验性特征，在真实的场景中实施，必须真实地满足学生的体验。

设计研学旅行课程内容要全面考虑游历体验、生活体验、情感体验、意志体验、观念体验和价值体验。

A．游历体验。游历体验伴随着研学旅行的全过程，包括线路设计体验、时空变化体验、异质环境体验等。古人所讲"行万里路"就是提倡积累游历体验。

B．生活体验。学校生活相对于社会生活、自然生活而言显得单一，研学旅行课程让学生既能接触美好的自然生活、获取自然体验，又能参与复杂多变的社会生活、增加社会体验。这对于学生来说，是一笔宝贵的财富。

C．情感体验。研学旅行过程中一些特殊的事情会引起人的情绪反应和情感变化，这种反应和变化既包括喜、怒、哀、乐、惧等常见情绪，也包括对人、事、景、物、家、国等的情感激荡。

D．意志体验。到陌生的地方，总会面临一些挑战，人的意志在挑战面前会有不同程度的反应。研学旅行课程能够培养学生坚强的意志、冒险精神、受挫能力、挑战的勇气，这种体验往往比在学校的经历更加令人印象深刻。

E．观念体验。研学旅行过程中学生会接触到更多的人、事、景、物，其中就蕴含着种种人生观、世界观、价值观。如关于"诗与远方"的思考，让学生有了异地、异乡的观念体验。

F．价值体验。价值体验是一种高级形态的体验，它往往在比较中产生。

研学旅行课程提供了比较的现实场景，这有助于引导学生在体验后思考：什么样的人生更精彩？什么样的事情更有价值？

④ 结果的发散性。科学规律的应用需要遵循一定的步骤，规律应用过程中形成的思维具有标准性，学习达到的课程目标使学生习得了一定的方法，形成了一定的学科思维。而研学旅行课程则不同，一个团队的学生完成了完全相同的学习课程，不同学生的学习结果却是各不相同的，每一位学生对同一事物的看法不尽相同，大家观察和思考问题的角度也会有差异，所以，研学旅行课程的学习结果具有发散性。

由于学生个体在投入程度、认知水平、感知灵敏度等方面有所不同，因此，每个学生从研学旅行课程中最终获得的价值是不同的。作为主办方，学校要尽量让每一位学生在获得共同的课程价值的前提下，最大化延展个体自身获得的课程价值。学校应在课程实施前跟学生交代清楚这一点，也可以通过激励措施引导学生产生更多的发现与领悟。

3. 研学旅行课程与学科课程的关系

（1）研学旅行课程与学科课程的链接

研学旅行教育与校内教育紧密联系，共同构成了完整的教育体系。根据研学旅行课程的要求，可以设计出与校内学科课程相衔接的课程内容。

① 把在学校不宜实施的学科课程内容放到研学旅行课程中实施。

任何一种课程的实施都有相关的实施条件，学科课程也是如此。有的学科课程内容对实施条件的要求较高或较为特殊，或者在研学旅行环境中实施效果更好，这部分课程内容便可以由校内课程转移到研学旅行课程中。例如，一些理科的实验、地理与生物课程的部分学习内容、一些与学科前沿知识相关的学习内容等。

② 把可以拓展的学科课程内容引入到研学旅行课程中。

学科课程是例子，是引子，只有举一反三、触类旁通，学生才能真正加以巩固、学会学习。这部分内容的深度、广度是不可限量的。研学旅行课程设计者可以系统挖掘，编制成系列研学旅行课程，进而将相关课程知识关联起来并延伸开来。设计和实施研学旅行课程应引导学生主动运用各门学科知识，综合分析并解决实际问题，使学科知识在研学旅行课程中得到延伸、综合与重组。针对学生在研学旅行课程中所发现的问题，教师要在相关学科教学中分析解决，针对学生在研学旅行课程中所获得的知识，教师要在相关学科教学中拓展加深。

③ 系统梳理形成两大课程体系。

学校应作系统梳理，形成基于学校学科课程和研学旅行课程的互补体系和拓展体系两大课程体系，并对两大课程体系进行结构化处理。互补体系可以按照学科课程体系构建，以学科课程为本体，以学科课程的素养结构为框架，按照教材的知识、能力体系编排。拓展体系在进行梳理时应按照学科课程教材的次序进行，梳理完后还要按照研学旅行课程的规律重新编排，将学科内整合与跨学科融合的理念贯穿其中，构建基于不同主题的课程门类，培养学生的综合素养。在实际操作中，两类课程体系可以单独实施，也可以融合实施。

（2）研学旅行课程与学科课程的融合

研学旅行是校内教育和校外教育衔接的创新形式，是教育教学的重要内容，研学旅行课程需要与国家课程、地方课程、校本课程融合实施。

① 根据不同学段课程设计研学旅行课程内容。

研学旅行课程应在学生认知程度范围内开展。若超越学生认知程度，则学生无法理解，难以开展研学；若低于学生认知程度，则无法刺激学生的探究欲望，无法促进学生认知结构的发展。例如，张家界国家森林公园在不同学段的语文、地理等学科中均有涉及，开展有关张家界国家森林公园的研学旅行活动则可以根据学生的认知基础融合相关学科课程来设置课程目标和课程内容。

② 多学科融合，多主体参与。

传统的学校课程以学科课程为主，所学的内容也为某一学科单一的系统性知识。研学旅行课程是一门综合性课程，因此，研学旅行课程的开发应注重多学科融合、多主体参与，跨学科边界、课堂边界、资源边界和时空边界。

3.3.2 研学旅行课程内容的类型

研学旅行课程内容是综合实践育人工作的有效载体，精心设计丰富多彩的研学旅行课程内容是提高研学旅行课程质量的根本保证。参照《教育部办公厅关于开展"全国中小学生研学实践教育基（营）地"推荐工作的通知》（教基厅函〔2018〕45号），2020年发布的《中共中央、国务院关于全面加强新时代大中小学劳动教育的意见》，以及教育部《大中小学劳动教育指导纲要（试行）》，结合研学实践，研学旅行课程内容可以整合为四大主题类型：国情教育主题类型、国防科工主题类型、自然生态主题类型和优秀传统文化主题类型。

1. 国情教育主题类型

国情教育主题类型课程以体现基本国情和改革开放成就的美丽乡村、传统村落、特色小镇、大型知名企业、大型公共设施、重大工程等作为研学旅行课程目的地，主要目的是引导学生了解基本国情及中国特色社会主义建设成就，激发学生爱党、爱国之情。

2. 国防科工主题类型

国防科工主题类型课程以国家安全教育基地、国防教育基地、海洋意识教育基地、科技馆、科普教育基地、科技创新基地、高等学校、科研院校等作为研学旅行课程目的地，主要目的是引导学生学习科学知识、培养科学兴趣、掌握科学方法、增强科学精神，树立国家安全意识与国防意识。

3. 自然生态主题类型

自然生态主题类型课程以城镇公园、植物园、动物园、风景名胜区、世界自然遗产地、世界文化遗产地、国家海洋公园、示范性农业基地、生态保护区、野生动物保护基地等作为研学旅行课程目的地，主要目的是引导学生感受祖国大好河山，树立学生爱护自然、保护生态的意识。

4. 优秀传统文化主题类型

优秀传统文化主题类型课程以旅游服务功能完善的文化保护单位、古籍保护单位、博物馆、非遗场所、优秀传统文化教育基地等作为研学旅行课程目的地，其主要目的是引导学生传承中华优秀传统文化核心思想理念、中华传统美德、中华人文精神，坚定学生的文化自觉和文化自信。

3.3.3 研学旅行课程内容的设计原则

设计研学旅行课程内容时主要应遵循以下几个原则。

1. 教育性原则

开展中小学研学旅行课程是深化基础教育改革、发展素质教育、落实立德树人根本任务的一项重要举措。研学旅行课程与不同的学科相结合，能给学生带来不同的体验，达到不同的教育目的。例如，在语文研学旅行中，教师让学生走进文学作品中的场景，体验作者的经历，既能增强学生对文学作品的领悟能力，又能增强学生的文化自信；在体育研学旅行中，教师让学生观看体育赛事，参加大规模比赛，可以达到愉悦学生身心和增强学生意志的效果。

旅行是研学的载体，研学是旅行的目的。在研学旅行课程内容设计过程中，研学旅行课程设计者要始终坚持教育是旅行的目的的原则，利用旅行中的各种事物达到教书育人的目的。研学旅行课程设计者要确定略高于学生身体和智力发展且可评估的课程目标，选择具有教育意义、能引导学生树立正确的人生观、能培养学生综合思维、能提高学生综合实践能力的课程内容。同时，在组合研学旅行资源时，设计者还要结合教育学、心理学知识，按照符合学生认知规律的顺序将选好的研学旅行资源有机组合起来，以达到更好的教学效果。

2. 实践性原则

研学旅行课程本质上是实践性课程。在研学旅行过程中，学生想要探寻问题的答案，就需要提取已储备的知识解决现实的问题，同时改造并重构自身的知识结构，由此使理性认识与感性认识紧密联系起来。由此可见，研学旅行课程强调使学生亲身经历各项活动，在"动手做""实验""探究""设计""创作""反思"的过程中进行"体验""体悟""体认"，在全身心参与的活动中发现、分析和解决问题，体验和感受生活，发展实践能力和创新能力。

研学旅行课程内容的设计要切实让学生动起来，让学生学会动手、动眼、动耳、动口、动脑，调动所有感官，参与到课程实践中，学会解决具有一定复杂性、涉及多学科知识的问题。

3. 开放性原则

研学旅行超越了教材、课堂和学校的局限，向自然、社会和学生的生活领域延伸与扩展，密切了学生与自然、社会、生活的联系，因而研学旅行课程内容必然具有开放性的特征。由于在不同的时间和空间里呈现，即使是同一个课程内容，也会呈现出丰富多彩的表现形式。随着课程的展开，学生会不时迸发出新的思想火花，生成新的课程内容，从而使研学旅行的广度得到扩展、深度得到延伸。在相同的课程内容中，学生因个体经验的差异而趋向各自感兴趣的认知场域，这就为学生的个性发展提供了开放的空间。因此，在设计研学旅行课程内容时，研学旅行课程设计者要基于学生已有经验和兴趣专长，打破学科界限，选择综合性活动内容，鼓励学生跨领域、跨学科学习，为学生自主学习留出空间；同时，还要引导学生学会拓展活动内容，使自己的个性特长、实践能力、服务精神和社会责任感不断获得发展。

4. 安全性原则

研学旅行课程内容设计要坚持安全第一。每一门课程和实地考察项目，都要有安全教育内容设计，并提醒学生注意研学旅行过程中的个人安全。有实地考察项目的研学旅行活动不仅要配备研学旅行指导师和带队老师，还要配备安全员。

安全性原则要贯穿研学旅行课程内容设计的整个过程。研学旅行课程设计者在设计课程内容时，要选择积极向上、能带给学生正能量的主题，不能选择超出学生能力的课程内容，要充分结合教育学、心理学知识，制定符合学生身心和智力发展规律的课程内容，让学生在研学旅行课程中获得乐趣和成就感。同时，在选择研学旅行课程教学资源时，研学旅行课程设计者应避免选择危险性较高的教学资源，要提前对每一个研学旅行资源点进行实地考察，并请求野外生存专家和应急救援专家等协助，探究可能发生的意外情况并制订详细的应急方案。研学旅行课程设计者还要充分考虑研学旅行活动过程中的不稳定因素，消除可控的潜在风险，规避不可控风险。

5. 启发性原则

启发性原则是指在研学旅行课程中研学旅行指导师要充分发挥主导作用，通过活动内容最大限度地调动学生学习的积极性和自觉性，激发学生的积极思考，促使其主动探求知识，增强其独立分析问题和解决问题的能力。因此，好的研学旅行课程内容应给学生带来多方面的启发，包括生命价值的思考、生活意义的探寻、思想的触发、文化的熏陶、艺术的感染、科学的启蒙、职业的认知、方法的习得等。

6. 连续性原则

研学旅行课程内容设计应基于学生可持续发展的要求，选择长短期相结合的主题活动，使活动内容具有递进性。研学旅行课程设计应使活动内容由简单到复杂，使活动主题由浅入深地发展，不断丰富活动内容、拓展活动范围，促进学生综合素质的持续发展。研学旅行课程设计者要处理好学期之间、学年之间、学段之间活动内容的有机衔接与联系，构建科学合理的活动主题序列。

3.3.4　研学旅行课程内容的选择依据

研学旅行课程内容的选择依据主要有以下六个。

1. 课程目标

课程内容应与课程目标的要求相对应，确保二者的匹配性和一致性是课程设计有效的保障。只有课程目标与课程内容保持一致，整个课程才会趋于完整。因此，在确定好课程目标后，课程内容的选择必须以课程目标为依据，即有什么课程目标，便有什么课程内容。如果课程目标是培养学生解决问题的能力，那么课程内容就应提供学生发现问题并解决问题的机会；如果课程目标是让学生了解和体验某种民族文化，那么课程内容就应该具有体现这种民族文化的典型资源，让学生有机会走进这种资源情境，近距离观察和体验这种民族文化。

2. 学生需求

研学旅行课程的设置要以学生的身心发展特点和需求为依据，着力于促进学生的全面发展，充分发挥研学旅行课程的特质与优势，以多种方式实现既游又学的课程目标。

课程内容要契合学生的需要，要能够激发学生的学习兴趣，从而使学生在学习过程中获得知识、能力、情感、心理等多方面的满足。学生参加研学旅行活动实际所获得的满足既可以是物质的，也可以是技能与思维层面的，还可以是精神层面的。

例如，学生在研学旅行目的地买到了自己心仪已久的物品，他们获得了物质层面的满足；通过向当地非遗传承人学习某种技艺，学生学会了制造某类物品的方法，读懂了非遗的价值，理解了非遗传承人的想法，得到了技能和思维的发展；在革命圣地，学生感受到了烈士们为国捐躯的高尚灵魂，默默许下人生的承诺，得到了精神的升华。

3. 学生基础

课程内容要与学生的能力基础相匹配。研学旅行课程内容具有学段性特征，同一研学旅行课程资源，在不同学段课程内容中的呈现应有所区别。课程内容的深度、广度及表现形式都要与学生的学段特点相适应。小学阶段的研学旅行课程应以游览、观光、体验为主，重视游戏性、艺术性内容，减少讲授时间，以满足这一阶段学生好玩、喜动的天性。初中阶段的研学旅行课程应设计更多理解性内容，适当增加竞赛、参与、探索性内容，以满足这一阶段学生强烈的求知欲、好奇心。高中阶段的研学旅行课程内容要以知识的拓展、理论的应用、综合性体验、研究性学习为主，辅之以观光、考察、游历等活动。

应用案例3-7

不同学段孔子故里研学旅行课程内容设计

【案例概况】

如果小学生、初中生、高中生都去孔子故里曲阜开展研学旅行活动，应分别怎样设计研学旅行课程内容？

小学生：诵读《论语》经典名句；简单了解孔子这一历史人物；参加祭拜仪式等。

初中生：联系先秦历史，加深理解历史事件；《论语》《孟子》选篇研读；初步领悟儒家思想；联系语文学科相关课文，深入理解孔子其人和学说。

高中生：《论语》专题研究；孔子生平及所处时代背景探究；比较分析诸子百家思想；同时代中西方哲学思想比较研究等。

【案例解析】

有些目的地是各个学段学生都可以去的，如曲阜。但由于不同学段学生的能力基础存在差异，因此相应的研学旅行课程内容一定要有所不同。

4. 课程时间

研学旅行课程内容要与课程时间相匹配。有多少时间，就安排多少学习内容。研学旅行课程设计者要善用课程时间，明确各部分课程内容的重要性，在时间总量固定的情况下，给予最重要、次重要、一般重要的内容合理的时间配置，同时综合考虑各部分课程内容所需的教学活动时间，做到安排得当。例如，对基本概念或事实的介绍一般采用讲授法，所用时间少。而对一些探究、实验或技能学习则要预留更多的时间。

5. 最新理论研究与实践成果

研学旅行课程内容应该与时俱进，反映最新的理论研究与实践成果。首先是科学性，课程内容的选择必须避免错误的概念、原理、事实和方法。其次是前沿性，课程内容必须反映最新的或尖端知识的发展，陈旧的内容应排除在课程内容之外。最后是开放性，研学旅行课程设计者应将不同的观点或解释呈现出来。在研学旅行领域中，很多概念和内容都不局限于一种观点或解释。因此，在选择课程内容时，研学旅行课程设计者有必要将不同的观点或解释都呈现出来，让学生受到更多的启发，有更多的收获。从这一点来说，研学旅行课程设计者需要突破自身经验或知识的局限，从其他的人或书籍中获得更多的相关内容，以充实自己。

6. 课程资源

课程内容的选择要以课程资源为依据。如果有丰富的、可用的课程资源，就能支撑相关课程内容的学习；如果相关的课程资源缺乏，就要考虑删除或削减相应的课程内容，或者通过其他方式获得所需的课程资源。

总之，研学旅行课程内容的设计要与课程目标相对应，与学生需求相契合，与学生基础相匹配。同时，课程内容的选择还要考虑课程时间、最新理论研究与实践成果、课程资源等。

研学旅行课程主题是研学旅行教育活动的主旨与核心，研学旅行课程主题的选择应坚持教育性原则、实践性原则、开放性原则、综合性原则、层次性原则、因地制宜原则以及与时代同步原则。研学旅行课程主题选题方法主要包括整合学科资源法、融合学校活动法、教育目标达成法、挖掘社区资源法、运用社会热点法、生活与职业体验法、研学旅行指导师经验提炼法和学生自主选题法等。

研学旅行课程主题命名需要遵循立德树人原则、教育性原则、题文一致性原则、科学性原则以及规范性原则。研学旅行课程主题命名的常用方法有聚焦法、抽取法、创新法、"地点+"法等。研学旅行课程命名要经过明确教育目标、遴选关键词、选择恰当的表达方式、锤炼标题文字和确定课程主题名称五个步骤。

研学旅行课程目标分为主题课程总目标、学段目标和专题课程目标。研学旅行课程目标设计的主要理论依据有：国家政策、教育理论、课程理论和学校课程教学目标等。

研学旅行课程目标设计必须遵循政治性原则、可测性原则、多维性原则、针对性原则、可行性原则、时限性原则、层次性原则和灵活性原则等基本原则。一个完整的研学旅行课程目标包括行为主体、行为动词、行为条件、表现程度四个要素。研学旅行课程目标陈述有结果性目标陈述方式、体验性目标陈述方式、表现性目标陈述方式三种基本方式。

研学旅行课程内容是指以研学旅行课程目标为依据，遵循不同学段青少年学生的身心发展规律，并考虑到学生认知活动的特性，对学生所要学习的内容选编形成的研学旅行课程体系。研学旅行课程内容除了具备一般学科课程内容的特点，即课程内容的系统性和完整性、科学性和规范性以外，还具有内容的教育性、内容的实践性、内容的体验性和结果的发散性等特征。

研学旅行课程内容可以整合成国情教育主题类型、国防科工主题类型、自然生态主题类型和优秀传统文化主题类型四大类型。

研学旅行课程内容的设计需遵循教育性原则、实践性原则、开放性原则、安全性原则、启发性原则以及连续性原则。研学旅行课程内容的选择依据有课程目标、学生需求、学生基础、课程时间、最新理论研究与实践成果、课程资源。

第 3 章
参考答案

一、单选题

1. 初中阶段的研学旅行课程应以（　　）为主。
   A. 省情国情　　　　B. 乡土乡情
   C. 县情市情　　　　D. 世情

2. 研学旅行课程名称应以（　　）句型表述。
   A. 陈述式　　　　　B. 口号式
   C. 结论式　　　　　D. 疑问式

3. "大国重器，中国底气——复兴号"属于（　　）研学旅行课程主题。
   A. 科技类　　　　　　　　　B. 体验类
   C. 人文类　　　　　　　　　D. 地理类
4. "客观正确地评价……"是一个研学旅行课程目标中的（　　）。
   A. 主体　　　　　　　　　　B. 行为动词
   C. 行为条件　　　　　　　　D. 表现程度
5. （　　）以体现基本国情和改革开放成就的美丽乡村、传统村落、特色小镇、大型知名企业、大型公共设施、重大工程等单位作为研学旅行目的地的。
   A. 国防科工主题类型课程
   B. 国情教育主题类型课程
   C. 自然生态主题类型课程
   D. 优秀传统文化主题类型课程

二、判断题

1. 研学旅行课程的设计与实施可以完全脱离学科课程。（　　）
2. 高中阶段的研学旅行课程要以知识的拓展、理论的应用、综合性体验、研究性学习为主，辅之以观光、考察、游历等活动。（　　）
3. 艾斯纳主张目标表现宜采取开放式的形态，不强求统一的规格和标准，重视课程活动及其结果的个体性、差异性，这为研学旅行课程目标的陈述提供了借鉴。（　　）
4. "肩并肩挑战极限，手拉手共创佳绩"属于社会生活体验主题。（　　）
5. 立德树人是研学旅行课程主题命名应遵循的首要原则。（　　）

三、简答题

1. 简述研学旅行课程主题选题方法？
2. 简述研学旅行课程主题命名的基本要求？
3. 简述研学旅行课程主题命名的常用方法？
4. 简述研学旅行课程目标的设计原则？
5. 简述研学旅行课程内容的选择依据？
6. 简述研学旅行课程与学科课程的关系？
7. 简述研学旅行主题课程总目标的设计步骤？
8. 简述研学旅行课程内容的设计原则？

四、案例题

某中学组织学生赴平津战役纪念馆开展红色理论教育，学生参观了纪念馆各个展厅，听取了讲解员的讲解，学校认为此次活动达到了红色研学旅行课程的要求,但是学生对平津战役的理解和记忆都不是特别深刻。

结合所学知识,请指出该红色研学旅行课程在设计与实施上存在哪些不足。

五、实训题

1. 分别给五年级小学生、初二学生和高二学生拟定一份有关劳动教育的研学旅行课程主题名称,并简要说明拟定的研学旅行课程名称的内涵与意义。

2. 某中学拟组织初中学生开展为期一日的"不忘初心"主题教育研学旅行活动,请结合你所在城市的研学旅行资源,为这次活动设计合理的课程目标方案。

第4章
研学旅行课程实施

学习导读

○ **本章概况**

本章主要介绍研学旅行课程实施过程中安全方面和人员保障方面的内容,从研学旅行安全事故的分类、安全保障措施、安全事故预防及研学旅行工作人员的构成和职责等方面进行详细的分析,旨在让学生对研学旅行课程实施过程中的安全保障和人员保障有初步的认识;本章还对研学旅行的管理保障和相关法律规范进行了详细分析和说明。

○ **学习目标**

(1)了解研学旅行中安全的重要性;
(2)熟悉研学旅行中安全事故的分类;
(3)掌握研学旅行中安全事故的预防;
(4)熟悉研学旅行工作人员的构成及职责;
(5)掌握研学旅行管理保障方案及相关措施的制订方法;
(6)熟悉研学旅行的相关法律规范。

○ **素养目标**

(1)培养学生的安全意识与规则意识;
(2)培养学生严谨负责、注重细节与实事求是的态度;
(3)培养学生团队合作、互助互爱的精神;
(4)培养学生的责任意识与工匠精神。

4.1 研学旅行安全保障

> **引例　研学旅行安全事故**

张同学所在学校与某旅行社签订了研学旅行合同，张同学也参加了该次研学旅行活动，在景区及旅行社工作人员的带领下，游览了某森林公园。但下山途中，带队的旅行社工作人员未能控制好团队行进速度，张同学在赶路过程中，不小心踩空台阶摔伤。旅行社工作人员立即把他送到了医院治疗，经诊断，张同学脾脏破裂，多处骨折、拉伤。张同学父母将学校、旅行社及景区起诉至法院，要求三方共同承担赔偿责任。学校认为：自己只是组织方，已经委托了有资质的旅行社承接此次研学旅行活动。旅行社认为：事故发生后，旅行社工作人员及时对张同学进行了救助，尽到了安全保障义务。张同学是在景区摔伤的，应由景区承担赔偿责任。景区认为：作为场地方尽到了安全保障义务，张同学受伤为自身原因所致，应自行承担责任。

法院判决结果：旅行社承担65%的赔偿责任，景区承担25%的责任，张同学承担10%的责任，学校不承担赔偿责任。

> **情境分析**
>
> 学校与旅行社签订研学旅行合同后，旅行社对研学旅行过程中全体同学负责。在本次安全事故中，因为旅行社工作人员没有控制好团队行进速度，导致张同学受伤严重，旅行社应负主要责任。景区虽然尽到了安全保障义务，但张同学确实是在景区内摔伤，因此应负次要责任。张同学自身在行进过程中没有提高警惕，因此也要承担一定的责任。

研学旅行课程有着广阔的活动空间和门类繁多的活动项目，深受广大师生的喜爱，但是中小学生自身安全意识薄弱，学校及承办方安全措施不到位，使得研学旅行活动在开展时存在一定的安全风险。相关部门应该建立研学旅行安全责任主体机制、经营者准入机制、市场监管机制和安全责任追究机制，以保障研学旅行过程中各主体的安全。同时应该完善研学旅行安全管理制度，加强安全培训和教育，强调研学旅行安全过程管理，以降低研学旅行安全风险。

4.1.1　研学旅行安全保障的内涵

研学旅行安全是指研学旅行活动中各相关主体的一切与安全有关现象的总称。它包括研学旅行活动各环节的安全现象，也包括研学旅行活动中涉的人、设备、环境等相关主体的安全,既包括研学旅行活动中的安全观念、安全意识培育、安全思想建设与安全理论等"上层建筑",也包括研学旅行活动中安全事故防控、安全保障与安全管理等"物质基础"。

研学旅行安全保障构成主要包括安全管理制度、安全管理人员、安全教育、应急预案等四个方面,其中安全教育包含工作人员安全教育和学生安全教育。

4.1.2 研学旅行安全事故的分类

研学旅行安全事故可分为主观因素导致的安全事故、非主观因素导致的安全事故两类。

1. 主观因素导致的安全事故

主观因素导致的安全事故是指在研学旅行过程中由于人为因素导致的事故,包括学生自身原因导致的安全事故,学校方面活动组织、交通、食宿等原因导致的安全事故。这类安全事故发生的原因往往是学生行为不当或安全意识不强,也有组织方的业务不熟悉、活动组织不严密、流程不清晰,或者准备不充分等,总之都属于主观因素导致的安全事故。

2. 非主观因素导致的安全事故

非主观因素导致的安全事故是指由非人为因素或不可抗拒因素导致的安全问题。这类安全事故往往是由突发性、难以预料的事情或者不可抗拒的因素导致的。例如,学生自己身体突发疾病导致的人身安全事故、天气变化引起的安全事故、卫生事件引起的安全事故等,都属于非主观因素导致的安全事故。

4.1.3 研学旅行安全保障措施

1. 制度保障

在研学旅行活动实践过程中,主办方、承办方及供应方应根据研学旅行活动项目的具体内容,建立安全管理机制,按照相关安全要求开展研学旅行活动。

2. 人员保障

研学旅行活动实践过程中,学校、承办方必须做好研学实施过程中专业安全管理人员的配备工作,应根据各项安全管理制度的要求,明确安全管理责任人员及其工作职责,安排安全管理人员随团开展安全管理工作,以保障学生的人身、财产安全,出行前主办方必须与家长签署安全同意书。

3.设施设备保障

研学旅行活动的顺利实施离不开各类与活动相关的设施设备，特别是专业性较强的研学旅行项目，设施设备的配额和质量直接影响着研学旅行活动的顺利进行。作为活动的组织者，学校、承办方[基（营）地、景区等]要严格落实设施设备的足额配备和安全检查。

4.保险保障

国家有关文件明确提出研学旅行课程要按照"教育为本，安全第一"的原则组织，学生参与研学旅行活动时相关方一定要配齐相应的保险，要在研学旅行活动过程中分清安全的责任主体，避免让学校承担无限的责任。

5.体系保障

研学旅行基（营）地必须定期或不定期对研学旅行活动过程中各环节的安全风险进行评估，避免安全事故的发生。学校在研学旅行活动结束后，要按照活动内容及相关安全要求，进行活动安全评估，建立长期的安全体系保障机制。

4.1.4 研学旅行安全事故的预防

1.做好责任落实和责任分工

① 主办方：守住合作底线，掌握实施主导权。主办方在设计研学旅行课程时应发挥主导作用，根据学生实际情况和教育要求，杜绝"只旅不学"的现象。学校对承办方和供应方的能力应进行评估，特别是对承办方选定的食宿、交通、研学场所进行提前考察，排除安全隐患。主办方可以邀请旅行社或户外运动专家对师生进行安全教育或组织应急演练，以提高师生的安全意识和应急能力。

② 承办方：履行服务职责，做好安全保障工作。承办方应进行实地考察，提前解决研学旅行线路中可能涉及的水、电等方面的安全问题。对于食宿、交通、研学场所的资质和安全条件进行考察，从源头上降低开展研学旅行活动的安全风险。强化人员素质，按照要求配备足够的随行项目组长、安全员、研学旅行指导师等工作人员，加强专业培训，提升工作人员综合管理能力。提前做好责任划分，将每项工作责任落实到个人。

③ 供应方：严格执行研学旅行合同，提升活动安全等级。制定完善的接待计划，落实好人员和安全管理责任。确保活动设施设备的安全。对于车辆、用餐原材料、住宿环境、景区设施等应提前进行检查，排除安全隐患。

④ 政府部门：加强监督管理，保障活动安全开展。教育行政部门要负责督促学校落实安全责任，审核学校报送的活动方案和应急预案。文旅部门负责

审核开展研学旅行的企业或机构的准入条件和服务标准。交通部门、市场监管部门等应加强对研学旅行涉及的交通、住宿、餐饮等公共经营场所的安全监督。

2. 做好研学旅行制度的保障

研学旅行已经普及化，面对日益增长的研学旅行需求，应在行业或者国家层面针对研学旅行出台政策性文件，使研学旅行更加标准化、规范化、专业化，进而保障研学旅行行业的稳定向上发展，尽可能避免安全事故的发生。

3. 加强安全教育

一是加强对工作人员的安全教育，制订相应的安全教育计划，定期培训，通过培训安全工作制度、工作职责和要求、应急处理规范和流程等方面的内容，提高研学旅行活动工作人员的安全意识和安全防范能力。二是加强对学生的安全教育，通过安全专题教育，引导学生加强自身安全知识的学习，使学生了解研学旅行过程中的潜在风险，加强学生对风险的关注，提升其风险应对能力。

4. 应急预案

主办方、承办方及供应方应制订和完善包括地震、火灾、食品卫生、治安事件、设施设备突发故障等各项突发事件应急预案，并定期组织演练。同时针对每一次的研学旅行活动内容制订相应的研学旅行应急预案，以备不时之需，把安全事故损失降到最低。

安全保障是研学旅行活动得以顺利开展的基础条件，只有家庭、学校、社会三方通力协作，才能保障研学旅行活动的安全，避免出现安全问题。

4.2 研学旅行工作人员保障

引例　研学旅行在路上　安全工作要护航

研学旅行活动是研究性学习与旅行体验相结合的校外教育活动。研学旅行的安全服务是涉及单位多、关联业态多、参与人数多、服务环节多、安全内容多、安全风险点多、安全管控难度大的一项系统工程。安全服务单位涉及政府、学校、机构和研学目的地等多个部门，安全内容涉及交通安全、食品安全、住宿安全、身体安全、心理安全、财产安全、景点安全、活动安全等多个方面。

各个学龄段学生、每个学生个体、每个家长对安全的理解差异较大，对安全技能掌握的程度参差不齐，对于研学旅行的所有从业者来说，这使得安全防控的难度更大，安全服务的要求更细，安全管理的责任更重，研学安全的目标更高。学生家长对研学旅行关心的要素中，安全性最受关注。

研学旅行安全保障服务的中心是人。思想决定行动，研学旅行活动的安全保障也一样，所有研学旅行活动的组织者、参与者都要从思想上高度重视，筑牢研学旅行"安全思想防线"。任何思想上有麻痹大意的情形，即使有再完善的安全管理制度，再细致的安全手册，再周密的安全应急预案，都可能导致一切归零。

> **情境分析**
>
> 研学旅行活动从概念推出到行业发展，再到行业市场完善，一步步前行，这意味着将有更多中小学生走出校园，按照研学旅行相关要求和实施标准去践行研学旅行活动。研学旅行活动的安全管理需构建家庭、学校、研学机构、研学目的地"四位一体"的联合管控机制，实施安全管理工作的紧密衔接和无缝对接，确保研学旅行活动的安全顺利开展。

在研学旅行活动中，要想保证学生在研学旅行活动中学有所获、学有所乐，以及活动的顺利和安全进行，研学旅行工作人员数量和质量的充分保障必不可少。

4.2.1 研学旅行工作人员构成

研学旅行工作人员主要包括研学基（营）地人员、研学旅行组织方学校教师、研学服务商及学生自管会（如图4-1所示）。

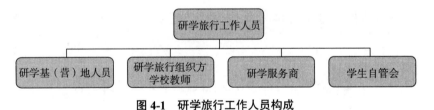

图4-1 研学旅行工作人员构成

1. 研学基（营）地人员

（1）研学基（营）地指导师

研学基（营）地指导师是指按照规定取得研学旅行指导师证书，接受各级主管部门认定的研学实践教育基（营）地的委派，代表基（营）地实施研学旅行课程方案，为研学旅行活动提供专业服务的人员。

（2）研学基（营）地带队负责人

研学基（营）地带队负责人是负责研学旅行活动组织、协调、指导、督查等工作的人员，是研学旅行活动实施过程中的负责人员。

（3）研学安全管理师

研学安全管理师负责研学旅行活动中的各类安全问题，是具有安全管理制度建设能力、课程安全要素设计能力、课程安全方案实施能力、安全应急处置能力、安全风险识别评估与管控能力、安全教育与技能培训能力且能为研学旅行活动提供安全管理服务的人员。

(4)研学调度人员

研学调度人员是研学旅行活动的具体实施者,是研学旅行活动实施过程中负责筹备会议、准备物资、进行安全预判、处理突发应急事件、活动后收集资料票据等工作的人员。

(5)随队医生

随队医生主要负责研学旅行活动过程中的人员健康问题,配备齐全常用药品,预防常见疾病和多发病。

(6)后勤、财务人员

后勤、财务人员是指负责研学旅行活动过程中基(营)地的各类后勤工作或财务工作的人员。

2. 研学旅行组织方学校教师

研学旅行组织方学校教师包括参训学校的带队领导和带队老师。带队领导全面负责研学旅行活动过程中的工作,带队老师负责具体实施工作。

3. 研学服务商

研学服务商主要是指为研学旅行活动提供讲解服务、交通服务、餐饮服务及其他服务的相关人员。

4. 学生自管会

学生自管会就是学生自主管理委员会,是学校的群众性组织,负责学生的日常行为监督与调度。学生自管会应充分发挥自身作用,协助研学旅行指导师做好相关管理工作。

4.2.2 研学旅行工作人员职责

1. 研学基(营)地人员职责

(1)研学基(营)地指导师的职责

研学基(营)地指导师的职责主要包括课程开发与带队管理两个方面。

① 课程开发职责主要包括:根据实际需要开发研学旅行课程,核算费用成本,进行课程开发后的相关工作。

② 带队管理职责主要包括:熟悉研学旅行流程,制订研学旅行活动方案及活动手册;实施研学旅行活动,按要求管理研学旅行活动的各个环节;按

要求填报各类研学旅行活动表格；处理研学旅行活动过程中的突发事件；遵守纪律，负责研学旅行活动中学生的安全问题。

（2）研学基（营）地带队负责人的职责

研学基（营）地带队负责人的职责主要包括以下四个方面：

① 全面负责研学旅行活动中的各项工作；

② 召开预备会议部署任务；

③ 协调解决研学旅行活动中各类重大事项；

④ 监督研学旅行活动的开展过程。

（3）研学安全管理师的职责

研学安全管理师的职责主要包括以下四个方面：

① 制订应急预案；

② 处理应急事件；

③ 研学旅行活动过程中及前后的安全管理工作；

④ 随时解决研学旅行活动中出现的各类事故。

（4）研学调度人员的职责

研学调度人员的职责主要包括以下四个方面：

① 筹划研学旅行活动，协调各方进行工作准备；

② 做好研学旅行活动准备工作，如车辆的安排、活动文件和资料的准备等；

③ 做好与基（营）地各部门的沟通协调工作，跟进各项工作落实情况；

④ 收集研学旅行活动过程中的各类票据。

（5）随队医生的职责

随队医生的职责主要包括以下两个方面：

① 准备好常见药品，能预防和处理常见伤病，并能对伤病等情况做出正确的判断；

② 跟随研学旅行活动全过程，负责日常卫生检查工作。

（6）后勤、财务人员的职责

后勤、财务人员的职责主要包括以下三个方面：

① 负责研学旅行活动相关物资的准备、基（营）地正常运营所需物品的储备等；

② 熟知研学旅行活动资金正确使用的相关政策法规，做好对研学旅行活动所需费用的预算、记录、结算和审核工作；

③ 制定好研学旅行活动专项资金的审核制度，务必保证专款专用。

2. 研学旅行组织方学校教师的职责

（1）带队领导的职责

带队领导的职责主要包括以下三个方面：

① 做好研学旅行活动前的工作部署，协调与研学基（营）地之间的关系，

监督、管理与研学旅行活动相关的事务，做好与家长之间的沟通和协调工作；

② 对参加研学旅行活动的教师和学生进行安全及专题培训，抓好研学旅行活动过程中的管理工作；

③ 做好应急事件的预防和处理工作。

（2）带队老师的职责

带队老师的职责主要包括以下三个方面：

① 做好班级研学旅行活动出发前的各项具体工作；

② 全程跟队，做好日常外出的考勤、沟通、信息传递、监督指导等各项具体工作。

③ 配合学校领导、研学旅行指导师等开展研学旅行活动。

3. 研学服务商的职责

（1）导游人员的职责

导游人员的职责主要是按照导游讲解规范提供讲解服务，提供安全提醒服务。

（2）交通服务人员的职责

交通服务人员的职责主要是做好车辆的安全检查工作，文明驾驶、规范驾驶，按合同要求提供驾驶服务。

（3）餐饮服务人员的职责

餐饮服务人员的职责主要是确保餐饮服务质量，向研学旅行活动中所有人员提供标准化和个性化服务。对研学旅行活动所有人员提供的餐饮进行有效时限内的样本封存，并做好标记工作。

（4）酒店人员的职责

酒店人员的职责主要是做好入住酒店等服务工作。为研学旅行活动所有人员提供标准化和个性化的与住宿相关的服务工作。

（5）研学地接点联络人员的职责

研学地接点联络人员的职责主要是做好活动接待工作和各个任务点的协调和沟通工作，确保与基（营）地及学校方工作的一致。

4. 学生自管会的职责

学生自管会的职责主要是协助研学旅行指导师、学校带队老师做好学生管理工作，记录并及时反馈各类问题。

研学旅行工作人员是研学旅行活动实施的重要组成部分，各类工作人员按照各自行业的规定应具备相应的任职资格，团队成员各司其职，沟通协作，方能为研学旅行活动的顺利实施提供人员保障。

4.3 研学旅行管理保障

> **引例** 某中学研学旅行活动安全保障措施

（1）活动场地安全

① 根据活动主题，精心挑选活动场地，每次活动前主办方都必须派工作人员踩点，与场地提供方详细了解场地基本情况、活动设施使用现状和安全系数等。

② 根据场地情况，主办方应提前规划好停车地点、开展活动地点、就餐地点等。

③ 若是在室内开展活动，主办方还需要详细了解场地的消防通道、消防设施等情况，做好紧急疏散应急预案。

④ 两天一晚或更长时间的活动，主办方还需要对住宿环境、夜间活动场地安全进行详细考查论证，并做好停电、停水等应急处理预案。

（2）交通运输安全

① 应由正规合法运输公司提供豪华空调大巴接送活动参与人员，做到不超载、不超速行驶、不违章行驶。

② 活动前主办方应详细了解前往活动场地的路面交通情况，路面交通情况应符合车辆安全通行条件。

③ 活动主办方应做好活动行车线路图，注明相关人员联系电话，并确定好停车地点。

（3）饮食卫生安全

① 由正规合法公司提供活动饮用水，保证水质卫生，饮水安全。

② 由正规合法公司提供活动用餐，保证饮食卫生，不提供冷餐、不熟食品。

（4）活动组织安全

① 每车配备 1~2 名有极强安全意识和丰富组织经验的教师，每人一份活动安全联系表，让组织各方知道每个环节负责人的联系电话，确保活动正常开展。

② 人员交接过程中，教师要清楚了解本队学生的人数及身体状况。

③ 教师要组织学生有序乘车，行车过程中，要照顾好晕车学生。

④ 活动过程中，每到一处活动场地前和离开时，教师都要清点人数，并时时关注活动开展过程中的每个环节的安全。

⑤ 在活动过程中，增强学生基本的安全意识和自护自救常识。

> **情境分析**
>
> 研学旅行课程作为流程繁多而内容复杂的教育课程,细节的确定自然是重中之重。良好的管理体系构建是保障研学旅行课程质量的关键。

研学旅行管理是指研学旅行活动的管理者通过实施计划、组织、领导、协调、控制等职能来确保研学旅行活动的顺利进行,并完成研学旅行教育目标的过程。为了构建更加完善的研学旅行管理保障机制,必须实现多方面力量的有效协同。具体来说,应该从制度、安全管理、多方力量支持、资金经费支持等方面发力,共同促进研学旅行管理保障机制的构建,真正促进学生在这一过程中学习新知识、不断进步。

4.3.1 整体统筹规划,制定严格的研学旅行执行制度

研学旅行活动必须从整体进行统筹规划。制定严格的研学旅行执行制度是确保研学旅行活动过程顺利进行的关键,也是构建研学旅行管理保障体系的重要环节。

1. 研学旅行运行方案与制度

制定完善的研学旅行运行方案与制度并严格执行,方能确保研学旅行活动的效果。制定研学旅行活动运行方案与制度可以从以下八个层面入手:教育行政管理部门、中小学校、中小学生、研学旅行指导师、研学旅行课程、研学基(营)地、研学旅行服务机构、研学线路。

(1) 教育行政管理部门

教育行政管理部门既是研学旅行课程的保障方,又是研学旅行课程的决策者和指导者,教育行政管理部门必须为学生的研学旅行活动保驾护航,提供各类保障措施,要建立具体的工作方案,建立研学旅行长效管理体系,制定有关制度,不断总结,为学校开展研学旅行活动提供政策支持。

(2) 中小学校

学校是研学旅行活动的主要组织者。学校要制定科学严密的研学旅行工作手册。研学旅行活动开始前,学校要制订研学旅行活动计划,确定主题,与有关服务机构和研学基(营)地一起科学制订研学旅行实施方案。根据学生数量和活动需要,学校要成立专门的工作小组,明确分工,细化研学旅行活动方案和负责人的责任,周密地做好有关准备工作。在研学旅行活动中学校要严格执行计划,做好应急事件处理预案,对各类可能出现的问题进行科学研判、未雨绸缪,防患于未然。研学旅行活动结束后学校要加强后续管理,及时做好研学旅行活动总结工作,将研学旅行活动总结转化为研学成果,组

织相关人员交流经验，不断完善学校研学旅行课程的设计和方案制定，提升研学旅行课程的品质。

（3）中小学生

中小学生是研学旅行活动的主体。中小学生在参加研学旅行活动过程中，应该严格执行学校制定的研学旅行课程方案，积极参与研学旅行指导师安排的各项研学旅行活动，努力做到知行合一，达到学校教育和校外研学旅行教育综合实践育人目标。

（4）研学旅行指导师

不管研学旅行组织实施形式如何，研学旅行指导师始终是教学质量好坏的直接影响因素。《研学旅行服务规范》（LB/T 054—2016）中规定应至少为每个研学旅行团队配置一名研学旅行指导师。研学旅行指导师不仅需要有创新的教育思维、广博的旅游知识和强大的掌控能力，还要有深厚的教学素养，能够在研学旅行活动开展过程中对活动内容有所突破和创新，开展具有探究性、实践性的综合实践活动课程。

（5）研学旅行课程

研学旅行课程是一门综合实践活动课程。2016年教育部等11部门《关于推进中小学生研学旅行的意见》（教基一〔2016〕8号）指出研学旅行应归属于基础教育课程体系中综合实践活动课程的范畴，2017年教育部出台的《中小学综合实践活动课程指导纲要》也再次强调了这一点。研学旅行课程是综合实践活动课程的一种活动方式，体现了研究性学习的基本精神。《中小学综合实践活动课程指导纲要》指出："综合实践活动是从学生的真实生活和发展需要出发，从生活情境中发现问题，转化为活动主题，通过探究、服务、制作、体验等方式，培养学生综合素质的跨学科实践性课程。"同时，"综合实践活动是国家义务教育和普通高中课程方案规定的必修课程，与学科课程并列设置，是基础教育课程体系的重要组成部分。"研学旅行课程可以渗透学科课程的知识，与学科课程有机融合。书本上的知识来源于生活，与广袤的自然有着千丝万缕的联系，而研学旅行课程正好打破了自然环境与书本之间的屏障，教师可以通过渗透学科知识内容，让学生亲身感受到书本上的科学技术、历史人文等，以此加深对学科知识的理解。研学旅行课程归根到底是为立德树人、培养人才服务的。当然，并非所有的研学旅行课程都必须融合学科内容，也并不是所有的研学旅行课程都可以和学科课程建立关系。

（6）研学基（营）地

研学基（营）地是指为中小学生研学旅行提供研学实践教育活动的场所，包括各类青少年校外活动场所、现有的爱国主义教育基地、国防教育基地、革命历史类纪念设施或遗址、优秀传统文化教育基地、文物保护单位、科技馆、博物馆、生态保护区、自然景区、公园、美丽乡村、特色小镇、科普教育基地、科技创新基地、示范性农业基地、高等学校、科研院所、知名企业及大型公共设施、重大工程基地等优质资源单位。

研学基（营）地应有可供学生学习、活动、体验、休息、食宿的场所，且布局科学合理、功能齐全，还应有与研学实践教育活动相匹配的教学设施和器材，各项教学用具、器材性能应完好。研学基（营）地应能够满足开展研学实践教育活动和集中食宿的要求。优质的研学基（营）地应能够提供给学生独特的学习体验与真实的学习环境，能让学习与旅行达成平衡。

（7）服务机构

《研学旅行服务规范》（LB/T 054—2016）规定研学旅行活动服务方主要由主办方、承办方与供应方构成。主办方是指有明确研学旅行主题和教育目的的研学旅行活动组织方。承办方是指与研学旅行活动主办方签订合同，提供教育旅游服务的旅行社。供应方是指与研学旅行活动承办方签订合同，提供旅游地接、交通、住宿、餐饮等服务的机构。

《研学旅行服务规范》（LB/T 054—2016）对各方的资质和要求提出了严格要求。其中对主办方的要求有：应具备法人资质；应对研学旅行服务项目提出明确要求；应有明确的安全防控措施、教育培训计划；应与承办方签订委托合同，按照合同约定履行义务。对承办方的要求有：应为依法注册的旅行社；符合《旅行社国内旅游服务规范》（LB/T 004）和《旅行社服务通则》（LB/T 008）的要求，宜具有 AA 及以上等级，并符合《旅行社等级的划分与评定》（GB/T 31380）的要求；连续三年内无重大质量投诉、不良诚信记录、经济纠纷及重大安全责任事故；应设立研学旅行的部门或专职人员，宜有承接100人以上中小学生旅游团队的经验；应与供应方签订旅游服务合同，按照合同约定履行义务。对供应方的要求有：应具备法人资质；应具备相应经营资质和服务能力；应与承办方签订旅游服务合同，按照合同约定履行义务。

（8）研学线路

一次研学旅行课程往往至少包含一个主题，而一个主题的研学旅行活动通常又囊括了若干个活动地点，活动地点的先后顺序会影响整个课程实施的效果，研学旅行主办方组织研学旅行活动时要做好线路规划。

研学旅行活动线路的规划方式主要有两种：一是直接按课程设计中的活动顺序来安排研学旅行活动地点的前后顺序，这种方式保护了课程活动之间本有的连贯性，能更好地发挥课程的教育效果，但可能会导致旅行线路复杂，往返路段重复，浪费大量的时间和运营成本。二是从研学旅行成本角度进行线路规划，即最大限度地节约时间和经济成本，根据位置和距离来合理串联各个研学旅行活动地点，尽可能保证线路简洁，不走回头路。但是，这种线路规划方式可能会打乱课程设计中的活动顺序，并割裂各个活动单元之间的连贯性。总的来说，两种方式各有利弊。因此，在规划研学旅行活动线路时，必须综合考虑研学旅行课程中的活动方案和时间经济成本，尽可能地将位置相近、活动内容相关的地点组合在一起，在保障活动效果的基础上尽量节约时间成本，提高活动效率。

当研学旅行活动的参与人数较多时，有时还需要规划几条不同的线路；场地较小的研学旅行地点要尽量错峰安排；在遭遇恶劣天气或紧急事件时，必须认真评估安全风险，及时调整行程。

2. 将研学旅行纳入学校的常态化管理

教育部等11部门《关于推进中小学生研学旅行的意见》（教基一〔2016〕8号）提出，要将研学旅行课程纳入中小学教育教学计划。因此，各中小学要结合当地实际情况，把研学旅行课程纳入学校教育教学计划，与综合实践活动课程统筹考虑，促进研学旅行和学校课程的有机融合。学校要根据教育教学计划灵活安排研学旅行时间，并根据学段特点和地域特色，逐步建立小学阶段以乡土乡情为主、初中阶段以县情市情为主、高中阶段以省情国情为主的研学旅行活动课程体系。

研学旅行作为中小学阶段学校教育与校外教育相结合的重要组成部分，是全面推进中小学素质教育的重要途径，承担着素质教育的重任，学校应将研学旅行纳入常态化管理，应从教师和学生两个维度进行研学旅行的有效管理。一方面，从教师层面看，学校要构建"团队化"的研学旅行管理模式，对于班主任、任课教师进行统一化的培训和指导，并制定完善的考勤、奖惩、管理工作制度，对研学旅行课程的效果进行有效评价，这是提升研学旅行实际运行效果的关键举措；另一方面，从学生层面看，为了确保研学旅行的顺利进行，需要成立"学生委员会"等，对研学旅行的纪律、活动过程管理、活动结果评价等方面进行有效的管理和服务，这样可以最大化地确保研学旅行课程的顺利实施。

4.3.2 加强安全管理，构建明确的研学旅行安全体系

《研学旅行服务规范》（LB/T 054—2016）对研学旅行安全作出了明确要求：研学旅行活动的主办方、承办方和供应方应遵循安全第一的原则，全程进行安全防控工作，确保活动安全进行。实现有效的安全管理，构建明确的研学旅行安全体系，对于提升研学旅行实际效果具有极大的促进意义，这也是所有研学主办方、承办方及供应方需要充分重视的问题。

1. 学校加强安全监管，构建责任追究机制

研学旅行课程已经成为中小学教育不可或缺的一部分。学校不能将学生交给研学旅行服务机构就高枕无忧了，必须制定研学旅行课程的安全管理制度，共同参与对学生研学旅行活动过程的安全管理。学校要充分贯彻"防患于未然"

的基本原则，实现对研学旅行课程的全方位管理和指导，同时教师要善于预测研学旅行活动过程中有可能出现的安全问题，并在此基础上进行有效预防，从而有效避免各类安全事故的发生。与此同时，在无法进行有效预防的时候，一旦发生安全问题，学校及教师应在第一时间针对安全事故采取最佳的解决方案。这就需要学校在开始研学旅行活动之前，编制详细的安全应急预案，并组织所有研学旅行活动参与人员进行演练，使其掌握逃生本领及应对各类安全问题的技能。

2. 构建完善的研学旅行应急防范体系

主办方、承办方及供应方应针对研学旅行活动，分别制定安全管理制度，构建完善有效的安全防控机制。研学旅行安全管理制度体系包括但不限于以下内容：研学旅行安全管理工作方案、研学旅行应急预案及操作手册、研学旅行产品安全评估制度、研学旅行安全教育培训制度。主办方、承办方和供应方应根据各项安全管理制度的要求，明确安全管理责任人员及其工作职责，在研学旅行活动过程中安排安全管理人员随团开展安全管理工作。主办方、承办方和供应方应制订安全教育和安全培训专项工作计划，定期对参与研学旅行活动的工作人员进行培训。培训内容包括：安全管理工作制度、工作职责与要求、应急处置规范与流程等。主办方、承办方及供应方应制定和完善包括地震、火灾、食品卫生、治安事件、设施设备突发故障等在内的各项突发事件应急预案，并定期组织演练。

在开始研学旅行活动之前，主办方、承办方和供应方要对研学旅行的场所环境、周边环境等进行全面考察，在此基础上制定完善的研学旅行活动计划，并实行完善的安全责任部署。主办方、承办方和供应方应制定科学的研学旅行管理制度，进一步细化带队人员的安全责任，完善责任追究机制，以从根本上强化相关人员的安全意识。

3. 不断强化学生的自我安全意识

在研学旅行活动中，教师和学生要牢记安全第一的基本原则。承办方、供应方在开展研学旅行活动过程中应时刻提醒和关注安全问题，引导学生强化安全意识。学校对学生的安全教育工作主要包括：对参加研学旅行活动的学生进行多种形式的安全教育；提供安全防控教育知识读本；召开行前说明会，对学生进行行前安全教育；在研学旅行过程中对学生进行安全教育，根据行程安排及具体情况及时进行安全提示与警示，强化学生安全防范意识。关键是学校要引导学生进行安全技能学习，如可以通过观看安全教育视频，进行安全模拟训练、安全技能竞赛等方式来有效提升学生的自我保护意识及技能，这对于提升研学旅行课程的安全性具有重要的促进作用。

应用案例4-1

【案例概况】

安徽某希望小学六年级的一名学生在参加学校统一组织的研学旅行活动中,和老师、同学一起前往江苏省宿迁市项王故里景区,被景区一个石制灯具砸中,医治无效身亡。

参与此次研学旅行的100多名学生来自安徽某希望小学,当天的活动由安徽省阜阳市某旅行社负责执行带队,随队共有校方老师10名和旅行社导游4名。据报道,事发当时,老师和导游都在事发地旁边的餐厅用餐。"学生们先吃的,学生们吃完以后是老师吃,当时交代过学生不要离开餐厅。"该校老师称,吃饭时他突然听到"砰"的一声,跑出去看到该学生已经被砸倒了,虽然第一时间拨打了报警电话及急救电话,但仍未能挽救该学生的生命。

该学生的父亲韩先生说:"孩子看那个石制灯具好奇,就跑过去蹦起来碰了一下,没想到柱子就倒了,周围当时没有老师和导游。"韩先生称:"目前,学校及旅行社都愿承担相应责任,不过景区方面态度模糊。"事情已经发生,无论学校、旅行社还是景区,都应当将此事妥善解决并安抚当事学生家长,同时对于事故的发生,各方均应认真总结,以此为鉴,杜绝以后类似事件再发生。

【案例解析】

案例中事故发生的原因主要有两点:第一,师生安全意识不强,行前安全教育及行前活动准备均存在不足;第二,该研学旅行活动的目的地为4A级景区,不在我国部委颁布的国家级基(营)地和安徽省、江苏省省级研学基(营)地名单内,未达到研学旅行活动的安全标准要求。

《研学旅行服务规范》(LB/T 054—2016)要求研学旅行的主办方、承办方及供应方制定安全管理制度体系。特别对于人员配置的要求为每20名学生有至少1位带队老师,每个研学团队应配备1名项目组长,1名安全员,1名研学旅行指导师及1名导游人员,做到层层落实,责任到人。

4.3.3 动员多方力量,发挥家庭及社会的支持作用

研学旅行活动的顺利开展离不开多方力量的支持。为了进一步强化研学旅行课程的效果,多方面力量需要充分实现有效协同。

1. 家庭层面

从家庭层面来看,家长要协助学校在出行前做好孩子的安全教育工作,落实安全措施。例如,针对低年级学生,家长可以为其制作信息铭牌;针对高年级学生,家长则应教会其基本的安全技能和防范措施。如果条件允许,

家长也可以以志愿家长的身份参与研学旅行活动，辅助学校或基（营）地进行安全管理。

家长还应与学生进行充分沟通，积极了解学生对于研学旅行活动的看法和态度，在此基础之上家长要结合学生的特点和习惯，为之提供心理、生活常识等方面的指导；家长应认识到研学旅行活动的重要意义，并鼓励学生大胆参与到研学旅行活动中去，这是提升学生创新素质、实践能力、创新精神的关键所在；家长要与学校保持密切沟通，不仅要积极配合教师的各项安排和规定，同时还应力所能及地为研学旅行活动提供有效的支持。

2. 社会层面

从社会层面来看，社会层面的教育部门、文旅部门、交通部门、公安部门、财政部门等应加强合作、密切沟通，对研学旅行活动给予高度重视，并给予相关的政策倾斜及指导等，为研学旅行活动的顺利实施提供良好的社会环境保障。例如，博物馆及艺术类展馆可针对研学旅行活动提供免门票活动，旅游部门则可针对研学旅行活动开发定制旅游产品，从而给研学旅行活动带来便利，交通部门则可对研学旅行活动过程中的交通问题进行关注，提出有效的解决办法确保研学旅行活动的顺利开展。

3. 承办方和供应方

承办方和供应方应具备资质，设施达标，确保安全；承办方和供应方应保障研学旅行活动场地、器械等硬件设施符合国家安全标准，时常自检自查，做到万无一失。承办方和供应方应做好相应的风险控制预案，向前来开展研学旅行活动的师生提供设施使用说明、活动线路图标、应急避险通道、应急救助电话等必要信息。

承办方和供应方应做到人员专业，服务主动；强化服务意识，安排专业人员配合学校开展研学旅行活动，落实安全保障措施，提升研学旅行活动的安全系数。承办方和供应方在研学旅行活动中应落实交通、饮食、住宿等方面的安全措施，做好意外事故处理预案。

4.3.4 强化经费保障，为研学旅行活动提供资金保证

研学旅行活动需要一定的资金支持，目前大多数学生的研学旅行活动资金主要是学生家庭自筹。受家庭收入情况的影响，一些学生无法参与到研学旅行活动中来，尤其是一些远行活动，研学旅行课程普及存在一定的难度。要实现研学旅行课程普及化，须建立政府、学校、社会、家庭共同承担的多元化经费筹措机制，各相关部门应出台相应的优惠政策。学校应积极筹措，争取一些公益资金支持，同时积极探索低成本研学旅行方式或公益性研学旅

行渠道。研学旅行活动资金的筹措可以从以下几个方面考虑。

1. 第一主体——家庭

研学旅行课程是国家必修课程，其课程目标的核心是帮助中小学生内化素养、外塑能力，以适应未来社会的人才需求。这一课程的受益人为中小学生。鉴于我国之大、中小学生之多、研学旅行课程实施之复杂，国家很难成为这一课程所需经费的责任主体，这个主体责任应由家庭承担。向家庭收取合理的费用，并把这种收费明确纳入学校收费范围之中，是较为合理的做法。

2. 第二主体——学校

学校应是研学旅行课程经费来源的第二大主体，应承担该课程实施过程中的相应经费，如课程补贴费、学校带队老师加班补贴费、课程方案设计费、课程教材或教辅读本费等。这些费用应明确列入学校经费中进行预算和决算，使研学旅行课程经费成为学校的一个合理且必要的经费支出。

3. 交通收费优惠策略

国家交通主管部门应尽快制定有关研学旅行活动公共交通收费的优惠办法，如明确规定：凡参加研学旅行活动的中小学生一律优惠购票等。研学旅行课程的举措利惠万民，国家交通主管部门如能实行票价优惠政策，助力教育，定会得到全社会的认可和好评。当然，这一举措的具体落实还需要教育职能部门加快做好协调工作。

4. 旅游教育资源票价减免策略

国家重要的历史文化、风景名胜区既是旅游资源，又是教育资源，凡是适合作为研学旅行活动资源地的旅游资源，凡具有国有属性（如国家公园、国家地质公园）的活动地，都可免费供研学旅行课程实施使用。其他非国有性质景区，也可在原来学生票价的基础上，再以一定折扣收费，以切实降低中小学生参与研学旅行活动的成本，减轻学生经济方面的压力。我国旅游景区（含各类主题公园）应针对参与研学旅行活动的中小学生适当降低门票价格，以服务教育、服务学生成长。

5. 贫困生专项帮扶

此外，各地还应设立研学旅行活动帮扶基金，通过多种渠道筹措资金。此项资金可作为家庭较为贫困的学生参与研学旅行活动的专项帮扶基金，同时应制定针对此专项基金的相应管理措施和服务规范。

4.4 研学旅行法律规范

引例　研学遇疫情，退款遭推脱

2020年2月18日—20日，福州市仓山区某市场监管所、消费者委员会陆续接到多位消费者投诉。投诉者称他们于2019年11月—12月期间，在福建某教育科技有限公司为孩子报名参加2020年2月初在北京举行的研学旅行活动，缴纳报名费、机票费等费用从4000元到15000元不等。由于受2020年初新型冠状病毒感染影响，孩子已无法按照原定计划继续参加研学旅行活动。于是缴费的家长与该公司联系，要求退还所缴款项，但公司以各种理由进行推诿，一直未予以退款。市场监管所、消费者委员会介入调查调解，约谈了公司相关负责人，要求公司积极妥善处理退款事宜。

公司相关负责人表示，公司财务人员因疫情在家隔离，暂时无法进行退款操作。建议消费者先通过邮件方式提交退款申请表，并承诺3月1日前按照退款登记顺序将款项退还至原先缴款账户。2020年3月1日，该公司回复称已全部完成退款手续，累计退款总金额为55万元。

本案中，消费者向公司报名并预先缴纳了相关费用，在当事人双方因不可抗力原因不能履行合同，且相关部门出台民航免费退票等相关政策的情况下，若公司不能提供为组织活动已产生相关费用的证明材料，那么消费者要求公司退还款项是合理、合法的。

情境分析

在本案例中由于没有相应的法律法规对研学旅行市场进行规范，导致消费者面临着退款难、公司推诿责任等情况。可见，为了研学旅行市场能够正常运转，必须要有规范的法律法规进行保障。

研学旅行法律法规体系主要包括《中华人民共和国未成年人保护法》《学生伤害事故处理办法》《中华人民共和国消费者权益保护法》《中华人民共和国产品质量法》《中华人民共和国旅游法》《中华人民共和国食品安全法》，以及《中华人民共和国民法典》中关于侵权责任、合同的内容等。

4.4.1 研学旅行各方权责

教育部、文化和旅游部等相关部门是研学旅行的主管部门，对研学旅行进行着统筹规划、管理指导和监督工作，并推动着研学旅行的健康发展。

学校是研学旅行活动的主办方，提供研学旅行课程的标准和要求，指派带队老师教育、管理学生等；研学旅行服务机构是研学旅行活动的承办方，按照学校提供的研学旅行课程标准和要求研发及设计研学旅行课程，组织和安排研学旅行行程等；学生及家长是研学旅行活动及《研学旅行合同》的当事人，应听从学校及研学旅行服务机构关于研学旅行活动的指导和安排。上述三方构成了研学旅行法律体系中不可或缺的重要组成部分，并在各自的合同关系框架内行使合同权利、履行合同义务。研学旅行活动中各方权责关系如图 4-2 所示。

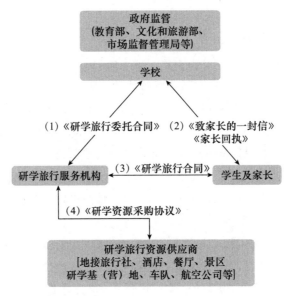

图 4-2　研学旅行活动中各方权责关系图

各方的权责关系与要求如下：

① 学校安排研学旅行计划和要求，学校与研学旅行服务机构签订《研学旅行委托合同》，其中学校为委托方，研学旅行服务机构为受托方。研学旅行服务机构研发研学旅行产品，承办研学旅行活动，为学生及家长（监护人）提供交通、住宿、餐饮、教育教学等研学旅行服务，并负责学生在研学旅行活动中的安全、管理等事务，学校指派带队老师对研学旅行服务机构进行监督，对学生进行教育、管理等。

② 学校向学生及家长发放《致家长的一封信》和《家长回执》，告知学生及家长研学旅行活动的目的和意义，告知研学旅行服务机构与学校、学生及家长的关系，告知研学旅行活动的时间安排、行程线路、费用收支、注意事项等重要信息，并收回《家长回执》。

③ 研学旅行服务机构与学生及家长签订《研学旅行合同》，约定研学旅行活动的教育教学内容、行程安排、收费标准、双方权利义务、违约责任等。

④ 研学旅行服务机构与研学旅行资源供应商签订各类研学资源采购协议，明确研学旅行资源供应商辅助履行研学旅行委托合同，依约定服务标准提供

合格服务，确保研学旅行活动的质量和安全。

4.4.2 研学旅行合同规范

合理处理法律问题有助于研学旅行活动的顺利开展。学校、研学旅行服务机构、学生及家长是研学旅行活动法律法规体系中的主要当事人或组成部分，具有不同的法律地位、权利与义务，各方协作推动研学旅行活动的发展。

（1）完善研学旅行委托合同

学校委托研学旅行服务机构设定研学旅行线路、餐饮和住宿等内容，这些内容构成了研学旅行委托合同的整体内容。研学旅行委托合同可以从旅行线路或餐饮等方面，完善活动内容及补充替代方案，确保学生能在丰富多样的旅行环境中学习新知识。研学旅行委托合同中还需要明确委托时间期限，便于教育者合理安排教学工作，确保研学旅行活动的顺利开展。因此，研学旅行服务机构应当对现有合同条款内容进行细化与补充，确保研学旅行活动中涉及的大部分事情均在合同中有所体现。

（2）细化法律责任

目前，学校、研学旅行服务机构、学生及家长等对自身法律责任认识不到位，导致研学旅行活动中出现问题无人负责的现象频发。针对研学旅行活动教学模式中涉及的每个主体，教育部、文化和旅游部应当充分考虑每个环节的主要负责主体及其具体法律责任。细化法律责任能保障在研学旅行活动过程中发生任何突发事故与意外事件，均能根据实际情况判别主要负责人和次要负责人，以及明确对应的具体责任和如何承担责任。

（3）规范签订合同流程

规范签订合同流程对于研学旅行活动教学具有重要意义。签订合同的双方人员应当均有签署资格、足够的履约能力和资信能力。研学旅行服务机构统一打印《研学旅行委托合同》《研学旅行合同》，并签署公司信息，其中《研学旅行委托合同》由研学旅行服务机构与学校签订，《研学旅行合同》由研学旅行服务机构与家长签订。研学旅行服务机构与学校签订《研学旅行委托合同》后，将打印好的《研学旅行合同》委托学校分发到每位学生及家长手中，并对家长质疑的合同条款进行统一解读，双方无异议后，签署合同，各执一份。

应用案例4-2

【案例概况】

A实验学校为全面贯彻省教育厅发布的《关于开展中小学生研学旅行试点工作的通知》的要求，通过集体旅行、集中食宿的方式走出校园，以A实验学校的名义与B旅行社签订了《团队境内研学旅行合同》。根据学生自愿参加原则，学校组织了学校五年级五个班，共229名学生参加"魅力八里河、古都亳州二日研学"活动。彭某是A实验学校五年级（4）班的学生，缴纳了425元报名费。当学生们在八里河景区的一桥上由一头向另一头行走时，由于学生数量众多，发生拥挤，彭某被桥头道路上的石墩绊倒摔伤面部，事故发生后，A实验学校按照活动方案中的安全应急预案及时为彭某处理伤口，并将事故情况第一时间告知彭某母亲。后经医院检查，彭某的两颗门牙在此次事故中折断、牙髓外漏。由于A实验学校与B旅行社就事故责任相互推诿，致使彭某的经济损失至今未获赔偿，彭某家长遂起诉至法院。

A实验学校辩称：①A实验学校不承担本案的赔偿责任，应由B旅行社承担赔偿责任。首先，A实验学校只是彭某与B旅行社达成研学旅行事宜的联络人，并代表彭某及参加研学旅行活动的其他学生与B旅行社签订《团队境内研学旅行合同》。A实验学校不是《团队境内研学旅行合同》中的相对人，且本次研学旅行活动A实验学校未收取任何费用，没有任何获利行为，自然也不用承担任何责任。其次，A实验学校提交了研学旅行会议签到表，并制作了研学旅行活动方案，其中内容包括了组织领导、人员安排、行程安排等，并安排了数位老师陪同看护学生、派发研学旅行提示单。A实验学校已尽到了向学生告知外出参加活动注意安全的义务，并采取了有效的安全保障措施。A实验学校作为教育者，在组织学生的研学旅行活动时，尽到了教育、管理职责，对事故的发生没有过错，故不承担赔偿责任。②B旅行社作为旅游经营者，应对在研学旅行服务提供过程中造成的彭某人身损害承担损害赔偿责任。

B旅行社辩称：①B旅行社不存在侵权行为，与彭某的受伤之间不存在因果关系。B旅行社为A实验学校学生提供研学旅行服务，学校安排老师随行。彭某在行走过程中被道路上的石墩绊倒摔伤，系其自身不慎导致的意外事件。该意外无法预见，更无法避免。彭某应找该石墩管理者承担赔偿责任，此事与B旅行社无关。②B旅行社已经尽到合理范围内的安全保障义务，彭某并没有提供证据证明B旅行社存在主观过错，彭某应承担举证不能的后果。③彭某虽然是限制民事行为能力人，但其对自身安全依旧负最基本的注意义务。彭某作为五年级学生，在游玩过程中理应对走路跌倒具备警戒心理和防范意识，彭某对此应当且完全可以采取最起码的防范性自我保护措施，发生意外受伤与彭某没有尽到最低限度的注意义务有着直接的关系。

法院判决：①A实验学校对彭某的人身损害是否承担责任。《中华人民共和国民法典》第七编侵权责任第一千二百条规定："限制民事行为能力人在学校或者其他教育机构学习、生活期间受到人身损害，学校或其他教育机构未尽到教育、管理职责的，应当承担侵权责任。"彭某作为A实验学校五年级学生，在参加由A实验学校组织并选定旅行社的研学旅行活动中不慎摔伤，A实验学校作为研学旅行活动的组织者，在组织学生进行校外活动的全过程中，应当派专门人员对参加活动的学生进行详尽的安全教育，并密切注意学生在活动时的人身安全。参加本次研学旅行活动的学生非常多，且都是未成年学生，他们正处于活泼好动、自控能力差、自我保护意识弱的阶段，众多学生在狭窄的桥梁上行走，本就容易造成现场管理及注意分配困难，仅通过事前安全提示、学生自律尚不足以避免危险情况的发生，A实验学校若准备工作充分、安全防范完善，是可以避免意外事故发生的。A实验学校提供的证据不足以证明其在组织研学旅行活动中对彭某受伤已尽到安全保障义务，其应该承担相应的损害赔偿责任。

②B旅行社对彭某的人身损害是否承担责任。《最高人民法院关于审理旅游纠纷案件适用法律若干问题的规定》第七条规定："旅游经营者、旅游辅助服务者未尽安全保障义务，造成旅游者人身损害、财产损失，旅游者请求旅游经营者、旅游辅助服务者承担责任的，人民法院应予支持。"本案A实验学校代表彭某等学生与B旅行社签订了《团队境内研学旅行合同》，彭某缴纳了旅行费用，B旅行社是本案的旅游经营者。旅游经营者在接待未成年人时，应当采取相应的安全保障措施。拥挤容易造成意外事故的发生是旅游经营者应该预见到的，但B旅行社未能采取行之有效的安全防范措施，对彭某的受伤也存在过错，故B旅行社也应该承担相应的损害赔偿责任。

③本案责任应如何划分。在研学旅行过程中，A实验学校及B旅行社均派有工作人员全程陪同。B旅行社作为旅游经营者，既然收取了旅游费用，就应该对行经路线、景区道路障碍情况作出安排和预判，并组织未成年学生安全有序地通过危险路段。本案发生在八里河景区的研学旅行活动过程中，而非在校内，B旅行社未提供证据证明其已尽到安全保障义务，B旅行社的责任应该高于A实验学校。彭某被桥头道路上的石墩绊倒摔伤，并非自身过错所造成，彭某对自身受伤不承担责任。法院综合A实验学校与B旅行社对损害结果发生的过错，酌定承担责任比例为A实验学校40%、B旅行社60%。

【案例解析】

本案例中事故的起因是在研学旅行活动中，一名学生过桥时由于桥上人多拥挤，不慎被石墩绊倒摔伤，尽管学校主张已尽事前安全提示及事后及时救助的义务，但具体到组织学生过桥这件事上，法院仍认为如果学校准备工作充分、安全防范完善，是可以避免本次意外发生的，因此学校需要承担相应责任。而旅行社对能够预见的拥挤状况未能采取切实可行的安全措施以防范事故的发生，未尽到安全保障义务，也应承担相应责任。虽然旅行社主张本次事故学生和景区都有责任，但事实上该名学生是因为桥上拥挤摔伤的，自身并无过错，因此无须担责，如果他是和其他学生打闹嬉戏中摔伤的，就要承担相应的责任了。至于旅行社认为景区也有责任，可以在向学生赔偿后，再向景区追偿。

对于本案法院最后综合学校与旅行社对学生受伤结果发生的过错，酌定了一个责任承担的比例，即学校40%、旅行社60%。因为是个案，所以不具有普遍参考意义，但至少说明一点，旅行社（承办方）的责任一般要大于学校（主办方）。这是由于在研学旅行活动过程中，旅行社主要负责设计研学旅行产品，为学生提供交通、住宿、餐饮等服务，以及学生在研学旅行活动中的安全、管理等，而学校主要负责指派带队老师对旅行社进行监督，对学生进行教育、管理等。

根据《研学旅行服务规范》（LB/T 054—2016）的规定，研学旅行服务各方都应当制定安全管理制度，至少包括研学旅行安全管理工作方案、研学旅行应急预案及操作手册、研学旅行产品安全评估制度和研学旅行安全教育培训制度。对于学生的安全教育也应当符合一定要求，如召开行前说明会对学生进行行前安全教育，在研学旅行活动过程中根据行程安排及具体情况及时进行安全提示与警示等。此外，研学旅行服务各方还应制订和完善突发事件的应急预案。虽然《研学旅行服务规范》（LB/T 054—2016）只是推荐性的标准，不具有强制力，但其毕竟作为现行的行业标准，对法院或仲裁机构在划分研学旅行服务各方责任时会有一定的参考价值，所以研学旅行服务各方应尽可能地按照该规范的要求组织、开展研学旅行活动，只有这样才能有效地减轻甚至免除相关责任。

本章小结

研学旅行安全是指研学旅行活动中各相关主体的一切与安全有关现象的总称。研学旅行安全保障主要包括：安全管理制度、安全管理人员、安全教育、应急预案等四个方面，其中安全教育包含工作人员安全教育和学生安全教育。

在研学旅行活动中，要想保证学生在研学旅行活动中学有所获、学有所乐，以及活动的顺利和安全进行，研学旅行工作人员数量和质量的充分保障必不可少。研学旅行工作人员主要由研学基（营）地人员、研学旅行组织方学校教师、研学服务商、学生自管会组成。

研学旅行管理是指研学旅行活动的管理者通过实施计划、组织、领导、协调、控制等职能来确保研学旅行活动的顺利进行，并完成研学旅行教育目标的过程。具体来说，应该从制度、安全管理、多方力量支持、资金经费支持等方面发力，共同促进研学旅行管理保障机制的构建。

研学旅行法律法规体系主要包括《中华人民共和国未成年人保护法》《学生伤害事故处理办法》《中华人民共和国消费者权益保护法》《中华人民共和国产品质量法》《中华人民共和国旅游法》《中华人民共和国食品安全法》，以及《中华人民共和国民法典》中关于侵权责任、合同的内容等。

第 4 章
参考答案

一、选择题

1. 有个研学旅行团队，在返程后，学生下车，其中有一个学生刚下车门，往前走了一两步,看到鞋带松了,于是蹲下来(刚好在客车右前侧,司机盲区)系鞋带,司机看到学生下车了,就启动了,结果学生被挂倒,一条腿被压断了。请问,这是属于(　　)因素引起的安全事故。

  A. 主观　　　　　B. 客观　　　　　C. 不可抗拒因素　　　　D. 人为

2. A学校准备组织一次研学旅行活动,请问下列哪项属于带队老师工作职责?(　　)

  A. 落实车辆

  B. 配合学校领导、研学旅行指导师、基(营)地开展研学活动

  C. 制订研学旅行方案

  D. 备好日常用药,以备不时之需

3. 2023年10月5日,B国学馆组织了一次研学旅行活动,学校老师联系了某拓展训练基地教练(化名),B国学馆安排3名老师带领18名学生参加活动。活动内容由训练基地安排,有水果采摘、荡秋千等,在一个场地内完成。在其中一个"轮胎桥"游戏过程中,学生张三(化名)摔倒踩空,倒在地上,造成左肱骨髁上骨折,构成十级伤残,伤后需一人护理三个月,营养期限两个月。请问此次人身伤害情况主要责任方是(　　)。

  A. 组织研学旅行活动的学校　　　　B. 拓展基地(营地方)

  C. 学生自己　　　　　　　　　　　D. 意外事故

4. (多选)在实施研学旅行活动过程中,研学安全管理师的具体工作岗位职责是(　　)。

  A. 制订研学旅行活动安全应急方案

  B. 设计研学旅行课程

  C. 研前、研中和研后的安全管理工作

  D. 随时解决研学旅行活动中出现的各类事故

5. 各地要制订科学有效的中小学生研学旅行(　　),探索建立行之有效的安全责任落实、事故处理、责任界定及纠纷处理机制,实施(　　),做到层层落实,责任到人。教育行政部门负责督促学校落实安全责任,审核学校报送的活动方案(含保单信息)和(　　)。

  A. 活动执行方案　　　　　　　　　B. 安全保障方案

  C. 分级备案制度　　　　　　　　　D. 应急预案

6. (多选)研学安全管理师的六大核心能力包括(　　)。

  A. 安全管理制度建设能力　　　　　B. 课程安全要素设计能力

  C. 课程安全方案实施能力　　　　　D. 安全应急处置能力

  E. 安全风险识别评估与管控能力　　F. 安全教育与技能培训能力

  G. 市场管理及公关能力

二、简答题

1. 研学旅行工作人员由哪些构成？如何才能确保研学旅行活动的顺利进行？

2. C学校准备组织一次专题研学旅行活动，请问研学旅行活动中研学旅行指导师的职责是什么？

3. 研学旅行活动的经费如何保障？

三、案例题

腾格里青少年探险科考研学案例

7月27日，队伍正式进入沙漠，每天除了中午最热的时候，其余时间都是在徒步。7月29日，小郑感觉身体不适，想要放弃。但领队认为他不像中暑，督促其继续前行。短暂的休息后，小郑再次跟上队伍，爬到坡顶后倒地不起，小郑恳求领队帮其找医生，但二次遭到拒绝。意外很快再次发生，体力不支的小郑从沙坡上滚下，彻底没有了意识，因为没有随行医生，领队只能拨打120求救，但沙漠中手机没有信号，只能用车载着小郑，边走边继续拨打，在汽车疾驶近40分钟后，终于拨通了120，十分钟后救护车赶到，但小郑已经没有了生命体征。如果活动开始前组织了专业体检，如果主办方配备了随行医生，如果在小郑第一次放弃的时候就给予充分的重视……那结局会不会改写。但是，没有这么多如果，人生也没有第二次选择。即使他本可以活，却也已经永远留在了那片干枯的沙漠，在叹息之余，我们更应该反思，到底谁该为这次事故负责？

（1）发生这起事故的原因有哪些？

（2）这起事故责任方有哪些？

（3）如何预防此类事故的发生？

第 5 章
研学旅行课程评价

学习导读

○ **本章概况**

本章阐述了研学旅行课程评价的概念、功能以及评价对象，全面介绍了研学旅行课程评价类型，重点论述了研学旅行课程评价原则、策略与常用方法。

○ **学习目标**

（1）理解研学旅行课程评价的概念；
（2）了解研学旅行课程评价的功能及评价对象；
（3）熟悉研学旅行课程评价类型；
（4）掌握研学旅行课程评价原则、策略与常用方法；
（5）通过本章学习，能够简单设计出研学旅行课程评价方案。

○ **素养目标**

（1）帮助学生树立正确的价值评判观念；
（2）培养学生实事求是、客观公正的态度；
（3）培养学生严谨认真、精益求精的做事风格；
（4）引导学生增强整体意识、全局意识。

教育部等11部门《关于推进中小学生研学旅行的意见》（教基一〔2016〕8号）强调，要建立健全中小学生参加研学旅行的评价机制，要求学校在充分尊重学生个性差异、鼓励学生多元化发展的前提下，对学生参加研学旅行活动的情况和成效开展科学评价，并将评价结果逐步纳入学生学分管理体系和学生综合素质评价体系。

5.1 研学旅行课程评价概述

引例 "黄河孕育的商城"研学旅行课程评价

"黄河孕育的商城"研学旅行课程评价表如下表所示。

"黄河孕育的商城"研学旅行课程评价表

评价项目	评价内容	自我评价（40%）	组员评价（30%）	教师评价（30%）
知识掌握（20分）	能说出景区内主要文化景观的名称（5分）			
	能为不同的景观按照其所属的类型进行分类（5分）			
	能列举与黄河文明有关的历史文化故事（5分）			
	了解黄河对城市发展产生的影响（5分）			
能力运用（25分）	能正确使用研学旅行工具完成研学旅行任务（5分）			
	会根据实际情况，搜集合适的资料，完成研学旅行任务（5分）			
	会对搜集到的信息进行处理与加工（5分）			
	善于发现和提出有研究价值的地理问题（5分）			
	会选择合适的方法分析地理问题（5分）			
情感态度（25分）	能克服困难，完成研学旅行任务（5分）			
	能积极地参加研学旅行活动，有较高的探究热情（5分）			
	能与组内成员积极沟通，分工合作完成任务（5分）			
	对家乡的自然环境与人文风光充满热爱（5分）			
	了解家乡的发展变化与地理环境之间的关系，树立正确的人地协调观（5分）			
研学表现（30分）	研学任务完成情况（10分）			
	研学活动手册完成度（10分）			
	研学活动手册美观度（5分）			
	小组分工合理（5分）			
评价得分				
总分				
评语	自我评价：			
	组员评价：			
	教师评价：			

> **情境分析**
> "黄河孕育的商城"研学旅行课程评价将过程性评价与表现性评价相结合,从知识掌握、能力运用、情感态度、研学表现四个方面对学生的表现进行了评价。

5.1.1 研学旅行课程评价的概念

研学旅行课程评价是依据立德树人、培养人才的根本目的,在让广大中小学生于研学旅行活动中感受祖国大好河山、感受中华民族传统美德、感受革命光荣历史、感受改革开放伟大成就的研学旅行教育目标指导下,通过一定的技术手段和方式方法,对中小学生在研学旅行过程中的实践活动、活动过程、活动结果进行科学判定的过程,为研学旅行教育决策和个人发展提供了客观事实依据。研学旅行课程评价是一种价值判断活动,是对研学旅行活动客体满足主体需要程度的判断。

5.1.2 研学旅行课程评价的功能

研学旅行课程评价对研学旅行有导向和监督作用,为教育管理部门和学校等研学旅行开展部门提供了鉴定和管理依据,对研学旅行指导师和学生有诊断和激励作用。

1. 对研学旅行的导向和监督作用

研学旅行课程评价的实证性发展和诊断性意见有利于教育管理部门、学校、研学旅行服务机构确定研学旅行指导思想和发展方向,能够为教育管理部门、学校、研学旅行服务机构制定相关政策、改进工作质量提供依据。

研学旅行课程评价的导向和监督作用得到充分发挥,有助于调动学生学习的积极性和主动性,提高学生人际交往、团队合作等能力,从而提升研学旅行课程的质量。

应用案例5-1

【案例概况】

嘉兴南湖景区暑期开展"红船少年行,重走一段路"研学旅行活动。少先队员在家长的陪伴下,通过瞻仰红船、参观展览、志愿服务、拼装船模等活动,认识到是中国共产党在浴血奋战中创造了新民主主义革命的伟大成就,通过自力更生和发愤图强,创造了社会主义革命和建设的伟大成就,通过解放思想和锐意进取,创造了改革开放和社会主义现代化建设的伟大成就。

同时，本次研学旅行活动还组织学生集体学习中国共产党建党100周年时共青团和少先队员代表集体发表的"请党放心，强国有我"铮铮誓言，引导新时代的中国青少年要以实现中华民族伟大复兴为己任，增强做中国人的志气、骨气、底气，不负时代、不负韶华、不负党和人民的殷切希望。

【案例解析】

研学旅行课程需要把握好正确的政治导向。研学旅行课程要引导学生与祖国同呼吸、共命运，以保证研学旅行课程的质量和教育价值。

2．为教育管理部门和学校提供鉴定和管理依据

在研学旅行课程开展过程中，研学旅行课程的目标是否有效达成，活动是否扎实有序推进，都需要研学旅行课程评价来进行鉴定和管理。研学旅行课程评价结果能够为教育管理部门和学校完善研学旅行课程设计、规范研学旅行过程、加强研学旅行指导师培训等提供数据支撑。

应用案例5-2

【案例概况】

俗话说，"民以食为天，国以粮为本"，农业是人类赖以生存的基础，从远古时期人类就开展了农业活动。农业活动不仅具有鲜明的可操作性和实用性，同时具有广泛的教育功能。农耕文化研学是研学旅行的主要课程类别之一，不仅是研学旅行服务机构和学校的首选课程，同时也备受学生们的青睐。农耕文化研学把课堂搬进麦田、稻田、菜园等场地，让学生们了解农作物的生长过程，体验农民"锄禾日当午，汗滴禾下土。谁知盘中餐，粒粒皆辛苦"的不易，培养学生节粮爱粮意识和以节约为荣、浪费为耻的美德。

金秋十月，吉林的水稻田里一片金黄。"探索水稻熟了的奥秘"研学旅行课程，从水稻的生长环境、习性，到水稻的成熟，以及水稻在我们生活中的重要位置，让学生从水稻到粮食有一个系统的认识，培养学生节约粮食的意识，让学生学会珍惜粮食。

"探索水稻熟了的奥秘"研学旅行课程设置了不同的主题，如水稻的发展史、水稻的营养价值、水稻的加工过程、大米的销售过程等，要求学生分组合作，在研学旅行课程结束后进行小组汇报。

本次研学旅行活动邀请了农民伯伯来给学生讲解水稻的种类及栽培技术，学生听得津津有味。研学旅行活动分为：水稻种植体验、水稻加工体验、大米销售体验。在水稻种植体验过程中，学生除了可以观察水稻、了解水稻知识外，还可以进行收割水稻、捆水稻等农业劳动。体验式的农耕教育，让学生对土地和粮食产生了敬畏，培养了节约粮食的思想意识。水稻加工体验可以让学生体验水稻变成大米的加工、

变化过程，了解不同种类的水稻是如何区分的，了解农作物到粮食的转变之旅。大米销售体验是研学旅行课程的最后环节，学生通过观察超市内大米的价格、大米相关产品，了解大米除了可以做成米饭之外，还可以用来制作米粉、米线、米豆腐、糍粑等食物，为研学旅行活动画上圆满句号。

在研学旅行课程评价过程中，学生评价了该次课程设计的合理性，以及研学旅行活动过程中的实践性和趣味性，学生纷纷表示收获颇多。

【案例解析】

教育管理部门和学校等研学旅行相关部门通过研学旅行课程评价来鉴定研学旅行服务机构的服务质量与教学成效，建立研学旅行服务机构的准入与退出机制和标准，从而实现对研学旅行服务机构的有效管理和规范。

3. 对研学旅行指导师和学生的诊断和激励

研学旅行课程评价的基本功能是诊断与评价。一方面，通过对研学旅行课程及其服务的策略、课程实施的可行性和效果、课程实施过程的全面性进行诊断，能够有效地激励研学旅行指导师做好自身工作，进行更好的研学旅行课程指导和教育。另一方面，通过研学旅行课程评价可以精准分析学生的思维、动手、团结协作等各项能力，以便在日后开展研学旅行活动过程中针对学生的特点，进行有针对性、差异化的教学指导。

应用案例5-3

【案例概况】

研学旅行指导师李××在某国家地质公园研学旅行部工作，他最近很苦恼，每次研学旅行课程结束后，研学旅行部评价中心对其研学旅行课程效果的评价都褒贬不一。于是他找到了研学旅行部评价中心。

研学旅行部评价中心针对研学旅行指导师李××一周的研学旅行课程进行了诊断，发现他在接待研学旅行团队时，不管是对小学生、中学生，还是高中生，都使用相同语速、相同语调和相同的花岗岩形成的解说词。高中生对其评价相对较高，初中生次之，小学生评价较差。经过诊断，研学旅行部评价中心给出了根据不同研学旅行对象，设计不同的研学旅行解说词的意见和建议，同时建议李××根据不同的研学旅行对象调整语速、语调和状态。

【案例解析】

在该案例中，通过对已开展的研学旅行课程进行诊断，研学旅行指导师李××找到了自己在接待研学旅行团队过程中的不足之处，并获得了改进工作的意见和建议。

5.2 研学旅行课程评价对象

引例　无人机研学旅行课程评价

教育部等11部门《关于推进中小学生研学旅行的意见》（教基一〔2016〕8号）标志着我国正式拉开中小学生研学旅行大幕，研学旅行服务机构根据自己从事青少年教育获得的相关经验，结合中国经济的提升、人工智能技术的发展，航空器、陀螺稳像系统、自动跟踪、摄像机制作技术和无线数据传输技术的进步，发挥企业自身优势与特点，融合学校对于研学旅行的要求与标准，开发出无人机研学旅行课程。该课程采用"背负青天朝下看"的鸟瞰式角度带来新鲜审美感受，助推青少年的科技研学之旅。在该研学旅行课程实施后，研学旅行服务机构对课程内容、课程实施者、学生三个方面开展了课程评价。

情境分析

研学旅行是学校教育和校外教育衔接的创新形式，是教育教学的重要内容，是综合实践育人的有效途径，因此有必要对研学旅行课程进行完整的、系统的评价。

研学旅行课程中，评价对象包括研学旅行课程、研学旅行课程实施者、研学旅行主体（学生）、研学旅行线路、研学旅行安全管理等方面。通过对这些评价对象的评价，不断提高研学旅行课程质量，从而推动全面实施素质教育，引导学生主动适应社会，促进书本知识和生活经验的深度融合，实现研学旅行主体全方位多角度提升。

5.2.1 对研学旅行课程的评价

研学旅行课程的主要实现载体是活动，因此活动设计与实施的质量在很大程度上决定了研学旅行课程的品质。对研学旅行课程的评价，也就是对活动设计与实施的评价，应该包括研学旅行课程目标评价、课程理念评价、课程结构设计评价、课程内容选择评价、课程实施过程评价等方面。

研学旅行课程由于时间、空间的变化较大，活动化是课程开展的基本范式，其中体验式学习活动占比较大。研学旅行课程中的体验式学习活动应是综合性质的主题活动，并且应该贯穿于研学旅行课程的全过程，同时应该具备体验式学习活动的"具体经验—反思观察—抽象概念化—主动检验"基本环节。

因此，对研学旅行课程的评价应该包括对研学旅行的行前课、行中课、行后课和后续课程的评价。

应用案例5-4

【案例概况】

安吉龙溪黄杜村茶山连绵，茶垄翠绿，是"一片叶子富了一方百姓"的典型代表。"以茶脱贫""以林富农"，黄杜村践行了习近平总书记"绿水青山就是金山银山"思想，走茶旅融合、绿色发展的道路。

（1）**研学旅行课程**：安吉白茶茶园里的知与行。

（2）**课程目标**：

① 能够说出安吉白茶的相关知识（起源、功能）。

② 能够掌握茶叶采摘的正确方法和技巧，学会采茶、选茶。

③ 通过观摩制茶过程，掌握制茶的步骤（摊放、杀青、理条、烘干）。

④ 通过实际练习增进学生对安吉白茶文化的理解和对家乡的热爱，培养对安吉白茶和中国茶文化的兴趣。

（3）**课程内容**：

① 获取间接经验阶段：集中学习。教师讲解关于茶叶的相关知识，包括茶叶的起源、种类、栽种方法等，以及茶叶的季节变化和采摘过程。

② 获取直接经验阶段：先分组学习，后集中学习。让学生用放大镜观察安吉白茶的形态，采摘安吉白茶，并收集、称重，教师总结。

③ 整理经验阶段：集中学习。

● 研学专题一：食品安全与绿色环保

学习路径：提出问题—头脑风暴—设计—分享—深度研究—再度分享。

探讨问题：我们在喝茶的时候偶然会遇到茶叶上有黑点的情况，茶叶上的小黑点是什么？（茶茸毒蛾）如果你是茶农，你会如何处理？你会洒农药，还是会选择其他途径解决问题？如果你选择了使用农药，这是否涉及食品安全问题？如何做到茶叶有机绿色环保？你会使用什么办法？（引进鸟雀进行治虫）

● 研学专题二：茶叶采摘与工作态度

学习践径：体验—分享。

体验采茶：一斤干茶由三斤鲜叶炒制而成，一斤鲜叶需要采摘一万个茶头。学生采摘以8个人为一小组，每组40分钟采摘4480个茶头，平均1个人1分钟采摘约14个茶头，而熟练的采茶工人1人4小时能采摘一斤鲜叶，即1人1分钟采摘约42个茶头。

采茶感受分享：有的同学说，"太阳很晒、天气很热，我采了一会儿，腰就很疼。采茶工人采摘一上午，4个小时就这样重复一个相同的动作。肯定也很累吧！"有的同学说:"一个采茶工人比我们每个人采得都多,这说明我们的工作效率非常低。"有的同学说:"我们采摘时注意力不够集中,有时候喝水,有时候上厕所,有时候我们在打闹,没有采茶工人做事情专注。"有的同学说:"我们之前也说采茶工人不容易,但没有亲身体验,现在自己体验过后,有过对比后,真正体验到采茶工人的不容易。"有的同学说:"以后我们喝茶的时候要懂得感恩。"

● 研学专题三:中国茶文化学习与传统工艺比较

探讨问题:中国传统茶艺的精妙之处在哪里?中日茶制作工艺对比。

学习路径:自由学习。

布置任务:教师让学生结合采茶体验过程,任选两个主题,写一篇研究性学习报告。

【案例解析】

本教学案例体现了研学旅行课程中体验式学习的特点,既有情境式的安吉白茶茶园现场教学,也有学生在安吉白茶茶园采摘、观察、称重等环节的直接体验,还有交互式的学生互动和深刻的情感体验,是对"直接经验+情感反思"体验式学习的较好诠释,同时体现了体验式学习的综合性。

本教学案例相对完整地体现了研学旅行体验式学习过程。三个研学专题能够围绕三个主题,通过提出问题、主题探讨等方式,融生物学、数学、语文和历史等学科知识于一体,在互动中实现了知识的综合运用,真正实现了知识体系与生活实际的联系。通过本次研学旅行课程,学生们的团队合作能力和沟通表达能力得到提升,情感得到启发与激励。

本教学案例中研学旅行指导师指导方式多样,符合体验式学习组织交流、分享经验的内在要求;研学旅行课程内容与目标紧密相连,与资源契合度高,能够引导学生深度学习。学生们通过观察、查阅信息、发现问题、探究问题、动手操作、对比感悟、自主构建观点、分享表达等多种途径体验了学习方法的多样性。

研学旅行课程,不是简单地带着学生去旅游,在旅游过程中穿插一些知识讲座、动手操作、看一看、游一游的肤浅体验,而是遵循体验式学习的特点,完成体验式学习的具体环节,使研学旅行课程的作用得到真正发挥,加深学生对研学旅行课程的印象。

对研学旅行课程的评价,一方面可以促使研学旅行课程要素更加完备,研学旅行指导师更加规范积极地思考研学旅行课程中教师、学生评价的问题;另一方面能够引领教师在开展研学旅行活动时,能够有所参照,不断对研学旅行课程中的诸多问题进行深入思考。

5.2.2 对研学旅行课程实施者的评价

研学旅行课程实施者由两部分人员组成,包括主办方的带队老师和承办方的研学旅行指导师。主办方的带队老师承担着代表学校监督承办方实施课程的责任,所以就双方的关系而言,主办方的带队老师是评价者,而承办方的研学旅行指导师是被评价者。主办方的带队老师由学生和学校主管部门进行评价。

对研学旅行课程实施者的评价可以从以下两个维度进行。

1. 事业心和责任心

研学旅行课程实施者要有做学生健康成长的指导者和引路人的责任心。在评价研学旅行课程实施者时,可从对待研学旅行各项事务的主动性、积极性和对研学旅行学生的关心程度等方面进行。

2. 知识和能力

研学旅行课程实施者应该掌握教育学知识、心理学知识、旅游管理学知识、通用知识和研学旅行知识,同时还应该具备研学旅行课程设计能力、研学旅行课程组织和实施能力、激励与评价能力等,并在实际操作过程中能够灵活运用这些知识和能力。在评价研学旅行课程实施者时,可以从以上方面进行。

5.2.3 对研学旅行主体(学生)的评价

研学旅行课程旨在让学生通过学习,行为产生预期的变化,实现多元化的提升。对研学旅行主体(学生)进行评价,是为了研判研学旅行课程目标在多大程度上得以实现,学生是否在研学旅行活动过程中发生预期的行为变化。

通过研学旅行评价可以判断研学旅行主体(学生)在研学旅行活动过程中,因自身知识的不断拓展,情感态度、思维方式、认知结构、探究问题的能力、价值观等的变化程度。

对研学旅行主体(学生)的评价主要是通过考查学生在物料准备、文献整理、课程预习、时间观念、团队协作、课程记录、体验感悟、文明意识、课后反思、研学日记、总结报告、成果交流等方面的表现来完成的。

5.2.4 对研学旅行线路的评价

研学旅行线路是研学旅行课程实施的依托,是研学旅行主体、研学旅行基(营)地、食宿营地的链接。对研学旅行线路的评价可以从研学旅行线路是否合理、实践分配是否合理、安全是否有保障、研学旅行项目是否搭配、研学旅行课程实施过程中学生的体验如何等几个方面进行。

5.2.5 对研学旅行安全管理的评价

安全是研学旅行活动有效开展的前提条件。对研学旅行安全管理的评价包括：①安全防范措施是否有可操作性和针对性；②研学旅行活动是否制订了应急预案，应急预案是否严谨、全面，是否具有可操作性；③研学旅行活动注意事项是否清晰明确，安全防控措施是否完善；④安全防控教育知识读本是否具备，行前说明会是否召开到位等；⑤研学旅行行程距离及交通工具选择是否恰当；等等。

5.3 研学旅行课程评价的原则

> **引例** "植物组织培养的认知之旅"研学旅行课程评价

"植物组织培养的认知之旅"研学旅行课程评价表如下表所示。

"植物组织培养的认知之旅"研学旅行课程评价表

评价项目	评价内容	学生自评	组内互评	教师评价
过程性评价	是否准备充足的出行物品和学习资料			
	是否充分对书本相关知识进行预习			
	是否认真阅读研学手册的内容			
	是否有较强的时间观念，是否能按时到达指定地点			
	是否遵守基（营）地的相关规定，自觉维护环境卫生，文明出行			
	是否听从指挥，有较强的团队精神			
	是否认真倾听研学旅行指导师和其他工作人员的讲解			
	是否认真做好研学笔记			
	是否仔细观察生物现象和事物，在观察中能提出问题并积极探索、寻找答案			
	是否认真完成组培苗的栽植			
	是否在小组内积极发言，积极参与学习讨论			
	是否在总结交流过程中积极发言，乐于分享自己的研学成果和收获			
结果性评价	是否能说出植物组织培养的基本原理和基本过程			
	是否能说出无菌操作过程需要用到的设备和工具			
	是否能说出生物技术在生产实践中的重要意义			

续表

评价项目	评价内容	学生自评	组内互评	教师评价
	是否能举例说出植物组织培养技术的实践应用			
	是否完成研学手册和研学报告的撰写			
总评结果				

> **情境分析**
>
> 研学旅行课程评价最基础的部分是对学生的评价，而要保证研学旅行课程评价的质量，需要多方参与主体的评价以及评价方式的多元化。学生、教师是研学旅行活动的直接参与者，他们一起经历了研学旅行活动的各个环节，因此，他们应该成为课程评价的主体，通过学生自评、组内互评、教师评价的方式参与课程评价。

研学旅行课程评价的原则是指在进行研学旅行课程评价时必须遵循的基本要求和准则。研学旅行课程评价的原则体现了研学旅行课程的目的和价值，体现了研学旅行课程评价的指导思想。研学旅行课程评价主要应遵循主体性原则、全面性原则、真实性原则、过程性原则、开放性原则和综合性原则。

5.3.1 主体性原则

主体性原则就是在研学旅行课程实施过程中应该始终贯彻我国教育的主体性思想，即在研学旅行课程实施过程中以学生为中心，发挥学生的主体性作用，把学生的主体地位在评价过程中落到实处。在开展研学旅行课程评价过程中，要强调以学生自评为主，增强学生的自我意识，提升学生的综合能力。

学生是研学旅行课程实施的主体。学生在研学旅行课程开展过程中拥有绝对的自我评价发言权。因此，在研学旅行课程评价过程中必须体现学生的主体性原则。

教育的宗旨在于发展学生的主体性，在研学旅行实施过程中，只有学生才能真实地评价研学旅行课程的内容，评价研学旅行课程是否能够满足自己的需要，是否可以促进自身的发展。主体性原则能够体现研学旅行课程评价者和被评价者的新型关系，使研学旅行课程评价实现主客观的高度统一。

应用案例5-5

【案例概况】

合肥市某学校开展中小学生研学旅行课程：参观安徽博物馆、渡江战役纪念馆。让中小学生了解安徽深厚的历史文化底蕴，亲身感受"徽文化"的博大精深。

研学旅行课程评价：参加该课程的学生通过参观学习，了解到安徽的悠久历史，丰富的文化遗存使得安徽位于全国文物大省之列。安徽是文房四宝之乡，宣纸、徽墨、宣笔和歙砚闻名遐迩，著称于世。安徽出土的青铜器是研究春秋战国时期历史的珍贵文物，以吴越铜器、蔡国和楚国铜器尤为突出。以新安画派为代表的安徽地方书画流派的作品笔墨高秀，格调清逸。安徽的古代工艺品造型奇巧、镌刻精细、内容广泛、风格特异，以徽州三雕——石雕、砖雕、木雕最有特色。参观渡江战役纪念馆时，学生们感受到"钟山风雨起苍黄，百万雄狮过大江。虎踞龙盘今胜昔，天翻地覆慨而慷"的气势，他们了解到1949年4月23日，邓小平、刘伯承等率领人民解放军渡过长江，解放南京。

通过本次研学旅行课程，学生们了解了安徽的历史，学习了红军百万雄师过大江的历史，也深刻体会到中国共产党带领人民翻身做主人的艰辛。学生们对本次研学旅行课程评价中肯，他们表示收获颇丰。

【案例解析】

在研学旅行课程实施过程中应以学生为中心，发挥学生的主体性作用，把学生的主体地位在评价过程中落到实处。

5.3.2 全面性原则

全面性原则是指要全方位、多角度开展研学旅行课程评价，评价内容应包括研学旅行课程的实施者、研学旅行主体、研学旅行线路和研学旅行安全管理等方面。其中，根据主体性原则，重点关注研学旅行主体。研学旅行主体的成长是全方位的，因此在研学旅行活动实施过程中，要从学生发现问题、探究问题、自我规划、自我管理、自我发展的角度出发，结合学生的价值观、创新能力、团队合作能力、社会责任感等进行评价。

5.3.3 真实性原则

真实性原则要求对研学旅行课程实施者、研学旅行主体、研学旅行线路和研学旅行安全管理等进行客观真实的评价。评价过程要以真实情况作为评价的基础，秉承真实性原则进行评价具有重要意义。真实性原则要求评价是针对研学旅行课程实施过程的真实情境进行的，是对研学旅行主体的实际情况做出客观、真实的分析。如此，研学旅行指导师才能在坚持同一教学目标的前提下，对不同研学旅行主体进行有针对性的课程设置。

5.3.4 过程性原则

过程性原则要求在研学旅行课程实施过程中坚持以过程评价为价值取向。这不仅要求关注研学旅行课程的内在价值，同时也要求关注研学旅行课程的过程本身，并进行全程评价。研学旅行课程评价的过程性原则不仅要求关注研学旅行课程的质量，还要求关注研学旅行主体的参与态度、发现问题和解决问题的能力，以及在整个研学旅行活动过程中获得的直接经验和教训。过程性原则要求评价贯穿研学旅行课程全过程，研学旅行指导师在课程开展的每一个阶段都可以对研学旅行主体进行评价。

应用案例5-6

【案例概况】

浙江省湖州市某学校开展中小学生研学旅行活动：参观长兴新四军苏浙军区纪念馆。研学旅行指导师手里拿着一个研学记录袋，里面记录着学生的研学旅行过程、学习成就等相关内容。记录袋中具体内容如下，这些内容是过程评价的评价依据。

（1）学生在研学旅行课程实施过程中的活动记录、研究成果、自我评价、反思等。

（2）学生在研学旅行课程实施过程中的能力和素养的全面、详细记录。

（3）学生的评价量表，以及通过研学旅行课程所获得的体验等。

（4）学生对研学旅行课程内容的掌握情况，对研究成果的表达与交流等。

（5）学生的学习成果，如调研报告、研究笔记等。

【案例解析】

研学旅行课程评价应在课程开展的每一个阶段都对学生进行评价。

5.3.5 开放性原则

研学旅行课程实施过程中所有的研学资源都是开放的，问题情境也是开放的。因此研学旅行课程评价要建立与之相匹配的开放性评价指标体系。遵循开放性原则就要着眼于研学旅行课程设置的合理性和多样化，着眼于研学旅行主体的发展，着眼于研学旅行主体的创新精神和实践能力的培养，着眼于研学旅行线路设置的价值和意义。研学旅行评价的开放性原则体现为在时间和空间上的全过程、全方位和全时空开放。

5.3.6 综合性原则

综合性原则是指评价要兼顾认知、情感、技能等多方面内容。研学旅行课程要强调对研学旅行主体的知识、能力、素养的综合培养;不仅要关注研学旅行主体知识、技能的习得和智力的发展,而且要关注研学旅行主体的情感体验、态度养成、价值观形成等。研学旅行课程评价是多学科、综合性知识融合的体现,是研学旅行主体知识的综合运用和能力的综合培养的体现。研学旅行评价的综合性原则体现在研学旅行活动的开展过程中。

应用案例5-7

【案例概况】

南京市某中学把研学旅行课程的学习成绩纳入学生期末综合素质评价体系,同时将学生在研学旅行课程中学习到的每个阶段的内容上传至期末综合素质平台。上传的内容包括研学旅行课程计划、研学成果、参与研学旅行活动的照片等。教师、学生和家长都可以通过账号授权看到平台上的信息和资料,并可以通过点赞、评论等多种方式对平台上的资料进行点评。

【案例解析】

该案例通过多元化评价主体、多样性评价内容对学生的研学旅行课程进行了综合评价。

5.4 研学旅行课程评价的类型

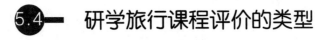

引例 丹霞山生物多样性研学旅行课程评价

某中学生物研学团队将研学旅行课程主题确定为"珍爱美丽地球 守护自然资源 保护生物多样性"。在研学旅行课程主题的指引下,该团队深挖生物教材内容和丹霞山研学基地的生物资源,利用开展研学旅行课程的机会组织学生到自然环境中去,在学生接受能力范围内将学科知识融入研学旅行活动实践中,培养学生的生物学科核心素养。

该研学旅行课程评价的主体和形式比较多样化,学生、小组、教师、家长都是评价的主体。在研学旅行活动过程中,教师要关注学生的研学情况,及时指出问题并给予建议,针对学生提出的问题和汇报的情况要及时讲解、点评。在研学旅行活动结束后,教师安排学生完成研学手册上关于课程评价的内容,还要求学生撰写研学感想、研学总结,完成自然活动笔记,注重研学体验、收获、感悟的归纳梳理和总结升华。但是,该研学旅行课程在研学手册上只设计了让学生、教师、家长填写评语的课程评价内容,没有向评价主体提供详细的评价量表,使课程评价失去了行为表现检测、课程目标达成情况检测的意义。

> **情境分析**
>
> 研学旅行的课程评价类型多样化，实施评价时应综合运用量化评价、质性评价等多种评价方式。

研学旅行课程注重学生在研学旅行活动过程中的获得感，研学旅行课程评价应符合研学旅行课程的特点，其本质是对研学旅行课程及相关情况的价值判断。主要评价类型有量化评价、质性评价、诊断性评价、形成性评价、总结性评价、自我评价、他人评价。这些评价类型各有优缺点，在实际运用当中，这些评价有的适合单独使用，有的适合与其他评价类型共同使用。

5.4.1 量化评价

量化评价是指对评价对象进行定量分析后，制定出量化标准，并按照量化标准进行价值判断的评价。在量化评价中，应采用测验的方法去搜集学生在研学旅行过程中的实际表现或者所取得的进步，通过运用数学模型、教育测量与统计、定量计算、模糊数学等方法，作出教学效果评价。量化评价力图把复杂的教育现象和课程现象简化为数量，进而在数量的分析与比较中推断某一评价对象的情况。研学旅行课程量化评价表示例如表 5-1 所示。

表5-1　研学旅行课程量化评价表示例

阶段	评价内容	评价标准	分数	自我评价	教师评价
行前	课前准备	熟悉研学旅行课程各项任务	5		
	课前预习	查阅研学旅行课程资料，提前预习	5		
行中	文明礼仪	讲文明，懂礼貌，尊重师长和同学	5		
	语言表达	表达流畅，有自己的想法和创意	5		
	组织纪律	遵守时间，服从管理	5		
	自我管理	生活自理，自我管理有序	5		
	团队合作	乐于奉献，协同合作	10		
	沟通能力	善于信息传递、反馈	5		
	安全管理	遵守安全管理规定	10		
	环境保护	具有环保意识，爱护环境	5		
	课堂作业	认真完成课堂作业，汇报分享生动	20		
行后	研学报告	内容翔实，分析到位，有理有据	20		
研学旅行指导师评价					单位盖章
研学旅行主办方评价					单位盖章

量化评价在研学旅行课程中发挥着重要作用。第一，评价结果可以为研学旅行指导师检验与改进教学方法提供依据；第二，评价结果能够为学生判断在学习过程中是否有进步提供反馈；第三，评价结果可以为家长了解自己子女的学习情况提供参考。

5.4.2 质性评价

质性评价是指以人文主义为认识论基础，通过文字、图片等描述性手段，对评价对象的各种特质进行全面充分的揭示，以彰显其中意义的教育评价活动。在大自然的教学情境中，评价者通过参与式观察、深度访谈等方式对评价对象在研学旅行课程开展过程中的表现进行深入分析、细致评价。在质性评价系统中，评价资料是评价者价值观的反映。在开展质性评价之前，评价者不知道他需要揭示的内容，随着资料的搜集，评价者逐步对评价对象的现状作出描述与分析，从而进行价值判断。不同的质性评价主题会采用不同的方法，具体有参与观察、行动研究等方法。与量化评价的精确定义、精心设计、预设程序和工具等不同，质性评价中的工具和方法是逐渐显露出来的，可以全面地反映评价对象的特征。研学旅行课程质性评价表示例如表5-2所示。

表5-2 研学旅行课程质性评价表示例

评价内容	评价主体			
	自我评价	教师评价	组员评价	总评
勇于提出疑问，具有创新思维和见解				
能够及时发现、分析、解决问题				
团队合作意识强，个人分工任务完成度高				
学习能力强，掌握多种技能和方法				
定量评价	评价等级或得分			

5.4.3 诊断性评价

诊断性评价是指在研学旅行活动开始前，研学旅行指导师为了了解学生的学习准备情况及影响研学旅行活动的因素而进行的评价，即是为了使研学旅行课程的形式、内容、过程等更适应活动对象的自身条件及需求而进行的评价。诊断性评价的目的是分析原因，辨别造成学生学习困难的因素，以便改进研学旅行活动过程。诊断性评价主要有观察、测验、问答、作业分析、调查等方式。

5.4.4 形成性评价

形成性评价是过程性评价,是指在研学旅行过程中为了调节和完善教学活动,引导教育过程,保证教育教学目标的实现而进行的评价。形成性评价能够对学生是否达到阶段性目标、达到程度如何作出客观、公正的判断,从而肯定学生已有的发展成就,增强其自信心,提高其学习兴趣,强化其学习行为,及时发现、解决问题。通过形成性评价,研学旅行指导师和学生可以及时发现活动过程中存在的简单问题与困难,通过寻找问题产生的原因,制订解决问题的方案,以达到一定的学习效果。形成性评价更具人性化,评价效果更加可靠。实施形成性评价必须明确规定研学旅行课程每个学习阶段的学习目标及其评价项目。

5.4.5 总结性评价

总结性评价又称终结性评价、事后评价,是指在研学旅行课程结束一段时间后,为了了解学生的最终学习效果而进行的评价。总结性评价是对研学旅行课程的最终效果作出的评价,以确认学生达到目标的程度,主要用于甄别和选拔环节。总结性评价有助于评定学生在研学旅行课程中对知识、技能的掌握程度,能力水平、学习成绩的提高程度,预估学生在后续研学旅行课程学习中的进步程度,为制定新的研学旅行教学目标提供依据。

表 5-3 为诊断性评价、形成性评价和总结性评价对照表。

表5-3 诊断性评价、形成性评价和总结性评价对照表

类型	实施时间	评价目的	评价内容	评价方法	评价作用
诊断性评价	教学之前	因材施教	必要知识、技能的特定样本	观察、测验、问答、作业分析、调查等	查明研学旅行主体学习准备情况及研学旅行课程关注点
形成性评价	教学过程中	了解学习过程,调整学习方案	研学旅行课程单元样本	形成性测验、作业分析、日常观察	明确研学旅行主体学习效果,查找提升学习效果的方法
总结性评价	教学之后	检验学习结果,评定学习成绩	研学旅行课程总教学样本	考试、考查	评定研学旅行主体的作业成绩,总结经验

5.4.6 自我评价

自我评价是自我意识发展的产物,是自我意识的一种形式,是研学旅行主体在研学旅行活动结束后对自己在思想、意愿、兴趣点等方面作出的判断和评价。研学旅行主体通过其他研学旅行主体对其的评价,逐渐学会自我评

价。自我评价包含研学旅行主体对自身学习动力、学习策略、知识掌握、学习能力等方面的评价。

应用案例5-8

【案例概况】

浙江省中小学生研学实践教育营地——湖州荻港渔庄·鱼桑文化研学拥有十多项精品研学课程，包括蚕丝纸制作活动体验、缫丝活动体验、蚕茧手工制作活动体验、蚕茧灯制作活动体验、砖拓活动体验、蚌壳画制作活动体验、鱼乐鼓打击活动体验、渔家乐打击互动体验、研香制作活动体验、游船体验。某学生参加湖州荻港渔庄·鱼桑文化研学旅行活动后在朋友圈写下这样一段话：此次研学旅行收获颇多，不仅见识到了全球重要农业文化遗产"浙江湖州桑基鱼塘系统"，而且学习到了蚕丝纸、缫丝、蚕茧、蚌壳画、蚕茧灯、研香等的制作方法，同时也体验了鱼乐打击、渔家乐打击互动活动，更结识了很多良师益友。

【案例解析】

湖州荻港渔庄·鱼桑文化研学旅行课程丰富，体验感强，让学生能够真正学习到桑基鱼塘相关知识，学生自我评价良好。

5.4.7 他人评价

他人评价是指他人对研学旅行主体（学生）进行思想、愿望、行为和个性特点的判断和评价。研学旅行活动中他人评价包括研学旅行主体（学生）之间互评、研学旅行指导师与研学旅行主体（学生）互评等。他人评价关注的是评价者的意见和建议，与自我评价相比，他人评价的组织工作相对较难，需要耗费一定的人力和物力。

应用案例5-9

【案例概况】

成都双流实验学校开展研学旅行课程。承办方组织学生走进成都城市名片——武侯祠，学生通过对对联、碑文、书画等文化和民俗作品开展亲身观察、访问、调查研究，具有了直观的体验，并有一定的学习成果。

【案例解析】

研学旅行指导师通过学生整理材料数据、补充缺失材料、形成成果和展示过程，看到了学生通过研学旅行课程编制的《武侯祠文明游览宣传册》，感受到了学生对中华优秀传统文化的体悟，以及对传播中华优秀传统文化的践行。

5.5　研学旅行课程评价常用方法

引例　研学旅行的学习评价

研学旅行评价阶段分为行前阶段、行中阶段、行后阶段和应用阶段。行前阶段主要是为了获得间接的经验,是组织学生对研学旅行目的地的资源和文化进行了解的阶段,需要围绕指导方式和内容进行评价。行中阶段主要是以学生为主体开展多种多样的活动,以此来锻炼学生,需要围绕学生的学习能力、动手能力、实践能力等进行评价。行后阶段主要是依托学校课堂教学整理得出经验,对学生进行综合性评价。应用阶段主要是学生在实践中的运用,是一个持续的过程。学生学习到的相关知识最终还是要运用在实践活动中的,因此,这个阶段的评价就是要检查学生对这些知识的真正掌握情况,这样才能够更好地开展相应的教学实践。从实践的角度去观察学生、检验学生的实际操作能力等,这种评价更像是一种反馈。从知识体系来看,这种评价模式能够最大限度地看到学生的实际能力。

情境分析

研学旅行课程对学生学习效果的评价应着眼于促进学生核心素养的发展,贯彻我国促进学生德智体美劳全面发展的教育方针。研学旅行课程需要多元化的、全面性的、全过程的、多主体的评价,兼顾过程性评价与结果性评价,重点在于培养学生的核心素养,促进学生的全面发展。

研学旅行课程评价体系的建立是保障研学旅行课程质量的至关重要的因素。在研学旅行课程评价过程中,通常使用调查法、深度访谈法、观察法、档案袋评价法等。

5.5.1　调查法

调查法是社会科学研究中最常用的方法之一。在研学旅行课程评价过程中使用调查法,能够达到研学旅行课程的预设目标,相对全面地收集研学旅行主体的各类资料,并作出客观的分析。在研学旅行课程评价过程中,研学旅行指导师对研学基(营)地、研学旅行线路、研学旅行主体等进行全方位考察,对收集到的各种资料进行分析整理,得出相应的评价结论。

5.5.2 深度访谈法

深度访谈法是一种无结构的、直接的、个人的访问,适用于了解复杂的、抽象的问题。研学旅行课程评价过程中的深度访谈是指一个掌握高级技巧的访谈者对研学基(营)地负责人、研学旅行课程开发者、研学旅行安全管理者、研学旅行主体等进行深入访谈和探讨,以揭示被访谈者对某一问题的潜在动机、信念、态度和感情。

5.5.3 观察法

观察法是指观察者根据一定的研究目的、研究提纲或观察表,用自己的感官和辅助工具去直接观察被研究对象,从而获得资料的一种方法。在研学旅行课程评价过程中,观察者对研学旅行活动开展过程中的研学旅行基(营)地、研学旅行指导师、研学旅行主体等进行具有目的性、计划性、系统性的观察,并利用智能手机、照相机等仪器设备进行辅助,从而获得相应资料,进而进行课程评价。

应用案例5-10

【案例概况】

《华盛顿邮报》在美国地铁里的一个观察实验包含了事件取样法与轶事描述法。

2007年一个寒冷的上午,在华盛顿特区的一个地铁站里,一位男子用一把小提琴演奏了6首巴赫的作品,共演奏了45分钟左右。他前面的地上,放着一顶口子朝上的帽子。

显然,这是一位街头卖艺人。

没有人知道,这位在地铁站里卖艺的小提琴手是约夏·贝尔——世界上最伟大的音乐家之一。他演奏的是一首世上最复杂的作品,用的是一把价值350万美元的小提琴。

在约夏·贝尔演奏的45分钟里,大约有2000人从这个地铁站经过。

从约夏·贝尔开始演奏算起,大约3分钟之后,一位显然是有音乐修养的中年男子经过,他知道演奏者是一位音乐家,于是放慢了脚步,甚至停了几秒钟听了一下,然后急匆匆地继续赶路了。

大约4分钟之后,约夏·贝尔收到了他的第一美元。一位女士把这一美元丢到帽子里,她没有停留,继续往前走。

6分钟时,一位小伙子倚靠在墙上倾听他的演奏,然后看看手表,就又开始往前走。

10分钟时,一位3岁的小男孩停了下来,但他妈妈使劲拉扯着他匆匆忙忙地离去。小男孩停下来又看了一眼小提琴，但他妈妈使劲推他，小男孩只好继续往前走，但不停地回头看。其他几个小孩子也是这样，但他们的父母全都硬拉着自己的孩子快速离开。

在这45分钟里，只有6个人停下来听了一会儿。大约有20个人给了钱就继续以平常的步伐离开。约夏·贝尔总共收到了32美元。

要知道，两天前，约夏·贝尔在波士顿一家剧院演出，所有门票售罄，而要坐在剧院里聆听他演奏同样的那些乐曲，平均得花200美元。

其实，约夏·贝尔在地铁站里的演奏，是《华盛顿邮报》主办的关于感知、品位和人的优先选择的社会实验的一部分。

实验结束后，《华盛顿邮报》提出了几个问题：一、在一个普通的环境下，在一个不适当的时间里，我们能感知到美吗？二、如果能够感知到的话，我们会停下来欣赏吗？三、我们会在意想不到的情况下认可天才吗？

最后，实验者得出的结论是：当世界上最好的音乐家，用世界上最美的乐器来演奏世上最优秀的音乐时，如果我们连停留一会儿、倾听一会儿都做不到的话，那么，在我们匆匆而过的人生中，我们又错过了多少其他东西呢？

【案例解析】

这是《华盛顿邮报》做的一个实验，在观察中综合使用了事件取样法和轶事描述法，从文中可以清楚地看出观察者是以"驻足倾听"和"施舍"为记录的标准对路人的行为进行描述的，并且标记了时间。这是一个有组织的观察实验，虽然文章中说的是在实验后提出了几个问题，但应是在进行这个观察实验之前，观察者就事先进行了某种假设，这样才能选择观察的时间和地点。

优点：这是一个比较成功的观察实验，观察前进行了精心的准备（包括人物、时间、地点的选择），通过对事件的清晰记录，反映了某种社会现象，引发了人们的思考。

缺点：这个观察实验还可以进行进一步的设计。例如，在时间上，这里选择的是上午，上午正是人们一天中最忙碌的时间，他们可能处在一种急急忙忙的状态，赶着上班或者赶着上学，这种状态并不利于人们对美的感知，即使有人发现了这打动人心的音乐，也可能因为时间紧迫而不能停留下来欣赏。一般音乐会是在晚上举行，那是人们比较空闲的私人时光，人们的心态比较轻松。观察实验可以选择在晚上，或者是周末，地点也不一定是地下通道，可以是广场，也可以是公园。可以按着这个设计再进行一次实验，看看人们在合适的时间、合适的地点，但是在意外的、没有准备的情况下能不能发现身边的美，会不会停下来欣赏。

5.5.4 档案袋评价法

档案袋评价法是一种质性评价方式，是指教师有意地将各种有关学生表现的材料收集整理起来，通过合理的分析与解释，反映学生在学习过程中的努力情形、进步状况和所取得的成就。其基本特征有三个：①大量的学生作品；②有计划地收集作品；③为学生提供发表意见和对作品反思的机会。在研学旅行课程评价中应用档案袋评价法的示例如表5-4所示。

表5-4 在研学旅行课程评价中应用档案袋评价法的示例

我是红色旅游小小讲解员职业体验研学旅行课程
学生： 时间： 地点： 学习领域： 目标： 最难忘的一幕： 最精彩的瞬间： 学习方法： 心得体会：

本章小结

研学旅行课程评价是依据立德树人、培养人才的根本目的，在让广大中小学生于研学旅行活动中感受祖国大好河山、感受中华民族传统美德、感受革命光荣历史、感受改革开放伟大成就的研学旅行教育目标指导下，通过一定的技术手段和方式方法，对中小学生在研学旅行过程中的实践活动、活动过程、活动结果进行科学判定的过程，为研学旅行教育决策和个人发展提供了客观事实依据。

研学旅行课程评价对研学旅行有导向和监督作用，为教育管理部门和学校等研学旅行开展部门提供了鉴定和管理依据，对研学旅行指导师和学生有诊断和激励作用。

研学旅行课程中，评价对象包括：研学旅行课程、研学旅行课程实施者、研学旅行主体（学生）、研学旅行线路、研学旅行安全管理等。

研学旅行课程评价主要应遵循主体性原则、全面性原则、真实性原则、过程性原则、开放性原则、综合性原则。

研学旅行评价类型主要有量化评价、质性评价、诊断性评价、形成性评价、总结性评价、自我评价、他人评价。

在研学旅行课程评价过程中，通常使用调查法、深度访谈法、观察法、档案袋评价法等。

第 5 章
参考答案

一、填空题

1. 研学旅行课程评价具有以下功能：_____、为教育管理部门和学校提供鉴定与管理依据、_____。

2. 对研学课程的评价应该包括研学旅行的行前课、_____、_____和后续课程。

3. 对研学课程实施者的评价可以包括以下几个维度：事业心和责任心、_____。

二、判断题

1. 研学旅行课程由于时间、空间的变化，活动化是课程开展的基本范式，其中体验式学习活动占比较大。（ ）
2. 研学旅行指导师是研学旅行课程实施的主体。（ ）
3. 研学旅行课程诊断性评价的主要手段是观察、测验、问答、作业分析、调查等方式。（ ）
4. 研学旅行课程总结性评价的目的在于明确学习效果。（ ）
5. 在研学旅行课程评价过程中，通常使用调查法，深度访谈法、观察法、档案袋评价法等。（ ）

三、简答题

1. 简述研学旅行课程评价原则。
2. 从哪些方面对研学旅行课程安全管理进行评价？
3. 简述研学旅行课程评价类型。
4. 比较诊断性评价、形成性评价和总结性评价。
5. 简述研学旅行课程评价常用方法。

四、实训题

M 小学开展了以"做好垃圾分类，创建美好家园"为主题的研学旅行课程，请你为该课程设计一份评价方案。

第 6 章
研学旅行课程实践

学习导读

○ **本章概况**

本章介绍了国情教育主题、国防科工主题、自然生态主题和优秀传统文化主题 4 个类型的研学旅行实际案例,通过对不同主题案例的介绍,让研学旅行课程的参与者能够掌握不同类型研学旅行活动的实施方法、操作流程和注意事项。

○ **学习目标**

(1)掌握国情教育主题研学旅行案例的策划流程和操作内容,了解中国农耕文明的璀璨历史,以及发展农业的重要意义;

(2)掌握国防科工主题研学旅行案例的策划流程和操作内容,了解海军文化和国防知识,领悟当代革命军人的精神,践行社会主义核心价值观;

(3)掌握自然生态主题研学旅行案例的策划流程和操作内容,了解真菌的分类知识,能够辨别生活中常见蘑菇种类;

(4)掌握传统文化主题研学旅行案例的策划流程和操作内容,了解汉服的特点及其历史演变过程,掌握汉服折纸的不同折法、技巧和色彩搭配。

○ 素养目标

（1）让学生了解中国历史上为农业发展做出巨大贡献的人，学习他们的高尚品格。

（2）通过国防知识的学习，学生领会军人为了祖国边防安全、人民生活安稳呈现出的勇于担当的精神，能够传承海防精神，守护"海丝"根脉，承担时代责任，积极躬身践行。

（3）让学生感知植物对自然生态平衡的作用，培养生态环境保护的意识和责任。

（4）让学生深刻感悟中华文化的博大精深，提高社会责任感、创新精神和实践能力。

引例 教育部公示 2018 年"全国中小学生研学实践教育基（营）地"名单

根据《教育部办公厅关于商请推荐"全国中小学生研学实践教育基地"的函》（教基厅函〔2018〕44 号）、《教育部办公厅关于开展"全国中小学生研学实践教育基（营）地"推荐工作的通知》（教基厅函〔2018〕45 号）等文件的精神，在中央有关部门和各省级教育行政部门推荐的基础上，经专家评议、基（营）地实地核查及综合评定，拟命名中国人民解放军海军南海舰队军史馆等 377 个单位为"全国中小学生研学实践教育基地"，北京市自动化工程学校等 26 个单位为"全国中小学生研学实践教育营地"。

情境分析

在研学实践教育活动中，研学营地与研学基地的作用是十分关键的，二者功能与定位并不完全相同，既有明显的区别，又有紧密的联系，梳理清楚二者的关系有助于构建研学实践教育工作体系。

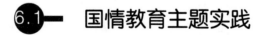

6.1 国情教育主题实践

6.1.1 课程简介

我国拥有世界上最为深厚的农耕文化，这是从我国悠久的历史中沉淀而来的。农业、农村、劳动者及其创造物融合、发展，形成了宝贵的精神与物质财富。悠久而厚重的农耕文明是中华文明之根，是中华传统文化的根基和重要组成部分。

民以食为天，农业是立国之本、强国之基，无农不稳，无粮则乱。我国是 14 亿多人口的大国，稳住农业，筑牢粮食安全基石对我国的重要性不言而喻。我们要牢记"确保国家粮食安全，把中国人的饭碗牢牢端在自己手中"[①]。

本研学旅行课程将带领学生学习我国农耕史，并带领学生互动、讨论，动手参与田间劳动，在此过程中让学生对国情有更加充分的了解，培养学生热爱劳动、尊重劳动者、尊重劳动成果的情感，让学生积极参加劳动的情形蔚然成风。

本研学旅行课程以我国农耕发展史为核心，并设置具有创意性、研究性、实践性的实践活动或者课程操作活动，课程内容适用于初中生、高中生。

6.1.2 课程基本信息

课程主题：探究农耕文化，寻访稻源历史。
课程对象：初中生，高中生。
研学地点：现代农业生态园。
研学时长：1 天。
课程类别：国情教育。

6.1.3 课程说明

本课程针对初中一、二年级和高中一、二年级学生设计，配合中学生劳动课程实践纲要。落实 1∶20 的师生配比，全程配备带班老师、安全管理人员、医护人员。在课程学习上，本课程通过讲解、分解道具、分组讨论、现场操作来落实具体的研学旅行课程目标。

1. 出发前的物品准备

教师要求学生在家长的指导下自行准备物品，并做以下准备。

① 提前查看天气情况，根据天气预报情况准备对应的衣物、鞋子等，以穿着舒适为主。如学校有统一要求，以学校为主。

② 准备好出行需要的行李，并罗列清单，如雨伞、太阳帽、水杯、纸巾、小零食、垃圾袋、笔、研学手册、笔记本、书包等。

③ 适量药物：准备一些感冒药、腹泻药、晕车药、清凉油、创可贴、驱蚊药，以及根据个人情况必备的药物。

④ 少量零用钱：零用钱若干，不建议学生携带大量现金，家长只需给学生准备少量的零用钱即可。

---

① 中共中央、国务院关于实施乡村振兴战略的意见 [M]// 中共中央文献研究室.十九大以来重要文献选编（上）.北京：中央文献出版社，2019：161.

2. 注意事项

（1）出发前

① 出发前一晚应对照清单进行物品清点，整理好后放在固定位置。

② 查好从家出发到集合地点的路线与时长，确定起床时间，并定好闹钟。

③ 晚餐与早餐饮食要清淡，睡觉时注意保暖，保证充足的睡眠时间。

④ 如有身体不适，或有需要特别注意的，家长应与老师提前协商。

⑤ 如学生个人对某些食物有过敏情况，家长或学生应提前告知老师。

（2）路途中

① 听从老师安排，牢记老师所强调的安全、纪律等事项。

② 在行进时，保持队形，不与同学打闹、起哄、追逐等。

③ 保管好自己的行李物品，防止丢失。

④ 当发现其他同学出现突发状况时，及时报告老师，并在自己能力范围内积极协助老师进行处理。

⑤ 需要离队时，要向负责老师报告，在经得负责老师许可后，方可离队，尽量不要单独行动。

（3）汽车上

① 上车时要自觉排队，有序乘车，避免拥挤。

② 上车后及时系好安全带，靠过道的学生放下座椅把手。

③ 车辆行驶途中不得擅自离开座位，不得在过道上随意走动，不要把头、手伸出窗外。

④ 在车上不得大声喧哗，随时保持车上整洁干净。

（4）研学时

① 研学旅行活动过程中认真听老师讲解，并进行记录，做好研学笔记、写好研学报告等。

② 如有疑问需要提出或有想法想要表达时，应举手示意，不要直接打断其他人讲话。

③ 使用教具时，听从老师指导或按使用要求进行使用，不用力拍打或拆解教具。

④ 固定好自己的物品，防止掉落，防止碰到同学或他人物品。

⑤ 研学旅行活动过程中应听从老师安排，遵守纪律。

（5）就餐时

① 就餐前需要洗手，保持自己座位的卫生，不乱丢弃残渣、纸巾等。

② 就餐时，按老师的安排就座，等待与吃饭时注意不大声喧哗、打闹等。

③ 盛饭打汤时，注意不撒落；夹菜时，不挑选；吃饭时，要细嚼慢咽。

④ 饮食要注意量，不要过饱。如对某些菜品过敏，需要提前提出。

⑤ 完成就餐时要与同队同学有序离场，要对服务人员表示感谢。

（6）研学旅行结束后

① 回到学校后，要按学校要求完成研学手册、日志等作业。

② 与家长、朋友分享自己的所看、所学、所想、所得等。

③ 在有兴趣的情况下，进一步查找相关的资料，或向老师请教。

6.1.4 主题课程总目标

① 引导学生在劳动过程中学会尊重劳动者、尊重劳动成果，杜绝浪费行为。

② 让学生了解中国农耕文明的璀璨历史，以及发展农业的重要意义。

③ 培养学生求实探索的科学精神，培养学生的创新思维。

④ 让学生在参与互动、参与手工活动、参与劳动的过程中提升交流沟通能力和动手能力。

6.1.5 课程内容及学段目标

各学段研学旅行课程内容及学段目标如表6-1所示。

表6-1　各学段研学旅行课程内容及学段目标

课程	目标	各学段内容及目标	
		初中	高中
课程一 古法农耕历史渊源知识讲解	认知性	学习古法农耕的发展史，了解发展历程关键节点	学习古法农耕的发展史，了解发展历程关键节点
	体验性	对比古今农事工具，直观地感受农业及器械的进化	对比古今农事工具，直观地感受农业及器械的进化
	研究性	探讨生产资料及生产方式（工艺）在古法农耕发展史中的变化，研究其变化的重大意义	① 探讨生产资料及生产方式（工艺）在古法农耕发展史中的变化，研究其变化的重大意义。 ② 探讨社会分工及工具的制造对于人类进步的重大影响，理解恩格斯"劳动创造人类本身"的观点。 ③ 从发展历程的关键节点中感受人民创造历史的过程，初步了解实事求是的唯物主义历史观
课程二 现代农业的发展历程、现状，农业发展展望	认知性	了解现代农业的发展与变化，比较传统农业与现代农业的优劣，了解未来农业的发展趋势	了解现代农业的发展与变化，比较传统农业与现代农业的优劣，了解未来农业的发展趋势
	体验性	观看现代化农场的作业过程，感受古今农事活动的巨大差别	观看现代化农场的作业过程，感受古今农事活动的巨大差别

（续表）

课程	目标	各学段内容目标及目标	
		初中	高中
	研究性	① 探讨工业化对于农业生产的巨大影响。 ② 思考信息化对于现代农业的影响，大胆猜想未来农业的发展方向	① 探讨工业化对于农业生产的巨大影响。 ② 思考信息化对于现代农业的影响，大胆猜想未来农业的发展方向。 ③ 设计一种工具或者发明一种工艺，使其能改进现有的农业生产
课程三 田间实践活动——花生种植	认知性	① 学习花生种植技术，学会使用简单的劳动工具。 ② 学会从生物学角度辨认花生	① 学习花生种植技术，学会使用简单的劳动工具。 ② 学会从生物学角度辨认花生
	体验性	亲身实践，参与除草、种植、浇水等一系列劳动活动	亲身实践，参与除草、种植、浇水等一系列劳动活动
	研究性	① 了解花生的生长周期、生长特点，简要探讨种植时间、种植工艺等问题。 ② 通过体力劳动感受劳动的不易，学会尊重劳动者，学会节约粮食	① 了解花生的生长周期、生长特点，简要探讨种植时间、种植工艺等问题。 ② 通过体力劳动感受劳动的不易，学会尊重劳动者，学会节约粮食。 ③ 结合课堂内容，体会农业发展、技术进步的不易，树立科技是第一生产力和劳动创造美好生活的观念
课程四 农业上做出巨大贡献的人物介绍	认知性	① 学生简要了解这些人物的生平、贡献及其重要意义。 ② 教师进行更深入的分析，让学生理解这些人物做出贡献的不易之处，烘托出他们的伟大之处	① 学生简要了解这些人物的生平、贡献及其重要意义。 ② 教师进行更深入的分析，让学生理解这些人物做出贡献的不易之处，烘托出他们的伟大之处
	体验性	师生分享、交流自己的感想。学生分享自己所知道的其他人物，表达自己的钦佩之情	① 师生分享、交流自己的感想。学生分享自己所知道的其他人物，表达自己的钦佩之情。 ② 学生通过短暂构思，针对在农业上做出巨大贡献的人物进行简短演讲，阐述自己的观点，要求论点论据完整，能阐述自己的观点即可，培养理性、有条理的思维方式
	研究性	① 思考这些人物贡献的核心作用，以及人物之间的联系。 ② 思考我国农业目前所面临的问题，以及亟待突破的点	① 思考这些人物贡献的核心作用，以及人物之间的联系。 ② 思考我国农业目前所面临的问题，以及亟待突破的难点。 ③ 学会多维度、多层次地评价历史人物，树立唯物主义历史观
课程五 新时代农业精神、悯农精神介绍学习	认知性	①了解我国的农业现状，认识到我国农业坎坷的发展之路。 ②让学生树立新时代农业精神，鼓励学生志存高远、心系人民	①了解我国的农业现状，认识到我国农业坎坷的发展之路。 ②让学生树立新时代农业精神，鼓励学生志存高远、心系人民
	体验性	组织知识问答活动，提高活动的趣味性，提高学生参与的积极性	组织知识问答活动，提高活动的趣味性，提高学生参与的积极性

（续表）

课程	目标	各学段内容目标及目标	
		初中	高中
课程六 5G 碾米机	研究性	① 分析探讨我国农业现状形成的原因。 ② 探讨思考应该怎样去做，学生才能完成目标。 ③ 思考农业发展史上涌现的许多"明星"对我国农业的贡献，理解中华文明绵绵不绝传承的不易	① 分析探讨我国农业现状形成的原因。 ② 探讨思考应该怎样去做，学生才能完成目标。 ③ 教师引导学生选对偶像，树立正确的价值观，学会辩证地去看问题。 ④ 学生树立正确的价值观，尊重劳动者，不脱离群众
	认知性	① 认识到机械化、信息化对人们生活水平的提高所起到的关键作用。 ② 了解这种机械的工作流程、原理	① 认识到机械化、信息化对人们生活水平的提高所起到的关键作用。 ② 了解这种机械的工作流程、原理
	体验性	学会操作 5G 碾米机	学会操作 5G 碾米机
	研究性	① 认识到科技对于人们生活的改变，培养学生的科学探索精神。 ② 学生简单了解 5G 碾米机的机械结构	① 认识到科技对于人们生活的改变，培养学生的科学探索精神。 ② 学生简单了解 5G 碾米机的机械结构

6.1.6　课程安排

（1）上午

课程一：古法农耕历史渊源知识讲解（9：00—9：40）。

休息 10 分钟。

课程二：现代农业的发展历程、现状，农业发展展望（9：50—10：30）。

休息 10 分钟。

课程三：田间实践活动——花生种植（10：40—11：20）。

休息 10 分钟。

午餐，休息（11：30—13：50）。

（2）下午

课程四：农业上做出巨大贡献的人物介绍（14：00—14：40）。

休息 10 分钟。

课程五：新时代农业精神、悯农精神介绍学习（14：50—15：30）。

休息 10 分钟。

课程六：5G 碾米机（15：40—16：20）。

休息 10 分钟。

活动结束，整队返程（16：30）。

6.1.7　课程实施

（1）课程一：古法农耕历史渊源知识讲解

教师采用PPT讲解的方式介绍我国源远流长的农耕史,用图片展示我国祖先从采集到刀耕火种、从耒耜到曲猿犁的发展史,后续采用提问、观摩实物的方式让学生学习其中的一些知识点,认识农业发展的曲折艰辛。

(2)课程二:现代农业的发展历程、现状,农业发展展望

教师采用PPT讲解的方式介绍现代农业的组织构架、发展历程等基本常识,讲解农业绿色低碳发展、农业产业链升级等情况,分析农业强国的内涵、特征和基本要求,呼吁学生关注农业发展。同时展示常用的农用设施,采用分组观察、讨论、提问的方式让学生总结这些农用设施的作用。

(3)课程三:田间实践活动——花生种植

通过课堂学习,学生学会花生种植技术及简单劳动工具的使用,然后进入实践基地的田间进行花生种植。在实际操作过程中,学生通过直观的观察和教师的讲解,深入了解花生的生长周期;通过劳动实践感受劳动的艰辛,学会尊重劳动者和劳动成果。

(4)课程四:农业上做出巨大贡献的人物介绍

教师采用PPT讲解的方式介绍一些对农业发展有积极作用的人物,让学生了解他们背后的故事,知晓他们的伟大贡献,感受他们闪亮的人格魅力,从而为学生树立正确的价值观。

(5)课程五:新时代农业精神、悯农精神介绍学习

学生通过了解新时代农业精神和悯农精神,认识中国农业发展的现状,养成节约粮食的好习惯,同时培养爱农为农的新时代农业精神。

(6)课程六:5G碾米机

学生通过学习了解5G碾米机的相关知识,学会如何操作5G碾米机,感受现代科技在农业上的应用,培养科学精神。

6.1.8 课程评价

研学旅行课程综合实践评价表如表6-2所示。

表6-2 研学旅行课程综合实践评价表

形成性评价(80分)			
评价项目	关键评估点	分值	教师评分
纪律意识	能够做到守时,没有无故缺勤、迟到现象	20	
学习态度	态度认真,准备充分,积极参与课程活动	20	
团队意识	能够自觉服从教师的管理,听从指挥,维护大局	20	
文明礼仪	公共场所能注重个人礼仪规范,文明用语,保护环境	10	
品德修养	严于律己,乐于助人,能够始终保持良好的学生形象	10	
合计得分			

（续表）

总结性评价（20分）			
评价项目	关键评估点	分值	教师评分
学习效果	研学手册的完成率 研学手册的完成质量	10	
学习成果	是否参与小组活动分享 是否做好学习记录 是否积极发表自己的意见	10	
合计得分			

研学旅行课程实践活动记录表如表6-3所示。

表6-3 研学旅行课程实践活动记录表

活动主题				
学习知识点				
我的感悟与收获				
学生对课程的评价	优秀	良	合格	不合格
学生对教师的评价	优秀	良	合格	不合格

6.2 国防科工主题实践

6.2.1 课程背景

广东湛江，别称港城，是得天独厚的军事要塞和商运良港，也是海上丝绸之路（以下简称"海丝"）的发源地之一。闻一多先生在《七子之歌》中曾写道："东海和硇洲是我的一双管钥，我是神州后门的一把铁锁。"这句歌词表明了湛江地理位置的特殊性——兵家必争之地，海运商贸的咽喉。

湛江海防对湛江的"海丝"经济发展起着什么作用？湛江"海丝"经济的快速发展又对湛江海防建设有怎样的影响？为此，我们走进我国大陆最南端的"隐秘的角落"——湛江，以海军海防、"海丝"经济等为内容载体，开设了湛江海防、"海丝"经济、海洋文化等具有港城国防科工特色的研学旅行课程，让学生在感受中国海军军魂的同时，探究海防与经济建设相辅相成的关系；探究海军如何守护亚丁之商船，保障"海丝"商贸之路的畅通，探讨企业、个人该如何守护"海丝"根脉；提升学生的国情认知水平，使他们了解国家未来的发展战略和机遇。

6.2.2 课程基本信息

课程主题：瞻巡湛江海疆国防，守护港城"海丝"根脉。
课程对象：高中。
研学时长：3天。
课程类别：海洋文化和国防教育。

6.2.3 课程说明

（1）研学旅行课程招生说明
招生对象：高中生。
成团人数：40人。
研学时间：3天2夜。
报名截止时间：研学旅行课程开始前一个月。
（2）研学旅行课程导学说明
研学旅行课程知识导入：研学旅行指导师讲授湛江海防知识、"海丝"经济、海洋文化知识，进行研学知识导入。
研学旅行活动说明：研学旅行指导师讲授湛江国防科工研学旅行课程背景、研学旅行课程目标、研学旅行线路、活动内容和研学中的学习方式。
研学团队建设：按照安排，10人一组由1位研学旅行指导师负责。建立团队自我管理机制，明确团队内角色分工与各人的具体职责。
建立研学期间小组与小组之间的竞赛机制，把课前准备、团队风采展示、研学旅行活动过程纪律、研学成果展示、研学手册完成情况等融入研学竞赛中，各项分数累计，评选出优胜小组。
研学报告立项任务：小组选择或设计国防科工研学相关课题，并进行深入探究，完成一份研学报告。

6.2.4 课程实施说明

1. 师资团队配备

（1）研学领队
每个研学旅行团队委派1名研学领队，负责整个研学旅行团队的统筹管理，处理紧急事件。研学领队由研学旅行服务机构资深管理者担任，熟悉整个研学旅行课程内容和流程。
（2）研学旅行指导师
每10名学生分为一组，每组配备1名研学旅行指导师，人员比例1:10，研学旅行指导师由研学旅行服务机构专职导师担任,工作贯穿课程设计、踩点、团队建设、课程导学、课程实施、后期回顾和跟进整个过程。研学旅行指导师应熟练掌握各个环节及对应知识点,熟悉各种培训方法。

(3)学校教师

每个班级配备学校教师 2 名,负责该班研学旅行课程的纪律管控,并监督研学旅行课程的实施过程,保障研学旅行课程的质量。

2. 课程教学方法

(1)现场教学

在每一个现场教学点,研学旅行指导师讲解研学旅行课程内容,带领学生进行研学探究,公布研学任务,负责根据现场情况进行队形调整,并提醒组员注意纪律。

(2)自主探究

在不同的研学旅行资源点,需要运用不同的研学方法,如实地考究法、资料收集法、采访记录法等,这些都属于学生自主探究的内容。各组学生在接受任务后,自主分工。

3. 安全出行须知

(1)出行前准备

① 出行前学生应关注天气情况,带好所需衣物或雨伞、雨具。

② 如遇出行前身体不适,学生应提前向老师报告。

③ 学生如有晕车情况,应提前准备药品及相关食品。

④ 学生应提前熟记研学旅行指导师或带队老师电话号码。

⑤ 学生可携带少量现金,但是不可携带贵重物品。

(2)随队医生配备

研学旅行活动中需全程配备医生,随队医生及时处理研学旅行活动过程中师生突发的健康问题。

(3)行车安全问题

学生上车前排好队,依次上车,按序就座,系好安全带,车辆行驶途中不得随意在车内走动,更不得将身体任何部分伸出窗外。

(4)研学旅行过程中其他安全问题

① 出行前安全:各组小组长负责集合及清点人数。

② 迷路及解决方法:学生在研学旅行活动过程中不可脱离队伍,若在活动过程中与同学、老师走散,应立即给研学旅行指导师拨打电话告知情况,在原地等候,不再乱走。

③ 摔伤滑倒:学生若摔伤、滑倒,应及时告知自己的研学旅行指导师。

④ 饮食安全:研学旅行相关负责人应对每一餐的食物进行食品留样;学

生不得购买路边小吃、饮料，如遇到身体不适或疑似食品中毒，应当及时告知研学旅行指导师。

6.2.5 安全应急预案说明

安全应急预案说明包括以下内容：

① 研学旅行课程开始前，负责人员严格按照教育部门的要求，准备相应的安全资料并备案。

② 选用符合要求的大巴车队或车辆租赁公司进行合作，车辆信息、司机驾照等其他资料出发前3天进行核查，出发当天进行信息核对，确保人车一致。

③ 建立重大安全事故处理机制，明确重大事故负责人、紧急处理小组和处理流程规范。

6.2.6 主题课程总目标

（1）人文底蕴

学生通过学习海军国防知识，感受当代革命军人的精神，学习社会主义核心价值观；探究湛江"海丝"经济，了解国家经济发展建设，了解国情发展战略。

（2）科学精神

学生通过深入国家重企，了解宝钢湛江钢铁有限公司控制污染排放的方式，了解环保排放的科学技术；学生通过学习海水制盐的工序，结合化学知识探讨海水制盐的原理，理解和掌握基本的科学原理和方法。

（3）实践创新

学生在了解重企技术、制盐工序等知识后，体验制盐，在实践中发现和提出问题，能依据特定情境和具体条件，找到解决问题的方法。

（4）学会学习

在研学旅行活动过程中，学生通过访问调查、资料收集、小组探究等方法，探究国防建设与经济建设相辅相成的关系。

（5）健康生活

在研学旅行活动过程中，学生在了解湛江于发展经济建设的同时注重环保、承担保卫海洋生态的责任后，进而推及自身的日常生活，提高环保意识，实践环保生活。

6.2.7 课程内容

1. 研学前导学：湛江国防建设与区域经济发展

在研学旅行活动开始前学校组织专题讲座，邀请国防建设与经济发展研究专家到学校为学生讲述关于国防科工的知识。专题可以通过讲述国家总体国防建设和国家经济发展的历程，着重引出本次研学地点——湛江，让学生初识湛江的地域文化和区域经济，对湛江的海防建设和各产业经济发展现状有整体认知。湛江是发展"一带一路"海上合作战略支点城市，巩固了国防的规划与建设。专题通过讲述湛江推动经济发展和建设国防后备力量的一系列举措，解读国防建设与经济发展的关系。

2. 研学中赏学

（1）课程一：南海舰队——瞻仰海疆守护使者

在炮火中诞生、在战斗中成长、在发展中壮大，中国人民解放军海军成立 70 余年，人民海军从无到有，一路劈波斩浪，纵横海疆，勇闯大洋。课程一的地点为湛江南海舰队军史馆，在这里，中国海军 70 多年的历史长卷历历在目。学生聆听一个个关于激烈海战的故事，探知南海舰队保卫华南沿海，守卫西沙、南沙等我国拥有的岛屿，护亚丁之商船，播文明于万邦，维护我国海上权益的显赫战功。让学生了解国家海防建设的峥嵘岁月，感悟战士们英勇顽强、敢打敢拼的战斗精神。

（2）课程二：十里军港——见证南海国防力量

南海舰队扼守南海要冲，十里军港是南海舰队驻扎的港口，研学旅行指导师带领学生游览十里军港，零距离瞻仰南海舰队各式军舰威武的雄姿，学习不同舷号军舰的作用，探究军舰如何成为亚丁湾商船最坚强的后盾，守护着"海丝"商贸航道的安全。让学生探究国家经济实力如何成为国防建设的支援力量。

（3）课程三：国家重企——探知"海丝"经济战略

湛江作为"一带一路"海上合作战略支点城市之一，引进了宝钢湛江钢铁有限公司这个环保循环经济企业。研学旅行指导师带领学生进入宝钢企业内部，了解钢铁是怎样炼成的。探究宝钢湛江钢铁有限公司如何利用海洋资源发展"海丝"经济，如何与别国互学互鉴、优化技术，守护"海丝"精神。让学生用世界咖啡论坛的形式对宝钢"海丝"经济可持续发展进行探讨分析，探讨国家重企对国家经济发展的作用。

（4）课程四：红树林——探险海洋原始湿地

可持续发展对我国经济有着长远的、全方位的影响。应对气候变化的经济模式创新推动了可持续发展。"红树林经济"模式是以发展、保护环境，调整经济结构和产业结构，实现经济增长为重要契机而出现的。学生深入湛江，考察红树林从陆地向海洋过渡的特殊生态形式，结合宝钢湛江钢铁有限公司绿色循环经济发展模式，探究如何节能减排，发展循环经济，守护红树林自然生态系统，让"海丝"经济可持续地发展。通过"红树林经济"模式，提高能源利用率，建设生态文明，最终实现"海丝"经济发展与资源环境保护的双赢。

（5）课程五：我国南部——体验"极地"露营生活

我国南端极地的古灯塔损毁后，我国海军在古灯塔遗址重建白色铁架灯塔。1994年，在灯楼角的灯塔设立百年之际，湛江航标处建造了一座多功能的现代化灯塔，以满足现代航运发展的需要，海军和政府一直守护着这只海上的"眼睛"，以确保航海人的安全。学生结合地理、政治等相关知识，探知角尾这片弹丸之地的海疆风云，沿海露营，体验"极地"户外生活，迎着初升的太阳进行海边徒步拉练，模拟海军训练生活。

（6）课程六：古法制盐——穿越千年南方雪原

徐闻有着相当悠久的产盐历史，其发展经历了由原始手工生产、手工机械生产到机械化、现代化生产的过程，不断创新发展的千年海盐产业，一直延续着海洋文化，守护着海洋文化的根脉，促进"海丝"复兴发展。学生深入千年盐田，实践千百年来形成的独特的海盐制作技术，结合所学的化学和物理知识，学习古法制盐的原理。探究盐田开发和发展晒盐产业对助推社会经济发展的作用。

（7）课程七：菠萝的海——穿行"海丝"最美公路

菠萝飘香，红土留芳。"菠萝的海"是广东最美旅游公路，也正成为村民致富、经济发展之路。由于优良的生长环境，徐闻菠萝的绝佳品质使它得以远销海内外，这促进了湛江海陆经济平衡发展，推进了"海丝"农产品贸易，守护着"海丝"贸易多样化。学生聆听徐闻菠萝种植史，感受湛江的热带气候和海洋文化。结合地理知识探知菠萝的生长条件，采摘徐闻菠萝。

3.研学展学：国防科工研学成果汇报与展示

（1）课堂中的展学

① 在研学旅行活动过程中，每个小组录制一段国防科工主题的Vlog视频。

② 在红树林研学旅行活动中，学生展示自己赶海找到的生物种类。

③ 在盐田体验制盐过程中，学生展示自己小组的收盐成果。

④ 小组研学成果画报展示：以小组为单位用画报的形式展示研学内容、小组的收获等。

（2）研学后的课题展学

学生以班为单位，结合校园开放日活动，在教师的指导下进行课题展学。通过PPT、画报、演讲汇报、摄影展、研究性报告等形式，学生从国防建设、"海丝"经济、海洋文化等多个角度分析研学收获，进而对国防建设和经济发展的关系有更深入的研究和认知。

6.2.8 课程安排

研学旅行课程安排表如表6-4所示。

表6-4 研学旅行课程安排表

研学时间		研学地点	课程	研学内容
第1天	上午	大巴	车上课堂	预习湛江海洋文化、国防教育内容，说明安全事项
		南海舰队军史馆	开营仪式	加强团队凝聚力，讲解研学目标、研学积分规则、纪律要求和注意事项
	下午	南海舰队军史馆	南海舰队——瞻仰海疆守护使者	教学课堂： ① 追溯南海舰队的前世今生，了解70多年来南海舰队从小到大、从弱到强，从近海到远海，一步步走向强大的光辉历程。 ② 聆听南海舰队光荣战史，探知南海舰队如何守护亚丁之商船和海疆，理解海防对国家发展的重要性，培养海洋意识和国防观念。 ③ 武器装备知多少？一起了解不同军舰模型以及武器配置
		十里军港	十里军港——见证南海国防力量	教学课堂： ① 学习各种军舰知识，了解军舰的舷号和作战性能，近距离感受国防力量，学习海洋和国防知识。 ② 结合湛江地理位置，理解湛江南海舰队十里军港的战略意义 翻转课堂： ① 学生以小组为单位，探讨强大的海军在南海巡逻时对商贸护航与"海丝"经济的影响，经济发展对国家加强国防建设的重要作用。 ② 学生以小组为单位，分享国防建设与经济发展关系的探究结果，研学旅行指导师进行指导评述
第2天	上午	宝钢湛江钢铁有限公司	国家重企——探知"海丝"经济战略	教学课堂： ① 宝钢工作人员对宝钢湛江钢铁有限公司进行介绍，学生了解宝钢的发展历程和未来规划。 ② 宝钢湛江钢铁有限公司是现代化工业制造企业，学生参观钢铁冶炼现场，感受"中国制造"。 ③ 学生认识宝钢湛江钢铁有限公司先进的环保排污技术，体会绿色循环经济发展的重要性。 ④ 学生探知宝钢湛江钢铁有限公司如何抓住机遇，利用海洋资源发展"海丝"经济，在"一带一路"贸易发展中成为湛江支柱产业，守护"海丝"精神，传承"海丝"文脉。 翻转课堂： ① 学生用世界咖啡论坛的形式，以宝钢湛江钢铁有限公司可持续发展为主题，发表各自的见解，小组代表分享收获。 ② 研学旅行指导师对学生发表的看法进行评述，引导学生更深入地探讨国家重企的可持续发展方向

（续表）

研学时间	研学地点	课程	研学内容
	广东湛江红树林国家自然保护区	红树林——探险海洋原始湿地	**教学课堂：** ① 教师开展红树林科普，让学生了解红树林的由来、树种及其对自然生态的作用。 ② 学生学习"红树林经济"的概念，理解发展"红树林经济"的重要性。 **体验课堂：** ① 学生实地探究红树林，观察潮水水位对红树林的影响。 ② 学生进行"泥人"探险，走一段又湿又滑、刺激冒险的泥泞路，亲身体验红树林的生长环境。 ③ 学生在滩涂中寻找海洋生物，与各种各样的海洋生物近距离接触，感受自然保护区的安宁和乐趣。 **翻转课堂：** ① 学生以小组形式分别从国家、企业、个人角度探讨如何节能减排，发展循环经济，守护红树林自然生态系统，让"海丝"经济持续性发展。 ② 学生以小组形式分享探讨结果，研学旅行指导师进行引导、评述，深化学生对"红树林经济"的理解
下午			
晚上	南极村	我国南部——体验"极地"露营生活	**教学课堂：** ① 研学旅行指导师讲解南极村的人文历史、军事、经济等知识，学生理解南极村地理位置的重要意义。 ② 结合地理和政治知识，学生探知灯楼角的灯塔对海贸商船的守护作用，以及海军和政府对灯塔的保护措施。 ③ 研学旅行指导师讲解潮汐计算方法及如何正确选择露营地点。 **实践课堂：** ① 学生以小组形式合作进行潮汐计算，选择合适的露营点。 ② 学生合作搭建帐篷，学习户外生存技能
第3天 上午	湛江盐田	古法制盐——穿越千年南方雪原	**教学课堂：** ① 研学旅行指导师讲解湛江千年盐田的发展历史和制盐方法的不断改进创新，学生对盐田产业进行整体认知，探知海盐产业如何促进"海丝"复兴发展。 ② 学生学习古法制盐的步骤、工序、注意事项，结合所学的化学和物理知识，探究古法制盐的原理。 **实践课堂：** ① 学生在制盐专家的指导下进行实践，学习观察判断盐田变化的程度。 ② 学生下盐田体验制盐工序，学习制盐的方法技巧
下午	菠萝的海	菠萝的海——穿行"海丝"最美公路	**教学课堂：** ① 学生聆听徐闻菠萝种植史，感受湛江的热带气候和海洋文化。 ② 结合地理和生物知识了解湛江种植菠萝的优势条件。 ③ 探究湛江的菠萝种植对区域经济发展的影响。 **实践课堂：** ① 学习辨认菠萝的优劣和采摘菠萝的技巧，学生以小组为单位完成采摘任务。 ② 制作菠萝副食品，品尝酸甜的菠萝
晚上	大巴	回程	返回学校，结束研学之旅

6.2.9 课程实施

1. 行前导学

（1）导学课堂

教师开展湛江国防建设与区域经济发展导学，引导学生认识国家整体国防、经济建设及湛江地区军民共建成果，探究国防与经济建设相辅相成的关系，为实地探索国家海防、"海丝"经济、海洋文化作准备。

（2）团队建设

组建研学团队：每位研学旅行指导师组建并带领10人为一组的研学小组，选举小组长，明确团队核心职责；确立团队目标，制定团队管理制度，对团队成员进行分工；制定队名、口号、队徽、队歌。

（3）研究性报告立项

进行研学旅行课程探究规划表的制作，内容包括课程名称、小组成员、研究课题目的、研学前搜集资料内容列表、研学中搜集资料内容列表，以及小组资料（文献资料、图片资料、采访资料等）搜集分工。

2. 行中研学

研学旅行指导师按制定路线带领本组成员进行研学旅行课程学习，包括讲解、收集研学材料，答疑解惑等，并用相机记录学生在研学旅行活动中的精彩瞬间。研学旅行活动过程中的研学形式主要有以下几种。

（1）体验式学习

体验式学习能将被动学习转为主动探究，让学生进行自主探索和学习。

（2）团队合作学习

团队合作学习能推动学生自主学习、小组合作分工、团队自我管理，引导学生在活动后进行反思、分析、归纳和总结，并把收获和感悟延续到日后的学习和生活中去。

（3）翻转课堂

在研学旅行活动过程中，研学旅行指导师可以先让学生带着好奇心进行思考、观察，挖掘和发现研究对象的信息，然后结合研学旅行课程的具体内容进行团队合作学习，学习相关知识。

3. 展学内容

（1）总结分享

每天的研学旅行活动结束后，学生在晚上进行每日研学旅行体会分享。整个研学旅行活动结束后，各组研学旅行指导师集合本组学生，以海报、视频等方式进行研学总结，研学旅行指导师邀请每位学生分享本次研学旅行活动的收获和感受,提出在研学旅行活动中产生的疑惑,研学旅行指导师予以解答。

(2)成果展示和汇报

结合学校校园开放日进行研学成果展示和汇报,由各班级学生代表从国防建设、"海丝"发展、海洋文化等不同角度分享其对于国家国防与经济关系的新认识。

6.2.10 课程评价

研学旅行课程评价表、研学旅行课程设计评价表、研学旅行指导师评价表分别如表6-5、表6-6、表6-7所示。

表6-5 研学旅行课程评价表

评价内容	评价要点	分值	自我评价	小组评价	教师评价	导师评价
文明纪律	遵守纪律,安全意识、时间意识强,举止文明	10				
团队合作	有团队精神,有责任担当,乐于助人。听从指挥,维护学校形象	10				
学习态度	态度认真,准备充分,积极参与课程活动,有成果收获	10				
研学手册完成	研学手册完成情况(完成率高) 研学手册的完成质量(认真书写、正确率高)	20				
研学项目成果	研学项目完成情况,学习资料的收集情况,研学手册中拓展延伸内容完成情况,能在研学旅行活动中发现新问题,完成研学任务卡	20				
研学内容与形式	参与小组研究项目,形成研究报告,参与小组活动分享,形成研学小报及学习记录	10				
研学效果与表达	分享及报告新颖有创意,小组讨论及分享时语言表达清晰,有自己的见解	20				
总分		100				
个人感悟						
小组留言						
教师评语						
导师寄语						

表6-6 研学旅行课程设计评价表

评价项目	评价指标	分值	教师评价
课程主题	主题符合课程标准	10	
	学生感兴趣程度高	10	

（续表）

评价项目	评价指标	分值	教师评价
课程目标	达成核心素养目标	10	
	目标明确、可行	10	
研学手册	内容吸引人、排版工整	10	
	题目设计数量达标、难易程度合理	10	
课程安排	时间充裕	10	
	研学线路合理	10	
课程实施	组织有序、操作方便、受众广泛	10	
	安全管理完善	10	
总分		100	
教师评语			

表6-7 研学旅行指导师评价表

评价项目	评价指标	分值	教师评价
研学旅行指导师	活动组织	10	
	主持控场	10	
	教学态度	15	
	教学技能	15	
	研学知识	15	
	总结分享	15	
	安全意识	10	
	应急处理能力	10	
总分		100	
教师评语			

6.3 自然生态主题实践

6.3.1 课程背景

自然界是一个生态循环系统，那自然界是如何循环起来的呢？

本课程围绕"地球清洁员"菌类项目开展"小蘑菇大世界"主题研学旅行课程。该研学旅行课程内容主要包括：食用菌科普长廊、蘑菇趣味课堂、森林寻找蘑菇踪迹、品尝特色蘑菇午餐、探秘蘑菇种植大棚等，重点围绕野生菌是怎样生长的、美味的食用菌是怎样种植出来的等探究性问题开展活动。

该课程让学生通过研学旅行活动，增长关于蘑菇的知识，提升核心素养和能力，培养他们对自然的保护意识和热爱之情。

6.3.2 课程基本信息

适用对象：小学四年级至六年级。
研学时长：1天。
研学地点：蘑菇生态园。
课程类型：自然科普类。

6.3.3 主题课程总目标

1. 知识目标

（1）生物知识

了解真菌的大致分类；运用所学的知识，辨别生活中常见的蘑菇种类；了解食用菌的生产与科研现状，学习食用菌种植知识。

（2）环保知识

了解蘑菇是怎么促进有机物分解的，以及它在促进大自然生态系统平衡中的重要作用。

2. 能力目标

（1）分析能力

正确分析蘑菇的种类及对应的正确种植方式。理解菌类与大自然生态系统平衡之间的关系。

（2）问题解决

学生分组进行活动，围绕如何种植蘑菇、蘑菇如何生长等问题进行互相交流、沟通，并进一步进行探究，得出相应的结论。

（3）合作探究

教师通过组织学生以小组形式参与活动、分享研学旅行活动感受等，引导学生感受合作的力量，培养学生的合作能力和科学探究意识。

3. 核心素养目标

（1）调动兴趣

调动学生的学习兴趣，让学生学习真菌和蘑菇的种类及作用、特点，思考它们对人类生活的影响。

（2）价值体认

通过认识蘑菇的特点，让学生感知蘑菇的重要价值；了解蘑菇的科学培育方式，感受科研人员认真研究的精神；让学生体验种植蘑菇的过程，体会劳动的光荣与价值。

6.3.4 课程内容

（1）课程一：食用菌科普长廊

通过教师讲解、学生观看展览和视频的方式，学生了解真菌家族的基本知识及其与植物的区别，了解食用菌、药用菌、毒蘑菇等常见真菌的区别，了解常见食用菌的种类、特点。

（2）课程二：蘑菇趣味课堂

教师利用PPT结合图像、视频，开展关于蘑菇主题的趣味科普讲座。学生观看有关菌类科研工作的视频，了解菌类科研工作中的困难与艰辛。体验种蘑菇的乐趣，学生在种蘑菇期间做好生长记录。

（3）课程三：森林寻找蘑菇踪迹

该课程主要是让学生探究野生菌是怎样生长的。学生户外寻找野生菌，观察记录野生菌类生长环境，并采集少量野生菌标本，观察、记录它们的特征。学生通过分组合作、讨论，锻炼观察能力、语言表达能力和沟通能力。

（4）课程四：品尝特色蘑菇午餐

学生品尝各种特色蘑菇，在吃的过程中了解蘑菇的营养元素、结构特点及食用方法。

（5）课程五：探秘蘑菇种植大棚

该课程主要是让学生进行劳动体验，探究美味的食用菌是怎样种植出来的。学生在种植大棚中体验采摘及"接生"蘑菇宝宝的乐趣。学生需要通过小组探究的方式讨论确定正确的蘑菇种植方式，并完成相关信息的记录。

6.3.5 课程安排

研学旅行课程安排表如表6-8所示。

表6-8 研学旅行课程安排表

活动时间	环节	研学内容	研学旅行指导师	助教
活动前	导学	① 研学旅行指导师向学生讲述本次研学旅行活动的基本安排，将学生进行分组。 ② 研学旅行指导师给学生布置相应的行前任务，组织学生观看《菌类的奇妙微观世界》视频	研学前课程培训	信息收集，任务准备

（续表）

活动时间	环节	研学内容	研学旅行指导师	助教
8:30—9:30	集合出发	前往研学旅行活动基地	确认活动各个环节、准备进度及学生出行安全	确认活动物料的准备及基地安全
9:30—11:30	研学——探索蘑菇王国	通过食用菌科普长廊、蘑菇趣味课堂科普、森林寻找蘑菇踪迹三个研学旅行课程，了解真菌、食用菌、药用菌、毒蘑菇等的概念，了解常见食用菌的种类，体会菌类科研工作者的不易，探究野生菌是怎样生长的，观察记录野生菌的生长环境，然后进行菌类知识串烧等游戏	进行自我介绍，宣读安全守则和注意事项；带学生入园，根据不同场地及活动课程进行讲解，引导学生自主探究问题	随行管理纪律及发放学习资料
11:30—13:30	加油站	品尝特色蘑菇午餐	向学生强调安全与纪律	安排就餐座位，管理就餐纪律
13:30—16:00	研学——动手制作，成果展示与分享	学生探究美味的食用菌是怎样种植出来的；学生分组制作菌类基质成分，在种植大棚内学习菌包配比、食用菌生长流程和时间等知识，并采摘蘑菇	蘑菇种植方法讲解，蘑菇采摘方法讲解，解答学生提出的问题，了解学生对课程的学习程度	管理纪律，派发活动物料，引导学生分享成果
16:00	返程	回校	活动总结，确认学生安全，强调小组任务	管理纪律，提醒安全
返校一周后	展学	以小组为单位展示研学报告，并完成自评和互评；学生对研学旅行活动进行总结分享	组织研学成果展示，开展研学活动课程评价	

6.3.6　课程实施

收集资料：学生分小组根据活动方案分工合作，在蘑菇生态园内收集资料，如记录数据、拍摄照片等。

整理资料：完成资料收集工作后，小组成员对统计的数据、记录的摘要和拍摄的照片等材料进行整理。

材料缺失及补充：学生整理材料和反思研究过程，以小组为单位检查现有资料是否完善，若不完善，讨论并分析应从哪些方面进行补充。

讨论分析：根据整理完善后的材料，小组成员进行讨论、分析。基于讨论的结果，小组撰写研学报告。

6.3.7　课程评价

研学旅行课程评价表如表6-9所示。

表6-9 研学旅行课程评价表

评价类别	评价等级	自我评定	教师评定
考勤情况	从未迟到 一次集合迟到 两次集合迟到 经常集合迟到		
纪律情况	遵守纪律 偶尔不听指挥 经常不听指挥 影响整个团队进程		
听讲情况	能积极主动听讲 需要提醒后完成 听讲不积极 基本不参与		
发言讨论	能主动积极发言 偶尔主动发言 被动发言 不配合发言		
团队合作	互帮互助 与同学沟通不多 不愿沟通 以自我为中心		
研学记录	主动认真记录 需要提醒后记录 书写潦草 不认真记录		
作业完成	内容丰富 感悟不深 内容简单 内容不完整		
自我评价等级	优秀 良好 合格 不合格		
教师评价等级	优秀 良好 合格 不合格		

6.4 优秀传统文化主题实践

6.4.1 课程简介

中华民族传统文化中有悠久的汉服文化历史，当代青少年应了解汉服、懂得汉服，培养身为华夏民族的自豪感，感受汉服魅力，令汉服文化在其手中重新活起来。

"带你走进汉服文化变迁的美丽画卷"汉服主题研学从古朴的先秦、楚汉服饰，到飘逸的魏晋服饰，再到多彩的唐制服饰，清雅的宋制服饰，秀美的明制服饰……汉服的变迁史就是一幅华夏文明变迁的美丽画卷，本次研学旅行课程将带领学生走进汉服文化变迁的美丽画卷，体验制作汉服折纸，这不仅能够提高学生的动手能力、创作能力、空间思维能力，还能让他们快速学到有趣的课外知识，轻松愉快地了解汉服折纸的制作方法。制作出来的成品可以赠送亲友，为他们送上最暖的祝福，还能宣传中华优秀传统文化，助力传承发展。

6.4.2 课程基本信息

课程主题：带你走进汉服文化变迁的美丽画卷
适用对象：初中生。
研学地点：非遗传承与课程实践科普基地。
研学时长：3课时，40分钟/课时。
课程类别：体验探究类课程。

6.4.3 主题课程总目标

1. 知识目标

① 了解各个朝代不同形制汉服的特点及历史演变过程。
② 掌握汉服折纸的不同折法、技巧、色彩搭配等。
③ 学生观察汉服的服饰特点，发挥创造力，制作一个自己喜欢的款式的汉服折纸。

2. 能力目标

① 学生通过观看汉服科普视频，学会区分不同朝代的汉服，感受中华文

明的精髓。

② 锻炼学生的动手能力，学生在创作、设计折纸图案时，提升实践创新能力。

③ 学生学会利用互联网查阅资料及整理信息，锻炼搜集信息及整理信息的能力。

3. 价值观目标

① 学生通过在研学旅行课程中的学习，培养探索精神。
② 学生在制作汉服折纸作品时，提升自己的艺术审美能力。
③ 激发学生对古代劳动人民智慧的赞美之情，增强学生的民族自豪感。

6.4.4 课程内容

研学旅行课程内容介绍表如表 6-10 所示。

表6-10 研学旅行课程内容介绍表

课程一	汉服的艺术之旅
学习地点	非遗传承与课程实践科普基地
学习内容	（1）传统文化课程学习的意义 ① 传统文化课程学习的必要性。 ② 传统文化课程学习对自身的提升作用。 （2）汉服相关的知识与介绍 各个朝代不同形制汉服的特点、现存的汉服种类与传承情况等。 （3）制作汉服折纸的工具及注意事项 ① 注意针线、剪刀使用的安全。 ② 注意折纸的时间长短。 ③ 折纸时注意尺寸、粘贴等
教学探究	学生提问及小组讨论交流；然后教师以PPT讲解与视频观看的形式进行科普，让学生在沉浸式的教学体验中，全方位了解汉服的基础信息和知识点
课程二	我是小小手艺人
学习地点	非遗传承与课程实践科普基地
学习内容	学生了解汉服的形制，通过不同的汉服形制分析汉服的特点，并转化成折纸；学生在创作、设计汉服折纸图案时，提升实践创新能力和动手能力
教学探究	通过观看视频、观察实物、动手实践，学生在学习中探寻中华传统文化的魅力，了解基本的美育知识，从动手实践中了解汉服折纸的美，进而培养独立审美的思维方式

6.4.5 课程安排

研学旅行课程安排表如表 6-11 所示。

表6-11　研学旅行课程安排表

环节	内容
探秘汉服	了解汉服知识，观看汉服相关视频，从汉服实物中熟悉汉服服饰结构、服饰文化及地位影响等方面的知识，有条件的学生可身穿不同时期的汉服进行展示，以更深入地了解不同朝代、不同形制汉服的知识
实践体验	在带队老师的带领下，互动交流，分享各组所学习到的汉服知识。学习汉服折纸的制作步骤，发挥个人想象，亲自设计个人的汉服折纸作品
成果展示与分享，拍摄大合照	展示部分学生的汉服折纸作品，让学生分享学习心得，拍摄个人成品照和集体照。研学旅行课程结束后学校可以组织汉服折纸作品展，将学生制作的作品进行展览，并附上学生的研学旅行课程心得体会，从中评比出优秀研学旅行学员6名，颁发证书

6.4.6　课程实施

研学旅行课程实施表如表6-12所示。

表6-12　研学旅行课程实施表

教学结构	时间段	地点	活动安排
导学	课程实施前一周	教室	观看汉服科普视频，了解各个朝代不同形制汉服的特点，让学生思考汉服折纸制作的方法，学生以小组为单位查找相关资料，完成以下准备工作： ① 学生从自身成长经历出发，选择适合自己的课程主题，学生通过广泛查阅相关资料，请教教师或家长，初步设想研究课题及重点。 ② 根据课程目标要求，明确小组成员各自的职责，合理分工。每位小组成员主动参与并亲身经历实践过程，践行传承中华优秀传统文化
研学	8:00—9:00	大巴	前往非遗传承与课程实践科普基地
研学	9:00—10:00	非遗传承与课程实践科普基地	① 入座：在助教的引导下，学生依次进入教室入座。 ② 课前休息5分钟：安排学生上洗手间与饮水。 ③ 纪律：教师进行课堂纪律的说明。 ④ 教师自我介绍：教师进行自我介绍并欢迎学生的到来。 ⑤ 助教、摄影师等人员工作安排：助教随时关注学生上课情况，并及时配合教师需要，摄影师拍摄上课全过程。 ⑥ 理论内容：学生认识了解各个朝代不同形制的汉服，通过汉服形制，分析汉服特点，观看汉服折纸的制作过程，了解所需工具与使用方法
研学	10:00—11:00	非遗传承与课程实践科普基地	① 学生用35分钟体验汉服折纸的制作过程，并与同学交流心得。 ② 学生用10分钟装裱汉服折纸或做成书签，完成最终作品。 ③ 学生用5分钟听从教师与助教安排，将上课用具回收到指定地点。 ④ 10分钟用于展示部分学生作品，拍摄个人成品照、集体照

（续表）

教学结构	时间段	地点	活动安排
展学	研学旅行课程实施后一个月内	学校	① 学校组织汉服折纸作品展，将学生的作品进行展览，并附上研学旅行课程心得体会，从中评选出优秀作品6件，给学生颁发证书。 ② 学校组织汉服走秀，在古琴的伴奏下，学生可以穿着不同色彩、不同形制的汉服走秀。男生从容的步态尽显谦谦君子的风范，女生飘逸的衣袂展现了窈窕淑女的风采，让学生深刻地感受中华优秀传统文化的魅力
评学	研学旅行课程实施后一个月内	学校	① 教师应组织学生完成对课程、教师的评价，以不断提高课程质量。 ② 教师应组织学生完成自身和同学之间的评价表，实行多维度评价，避免将评价简化为单一的分数或等级。教师应根据学生在课堂中的各种表现和学生提交的研学成果进行综合评价。 ③ 这些评价表的内容，将作为分析考察课程实施状况与学生发展情况的重要依据，真正做到质性评价

6.4.7 课程评价

课程结束后，需请相关人员填写以下评价表：
① 教师须填写针对学生和课程的评价表。
② 学生须填写针对课程和教师的评价表，以及对自身上课表现的评价表。
③ 学生之间须完成学生评价表中的"同学互评"一栏。
课程评价示例如表6-13、表6-14、表6-15所示：

表6-13　教师对研学旅行课程的评价表

研学旅行课程名称：　　　　　　　　　　　　研学时间：

评价内容	评价指标	评价意见
课程内容	课程内容清晰有条理	□很满意 □满意 □基本满意 □不满意 □很不满意
	课程内容易于理解	□很满意 □满意 □基本满意 □不满意 □很不满意
	课程学习资料内容充分	□很满意 □满意 □基本满意 □不满意 □很不满意
学习效果	课程体验效果	□很满意 □满意 □基本满意 □不满意 □很不满意
	对课程相关困惑做了充分解答	□很满意 □满意 □基本满意 □不满意 □很不满意
	理论与实践相结合	□很满意 □满意 □基本满意 □不满意 □很不满意
不满意的原因与建议		
期待学习的课程内容		
期待的研学旅行形式		

表6-14　学生对研学旅行课程的评价表

研学旅行课程名称：　　　　　　　　　　　　　　研学时间：

评价内容	评价指标	评价意见
研学旅行指导师讲解	教师备课充分	□很满意 □满意 □基本满意 □不满意 □很不满意
	案例的使用和解说恰当	□很满意 □满意 □基本满意 □不满意 □很不满意
	课程讲解清晰	□很满意 □满意 □基本满意 □不满意 □很不满意
研学旅行指导师形象与表达	教师穿着是否干净、得体	□很满意 □满意 □基本满意 □不满意 □很不满意
	教师的精神面貌是否合格	□很满意 □满意 □基本满意 □不满意 □很不满意
	教师语言表达是否流畅、清晰	□很满意 □满意 □基本满意 □不满意 □很不满意
不满意的原因与建议		
期待的教学形式		
自我评价	评分	
同学互评	评分	

表6-15　教师对学生的评价表

研学旅行课程名称：　　　　　　　　研学时间：　　　　　　　　学生姓名：

评价内容	评价指标	评价意见
上课的积极性	回答问题积极性	□很满意 □满意 □基本满意 □不满意 □很不满意
	思考积极性	□很满意 □满意 □基本满意 □不满意 □很不满意
	手工制作积极性	□很满意 □满意 □基本满意 □不满意 □很不满意
对课程内容的吸收	对知识点的了解程度	□很满意 □满意 □基本满意 □不满意 □很不满意
	自主归纳能力、知识点延伸能力	□很满意 □满意 □基本满意 □不满意 □很不满意
	知识点的分享方式与流畅度	□很满意 □满意 □基本满意 □不满意 □很不满意
课堂纪律与配合	课堂纪律	□很满意 □满意 □基本满意 □不满意 □很不满意
	学生是否听从教师的安排	□很满意 □满意 □基本满意 □不满意 □很不满意
	与同学之间的交流合作	□很满意 □满意 □基本满意 □不满意 □很不满意

本章小结

　　研学旅行课程实践作为课程体系的实践部分，在落实过程中对活动执行者的动手能力和执行水平提出了较高的要求。本章针对常见的研学旅行课程类型，以国情教育、国防科工、自然生态和优秀传统文化 4 个主题类型为例，从不同主题类型课程的特点和学习目标出发，通过具体课程案例对该主题研学旅行课程的策划流程和操作内容进行了介绍。

　　国情教育主题研学旅行课程可采用丰富的教学形式，除教师讲授、学生实地参观及动手实践外，还可以组织学生调查研究，或教师进行专题讲座，用卫国志士、建国功臣的事迹激发学生的爱国之情，运用多样的教学环境和形式，让学生体悟深刻。教师要注重历史与现实的紧密结合，用历史昭示现实，用现实印证历史，力求能够全面展示国情现状，真正把校内校外的教育有机结合起来，从而达到向学生进行国情教育的目的。

　　国防科工主题研学旅行课程设计要突出学生的主体地位，倡导学生自主合作、探究，根据学生的年龄特点和认知规律，教师由浅入深、由易到难地采用体验参与、考察探究、制作设计等方式开展研学旅行活动，具体可以包括国防科工领域专家讲座、抗日英雄故事介绍、少年英雄事迹话剧表演、军旅题材影片观看等，激励学生树立报效国家的志向；也可以开展小警察、小消防员、小工程师、小科学家等职业体验活动，培养学生的社会责任感和勇敢创新的品格，做到思想性、知识性和趣味性的有机结合。

　　自然生态主题研学旅行课程可以因地制宜地围绕自然环境保护、水资源保护、野生动植物的现状、保护城市生态建设等内容进行设计。教学活动应注重引导性，遵循学生主体性原则，给学生足够的独立思考空间，尊重每一个学生的兴趣爱好。研学旅行活动方式可以多种多样，如户外野营、爬山接力赛、自然笔记、垃圾分类等，真正让学生亲近自然，探索大自然的奥秘，培养学生的观察能力，激发学生热爱自然的情感，与大自然和谐相处。

　　优秀传统文化主题研学旅行课程可以涉及中华文化资源普查、国家古籍保护、中华经典诗词朗诵、中国传统村落保护、非物质文化遗产传承、中华老字号保护发展等项目，引导学生传承中华文化核心思想理念、中华传统美德和人文精神，增强文化自信、民族自信心和价值观自信，培养中华优秀传统文化的继承者和弘扬者，推动传统文化的传承和创新。

研学旅行课程设计

情境描述：南京市某学校预计于春季学期中段（4～5月）针对高中一年级学生开展研学旅行活动，目前正在广泛征集课程方案。校方就课程方案问题讨论时，提出了以下几点要求：

（1）考虑研学旅行活动的质量，每批次参与学生定为2个班级共80人，研学时长2天（在外住宿）。

（2）研学旅行课程主题要求为自然类，尽可能结合学生教材内容，目前本校使用的为人教版教材。

（3）本校希望利用适当的研学资源，引导学生关注气候变化。

（4）考虑到后续研学旅行课程实施，本校希望课程内容可以与人文类内容有所衔接。

（5）本校希望结合已有教具且在活动课程中有所体现。

（6）本校希望研学成果中有可以被带回展示的内容。

（7）本校可以接受合理调整研学地点或增加教具的建议。

任务要求：

作为课程设计部门成员之一，现要求您任选某两个班级（80人）学生，结合校方要求和实际教学情景，设计完成此次研学旅行课程方案。

第 7 章

研学旅行课程设计案例

学习导读

○ **本章概况**

本章主要展示首届全国大学生乡村振兴创意大赛研学旅行赛参赛作品,为研学旅行课程设计提供案例。

○ **学习目标**

通过学习研学旅行课程设计案例,学生开展研学旅行课程设计实践,能运用所学知识设计完整的研学旅行课程方案。

○ **素养目标**

(1)培养学生的创新思维与设计能力;
(2)培养学生严谨认真、精益求精的工作态度;
(3)培养学生的实践操作能力,激发学生勇于创新的精神。

> **引例** 首届全国大学生乡村振兴创意大赛研学旅行赛
>
> 2021年，为激发大学生的创新活力，为乡村振兴培养后备人才，助推地方乡村振兴事业发展，大学生乡村振兴创意大赛组委会举办了首届全国大学生乡村振兴创意大赛研学旅行赛。赛事以杭州市余杭区黄湖镇为研学旅行建设实践区，充分挖掘乡村文化旅游资源，培育壮大乡村研学产业，助力乡村振兴，助推地区乡村中小学生优秀研学实践活动项目落地，为黄湖镇打造精品研学旅行课程、研学旅行线路和研学旅行空间。赛事吸引了众多国内高校、团队参赛。

> **思考**
>
> 研学旅行成为新时代乡村振兴和乡村旅游发展的新动能，顺应新时代发展的研学旅行赛事也日渐增多。研学旅行赛事在促进乡村振兴和乡村旅游发展等方面起到了积极的促进作用。

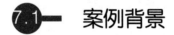

7.1 案例背景

7.1.1 案例地基本情况

黄湖镇于明代建镇，相传有湖塘横于溪上，故名为黄湖镇。黄湖镇地处杭州市余杭区西北部，东邻余杭区径山镇、瓶窑镇，西邻鸬鸟镇、百丈镇，北与湖州市德清县交界，历来为余杭西部乡镇通衢及商贸集散中心。黄湖镇位于大径山乡村国家森林公园（大径山生态区）核心区域，生态资源丰富，三面环山、大溪穿流、林相丰富，森林覆盖率达71.2%。黄湖镇内有10万立方米以上水库4座、古道2条，其中龙坞水库为杭州市Ⅰ类水源地、小水源保护示范点，王位山古道为杭州西北最长环形森林古道。2005年黄湖镇被列为杭州市首个省级可持续发展实验区。2010年黄湖镇成为国家级生态镇，2019年黄湖镇成为国家级卫生镇、省级森林城镇。

黄湖镇地理位置优越，交通便利，有杭长高速和S201省道穿镇而过，距离良渚古城遗址约25千米，距离杭州未来科技城约30千米，全镇区域面积58.6平方千米。黄湖镇下辖清波、青山、赐璧、虎山、王位山5个建制村以及吴四坊1个社区，常住人口1.35万，外来人口0.75万。

7.1.2 案例地研学旅行资源点

1. 青山自然学校

青山自然学校位于青山村，于 2019 年 6 月 22 日举行了第一次开学典礼，是一所专注于自然教育的学校，面向长三角地区学校、企业和普通市民开放。与一般的学校不同，青山自然学校的建立，源于保护自然生态、传承手工艺的理念。学校本身就是绿色的天然产物，它有两栋建筑，全部由当地黄泥等作为建筑材料，用夯土、建筑垃圾压碎成为小颗粒后作为建筑内墙，墙的内外都保留了夯土本来的土黄色，配上屋顶中式传统的小青瓦，显得古朴而富有诗意。

2. 龙坞水库

龙坞水库建成于 1981 年，库容约 34 万立方米，常年为青山村和赐璧村 3000 名以上村民提供饮用水。水库上游汇水区内的上千亩毛竹林是青山村村民的主要经济来源，原来为追求产量，村民在竹林中大量使用化肥和除草剂，造成水库水源污染，影响饮用水安全。2014 年起，余杭区坚持"政府主导、社会参与"的原则，与大自然保护协会（TNC）、万向信托、阿里巴巴公益基金会等企业和机构开展合作，通过社会多元共治，共同保护了龙坞水源地。2016 年后，水库水质逐步提升，总磷和溶解氧指标全部达到Ⅰ类标准，为青山村发展生态友好型产业打下了坚实的基础。

3. 清波村

清波村位于余杭区黄湖镇集镇中心。作为黄湖镇核心区块，清波村是黄湖镇打造美丽城镇和美丽乡村的重要一环。近年来，随着"千亩良田""民宿驿站""乡村观光"的逐步完善，一套乡村经济体系生态链也已经在逐渐成型，黄湖镇清波村的招牌和名号渐渐打响，慕名而来的游客更是络绎不绝。清波村还有文化礼堂供村民举行活动使用。

4. 高山红猕猴桃采摘园

高山红猕猴桃采摘园位于清波村，主要种植猕猴桃、水蜜桃、樱桃、杨梅、枇杷以及橘子等水果，园区内配有大型停车场、餐厅，还有形式丰富的采摘项目。从每年 4、5 月份开始成熟的樱桃，到 6、7 月份的杨梅、枇杷、水蜜桃等，水果种类丰富，极大地满足了人们的生活需求。

5. 清波村生态养猪场

清波村生态养猪场是杭州清波华腾牧业有限公司的生猪养殖项目，位于黄湖镇清波村。清波村生态养猪场的废气处理系统能净化恶臭污染物，利用微生物将产生臭味和氨气的污染物分解成其他无机物后再向周边排放，降低养殖臭气对周边环境及空气质量的影响。在生态养猪场还有更多具有"未来感"的场景，工作人员不用进猪舍，就能通过物联网系统实现远程监控和远程操控，实时监测舍内温度、湿度、氨气含量、二氧化碳含量等情况。喂猪也不需要人动手，饲料通过全自动化气动管道输送，实现定时定量运输分配，解决了人工送料效率低下的难题。

6. 清波村望月岭和琥珀粽

相传古时候有一位皇帝经过此地，偶然抬头观望，一眼便望到一轮明月高挂夜空，清波村望月岭因此得名。作为清波村美丽乡村建设的精品区块，望月岭通过"围墙革命"、立面整治、景观节点打造等，进一步还原了其传统乡村的风貌。这里丰富的自然人文资源，使得望月岭成为清波村的一颗璀璨明珠。

琥珀粽其实就是灰汤粽，"琥珀粽"是它的别名。琥珀粽是望月岭村民在端午必做的传统美食。之所以叫灰汤粽，是因为浸泡糯米的水，是由上好的稻草烧成的灰泡制过滤而成的，经过"灰水"浸泡的糯米呈浅咖啡色，煮熟之后的粽子吃起来带有碱味儿，比普通的粽子更有韧性，香味更浓，看起来晶莹透亮，像琥珀一样。这个小山村里的人们现在仍旧保留着做琥珀粽的习俗。

7. 木鱼岭抗日纪念亭

木鱼岭抗日纪念亭是为在木鱼岭伏击战中牺牲的17位阵亡将士而立的。1937年12月，国民党广西部队十九师某团三营将士在黄湖山区坚持抗日，在木鱼岭设伏，痛击日寇，谱写了一曲保家卫国、奋勇杀敌的英雄史篇。这次战斗中，17位将士用自己的牺牲换取了歼敌百余人的大战绩，阻滞敌军东进余杭近12个小时，打出了中国人不可欺辱的民族气概，谱写了黄湖、余杭，乃至杭州的抗日历史篇章。

8. 赐璧村

赐璧村位于黄湖镇东面，是黄湖镇的东大门，也是黄湖镇的示范村。赐璧村原名仁河村，在南宋初改名为赐璧村，1983年复名赐璧村；2003年9月，村规模调整时，将原牌楼山村、件坞村、半坞村、赐璧村合并为一个村，村名定为赐璧村。赐璧村之名距今已有八百多年的历史。赐璧村文化礼堂是赐璧村的亮点之一。赐璧村每年举办"共聚一堂，新春祈福""赐璧村文化走亲暨迎国庆文化礼堂汇演"等文化活动，群众参与热情高，反响好。

9. 绿色浙江黄湖自然体验园

绿色浙江黄湖自然体验园是由浙江省绿色科技文化促进会建立的青少年自然科普基地，坐落于赐璧村，是杭州市余杭区第二课堂教育基地。曾获联合国开发计划署全球环境基金小额赠款项目资助，获评余杭区优秀青少年教育基地。绿色浙江黄湖自然体验园通过开展理论教育、现场教学、实地体验等多种校外课程教育，给黄湖镇中小学生普及生态环保、自然科技、文明道德等知识，不断加强未成年人"两山"理论学习和生态文明意识教育。

10. 云顶农庄径山茶基地

云顶农庄径山茶基地位于赐璧村，成立于 2005 年，是以径山茶品种种植、加工、营销为一体的综合性基地。径山茶品牌的茶叶多次获得茶叶行业的大奖。目前该基地已被评为"国家茶产业技术体系杭州综合试验站"、径山茶茶树品种筛选及名优茶机械化加工试验示范点、杭州市都市农业示范区、余杭区标准化生产示范基地、黄湖镇关心下一代工作委员会青少年科普教育基地等。

11. 虎山村

虎山村是位于黄湖镇西北面的一个小村庄，距杭州市中心 40 千米，名称因其背靠巍巍老虎山而来。这里有一条宽阔平坦的村道通向虎山村的大弯里，村道两旁是郁郁葱葱的绿植。往里走，便能看见一排整齐的、白墙黛瓦的新居，几株爬山虎错落着在墙上缠绕。虎山村建有文化礼堂，文化礼堂里设了图书馆、戏台、非遗陈列馆等，文化礼堂每周都会开展一次活动，将作用发挥到最大，把文化传递给村里的每一户人家。

12. 嘉源蔬菜基地

嘉源蔬菜基地位于虎山村，成立于 2011 年 10 月，是以高科技现代农业为核心、集乡村生态休闲和农副产品为一体的线上到线下平台模式定位的农业综合体项目。嘉源蔬菜基地主要有果园区、蔬菜种植区、水稻种植区、亲子体验区等。嘉源蔬菜基地内种植了各种无公害有机蔬果，有番茄、黄瓜、草莓、桃子、桑葚等，可供游人观光采摘。

13. 王位山村

王位山村背靠巍巍王位山，坐北朝南。这里古树参天、竹木葱郁，拥有得天独厚的自然资源，配之以村内秀丽的景致，每一步皆是美景。此外，古树、古道以及丰富多样的历史故事，也为这个村落增添了深刻厚重的文化底蕴。

14. 古道探幽，登顶王位山

传闻当年黄巢在此起兵，兵败之后曾退守此处，王位山因此而得名。王位山上有成片松、杉林数百亩，竹林上千亩，常绿灌木林上千亩。王位山上山的盘山公路一直是车友和骑友向往的胜地，有杭州"秋名山"的美誉。从上山路口起到海拔最高处，距离是7.86千米，一共66道弯，其中发夹弯有20个，更有个五连发夹弯，直线距离不超过100米。王位山还有美丽的森林古道，包括森林古道修复段和骑行道修复段，以王位山村为起点，徒步道连接王位山山顶、青山村石扶梯，再通过骑行道从石扶梯串联至其他村，形成环线。在王位山半山腰，还能看到绝美的惊险潭瀑布。

15. 黄湖镇非遗陈列馆

黄湖镇非遗陈列馆是黄湖非物质文化遗产保护成果的重要展示窗口和平台。2018年以来，得益于余杭区"文化西进"政策的实施，在余杭区文化和广电旅游体育局的大力支持和指导下，黄湖镇启动实施该项目，经过一年的改建、打造，黄湖镇非遗陈列馆于2020年1月9日顺利揭牌，与全社会见面。馆内汇集了黄湖镇传统的山乡非遗文化、老街赶集文化、革命根据地红色文化等三大类历史人文遗存，展现了黄湖镇的发展历史。

16. 姚秀林绣坊

姚秀林，1966年出生于原苏州吴县，是余杭区非遗传承人。姚秀林的出生地——原苏州吴县有深厚的刺绣传统，刺绣是当地村民的主要收入来源，家家户户都从事刺绣。这样的环境使姚秀林从小就接触到了刺绣工艺，从简单的图案到复杂的人像她都能熟练绣出，这使得她逐渐成为当地一位小有名气的巧绣娘。

姚秀林嫁到黄湖镇后把苏绣手艺也带到了黄湖镇，并以刺绣为生。近年来，在当地政府的扶持下，姚秀林的苏绣技艺已被列入区级非物质文化遗产保护项目。姚秀林在家里设立绣坊，展示刺绣作品，她的家成为乡村最美的农家厅屋。她的作品，从植物到动物，从静态到动态，都刻画得惟妙惟肖，尤其是色彩的应用，五彩斑斓，令人叹为观止。

17. 黄湖老街和一家百年制杆秤老店

黄湖老街有老街议事厅、黄湖镇文体大楼，还有上百条小巷（如张家弄堂等）。此外，这里还有一家由一位董姓老匠人一寸一厘打磨杆秤的百年老店，他用纯手工守护着几千年的老手艺。

18. 黄湖镇不离口食品有限公司

黄湖镇不离口食品有限公司在黄湖镇老街，其所生产的食品，配方、技术一流,在 20 世纪 80 年代,黄湖镇不离口食品有限公司就开始做法式面包、一口酥、麻饼、月饼、立夏饼、糖枣、酥糖、绿豆糕、沙琪玛等食品。这家店是传承父母技艺的老店,在黄湖镇有着良好的口碑。

(案例地相关资料主要根据首届全国大学生乡村振兴创意大赛研学旅行赛相关资料整理而来)

7.2 研学旅行课程设计方案

基于杭州市余杭区黄湖镇研学旅行资源点的情况,结合不同年级学生的生理与心理特征,课程设计组分别为黄湖镇设计了适合小学四年级、五年级、六年级,初中一年级、二年级和高中二年级学生的不同主题的研学旅行课程。

7.2.1 小学四年级课程设计

【课程主题名称】功成于勤,行积于劳——相拥黄湖之旅
【学校班级】小学四年级(1)班
【设计时间】2023 年 7 月 10 日
【课程设计人】GSY 【项目组长】CFF
【学校代表】LY 【带队老师】ZLN
【研学旅行指导师】LJ 【项目专家】XYD
【总课时】6 课时 【专题课时】6 课时
【研学地点】
高山红猕猴桃采摘园、绿色浙江黄湖自然体验园、青山自然学校、青山村。
【研学背景】
为进行小学四年级学生的劳动教育,培养学生的创新精神和实践能力,树立学生正确的劳动观念,课程设计组基于黄湖镇当地的研学旅行资源点,设计了以"功成于勤,行积于劳——相拥黄湖之旅"为主题的研学旅行课程。
【课程总目标】
(1)知识与技能目标
① 掌握水果采摘方法;
② 掌握手工制作方法;
③ 掌握畜禽喂养方法;
④ 了解美化校园方法。
(2)过程与方法目标
学生提前阅读研学手册,在课前做好预习,再通过实践及老师的讲解,

提高自己的动手能力,将劳动这一概念熟练运用到生活中。

(3)情感、态度与价值观目标

增强学生的劳动能力,帮助学生树立正确的劳动价值观,培养学生吃苦耐劳、团结合作的精神。

【学情分析】

从三年级开始,小学生的有意注意逐渐发展,同时随着他们知识的增长,理解力的提高,意义识记所占的比例也越来越大,机械识记所占的比例则越来越小,逐渐从机械识记为主向意义识记为主发展。小学四年级是意义识记占据主导地位的过渡期,学生们开始逐渐理解自己的角色和学习的意义,但四年级学生们的有意注意还未占主导地位,注意范围较大,所以不能接受过于繁重的理论授课,此时他们还是以形象思维为主。该研学旅行课程实施中加入了制作标本等动手活动,能让学生自由发挥,在活动中加深学生对劳动精神的理解。且这个时期的学生对别人的认可还是十分渴望的,尤其是对来自权威人物的认可,榜样的作用对他们影响巨大,这个时期的学生有极强的模仿意愿,因此他们也更加需要研学旅行指导师的引领、指导。

【研学旅行方法】

讨论法、讲授法、练习法、任务驱动法、参观教学法。

【研学旅行基地物资师资配置】

结合研学旅行课程内容要求,制订以小组为单位的物资配备方案。研学旅行师资配置包括参与研学旅行活动的带队老师、研学旅行指导师、课程教练、安全员、项目专家和其他工作人员。

【研学旅行内容与流程】

研学旅行内容与流程如表7-1所示。

表7-1 研学旅行内容与流程

时间	课程内容	涉及科目	责任人
研学前	教师确定参与研学旅行课程的学生名单,提前告知学生带好纸、笔、生活中的必需品以及研学旅行课程中所需的材料等		研学旅行指导师、带队老师
8:00—8:20	列队集合;研学旅行指导师宣布本次研学旅行课程内容、课程纪律、安全注意事项,并发放研学手册		研学旅行指导师、带队老师
8:30—9:15	学习主题:探秘果园 学习要点:通过探秘高山红猕猴桃采摘园,了解当季某几种水果的品种特征、生长习性、生长过程等知识 课程地点:高山红猕猴桃采摘园 课程实施: ① 研学旅行指导师组织学生进行自我介绍,通过该环节提高学生的人际交往能力,减少学生之间的距离感,为接下来的活动营造一个友善团结的氛围。	生物、地理	研学旅行指导师、课程教练、安全员

（续表）

时间	课程内容	涉及科目	责任人
	② 研学旅行指导师在活动前要为学生科普水果类知识，让学生了解各类水果的品种特征、生长习性、生长过程等知识。 ③ 研学旅行指导师向学生提问："杨梅生长在哪里？枇杷生长在哪里？樱桃和车厘子的区别？" ④ 研学旅行指导师简单介绍不同的水果培育方式的优势和限制。 ⑤ 研学旅行指导师提前安排好分组，每组人数控制在10人左右，学生以小组为单位进行探究合作		
9：25—10：10	学习主题：水果采摘体验 学习要点：了解所采摘水果的生长环境；通过采摘水果来体会农民的艰辛；培养学生的自主动手能力及互助能力 课程地点：高山红猕猴桃采摘园 课程实施： ① 研学旅行指导师简单介绍如何保护果树。 ② 研学旅行指导师讲解采摘时的注意事项。 ③ 由工作人员带领学生采摘水果	生物、体育	研学旅行指导师、安全员、工作人员
10：10—10：45	乘坐交通工具前往绿色浙江黄湖自然体验园		研学旅行指导师、带队老师、安全员
10：45—11：30	学习主题：接触自然 学习要点：通过对绿色浙江黄湖自然体验园的认识，学生基本了解课程的背景，了解畜禽的习性，学生通过亲自喂养畜禽来融入自然；学生通过手工制作来展示自己的劳动成果 课程地点：绿色浙江黄湖自然体验园 课程实施： ① 研学旅行指导师介绍绿色浙江黄湖自然体验园的历史背景、地理位置和建造意义。 ② 研学旅行指导师向学生讲解畜禽的习性及喂养中的注意事项。 ③ 学生轮流喂养畜禽。 ④ 研学旅行指导师简单介绍手工作坊，告知学生做手工时的注意事项。 ⑤ 学生自由分组，约4人为一组，开始进行手工制作。 ⑥ 学生手工制作结束，各个小组展示劳动成果。 ⑦ 学生以小组为单位，去捡拾下节课要制作标本的落叶	生物、地理	研学旅行指导师、安全员
11：35—14：00	午餐与午休		研学旅行指导师、带队老师、安全员
14：00—14：45	学习主题：植物标本制作 学习要点：学生通过标本制作，培养动手能力，增强与同学之间的合作交流，能够与同学更好地相处；通过知识学习，学生对该方面知识有全面的了解；通过	生物	研学旅行指导师、安全员

（续表）

时间	课程内容	涉及科目	责任人
	活动增进与同学之间的友谊		
	课程地点：青山自然学校		
	课程实施： ① 研学旅行指导师讲解一些植物方面的小知识。 ② 研学旅行指导师向学生提问："樱桃树的树叶是什么样子的？橘子树的树叶是什么样子的？" ③ 研学旅行指导师简单介绍树叶种类及树的生长习性。 ④ 利用收集到的树叶，学生发挥自己的想象制作自己想要的植物标本		
14：55—15：40	学习主题：每拾每分 学习要点：学生通过学习，对垃圾分类有进一步的了解，掌握一定的校园除草、浇水等专业技能	生物	研学旅行指导师
	课程地点：青山自然学校		
	课程实施： ① 研学旅行指导师科普垃圾分类的知识，组织学生观看垃圾分类的视频。 ② 研学旅行指导师向学生提问："垃圾分成哪几种？可回收垃圾有哪些？" ③ 学生进行自由分组，每组4～5人。 ④ 每组派代表来领取本次活动中需要的装备。 ⑤ 研学旅行指导师讲解除草、浇水的内容及注意事项。 ⑥ 以小组为单位进行劳动。 ⑦ 活动结束，归还装备		
15：50—16：35	学习主题：垃圾分类 学习要点：学会垃圾分类；通过自己动手劳动，美化青山村	生物、体育	研学旅行指导师、安全员
	课程地点：青山村		
	课程实施： ① 进行垃圾分类竞赛。 ② 研学旅行指导师向学生提问："树叶属于什么垃圾？已使用的纸巾属于什么垃圾？果皮属于什么垃圾？" ③ 研学旅行指导师提醒学生捡垃圾时要注意安全。 ④ 4人一组，为后期的垃圾分类做准备。 ⑤ 学生开始进行垃圾分类。 ⑥ 研学旅行指导师教学生如何自己动手把可回收垃圾变废为宝。 ⑦ 学生将自己用可回收垃圾做的物品来装饰青山村。 ⑧ 学生拍照纪念自己的劳动成果		
研学旅行课程总结分享： ① 反思：学生描述让自己印象最深刻的事，并说出自己的感受。 ② 归纳：学生能够将通过此次研学旅行课程学到的知识进行归纳总结。 ③ 应用：学生熟练掌握劳动技能，将其运用到生活中。 ④ 感恩：学生感谢他人在本次研学旅行课程中对自己的帮助			
集体乘车返回，结束研学之旅			

【安全管理制度及防控措施】

为确保此次研学旅行活动的安全,保障师生安全,特制定以下安全管理制度及防控措施。

① 成立安全协调小组,统筹交通、餐饮、后勤、医疗事宜,建立有效的事故报告及处理程序。

② 如在路途中有人突发疾病或遭受意外伤害,带队老师应立即联系随队医生(如有)或自行进行简单的急救处理,然后联系附近医院送医。

③ 车辆中途出现故障,带队老师应要求司机对故障车辆进行检修并及时修复故障,同时通知车辆承运方和主办方安全联络人。如车辆故障影响后续行程及安全,应及时协调换车。

④ 如发生食品安全事故,对情况严重者,应立即联系当地医院进行急救,同时对其他学生的情况进行排查,判明是个别情况还是群体性食物中毒;对反应轻微者也应进行简单处理。同时,报告相关职能部门,进行调查处理。

⑤ 发现学生走失,立即组织就地寻找。以多种形式发布寻人启事,同时组织找寻小组从不同方向寻找。必要时,请求所在地管理机构或公安机关协助寻找。

⑥ 如遇下雨等天气变化,将原定于室外的活动项目移至室内。

【研学旅行评价与反思】

(1)研学旅行评价

① 对学生的评价:对学生的评价包括小组成员自我评价、小组间成员评价、小组评价。研学旅行活动学生评价如表 7-2 所示。

表7-2 研学旅行活动学生评价

评价维度	具体内容	自我评价	小组间成员评价	小组评价
自我管理	在公共场所文明用语,不喧哗,不推挤,遵守秩序;爱护环境,绿色出行;爱护公共财物,保护古迹,文明参观			
	遵守时间安排,不影响活动行程;遵纪守法,不擅自离队,服从带队老师管理			
	保管好个人物品,注意饮食及个人卫生,合理消费			
实践探究	积极参与活动,乐于表达个人见解;能认真对待小组分工,勇于面对困难,善始善终			
	能根据活动主题选择恰当的活动方式开展探究活动;能通过多种方式收集、处理信息及相关活动资料;能够运用所学知识解决实际问题			
团队合作	互相尊重,能倾听他人的观点和意见;主动承担小组工作,互帮互助,有责任心。发挥各自优势,合理分工;能互相学习,共同进步			

（续表）

评价维度	具体内容	自我评价	小组间成员评价	小组评价
总结成果	活动结束后能自我总结、反思，积极参与小组、班级的总结交流，用多种方式展示、分享收获和经验			
	能够认真完成研学手册，形成形式多样的研学成果（如研学报告、图文设计、影像资料、实物作品等）；研学成果关注现实问题的解决，具有创造性			

② 对研学旅行指导师的评价：学生从教学风格、教学方式、教学方法、教学效能、教学价值、助人合作、师生互助等维度展开对研学旅行指导师的评价。

③ 研学旅行指导师对学生个人及其所在小组的评价：研学旅行指导师从道德素养、学习态度及能力、学习实践与创新、合作与交流、审美与表现等维度展开对学生个人及其所在小组的评价。

④ 对研学基（营）地的评价：学生围绕基（营）地的环境、交通、设施、餐饮住宿服务、安全管理、人文情怀等内容展开对研学基（营）地的评价。

（2）研学反思

小学四年级的课程设计要注重活动性，也要让学生学习相关知识，因此研学旅行指导师应对活动内容有深入的了解、对学生有较高的管理能力。此外，由于本次课程大多安排在户外，课程实施过程中要特别注意学生的安全问题。

7.2.2　小学五年级课程设计

【主题课程名称】植山爱水，春晖在侧——环保黄湖之旅

【学校班级】五年级（2）班

【设计时间】2024年1月10日

【课程设计人】GSY　　　　　【项目组长】CFF

【学校代表】LY　　　　　　【带队老师】ZLN

【研学旅行指导师】LJ　　　【项目专家】XYD

【总课时】6课时　　　　　【专题课时】6课时

【研学地点】

清波村生态养猪场、嘉源蔬菜基地、青山自然学校、龙坞水库。

【研学背景】

黄湖镇是国家级生态镇、国家级卫生镇、省级森林城镇。黄湖镇生态资源丰富，森林面积广阔，黄湖镇有龙坞水库、青山自然学校、清波村生态养猪场、嘉源蔬菜基地等参与性、体验性与文化性融合的特色场地供学生进行特色课程学习，方便了生态环保方面的课程教学。

【课程总目标】

（1）知识与技能目标

① 了解如何治理水质；

② 了解生态养猪的知识；

③ 了解大棚种植生态系统；

④ 在生活中学会运用环保技能。

（2）过程与方法目标

学生提前阅读研学手册，在课前做好预习，再通过实践以及教师的讲解，提高自己的环保技能，将环保这一理念熟练运用到生活中。

（3）情感、态度与价值观目标

形成生态文明价值观，学会废物利用，增强节约资源与环境保护的意识。

【学情分析】

五年级属于小学高年级阶段，学生的有意注意基本占据了主导地位，注意范围较小，感知觉的有意性、精确性已经得到了发展，也能开始接受更多的理论知识。五年级学生以形象思维为主，处于想象力丰富的阶段，情绪情感较为稳定且比较单纯，自我意识更加明确，但是非观念模糊，对人对事缺乏明辨是非的能力，具有强烈的求知欲，极强的模仿能力、可塑性。课程内容的设计加入了更深层面的理论知识。小学五年级学生希望得到他人尊重的想法日益增强，与中学生相比，他们的自我认识更依赖于他人对自己的评价，他们的自我认识带有明显的主观色彩。本次课程针对五年级学生，理论知识的难度有所加深，在课程实施中还安排了需要动手实操的活动，并给学生们提供了展示的机会。

【研学旅行方法】

讨论法、讲授法、参观教学法、任务驱动法。

【研学基地物资师资配置】

结合研学旅行课程内容要求，制订以小组为单位的物资配备方案。研学旅行师资配置包括参与研学旅行活动的带队老师、研学旅行指导师、课程教练、安全员、项目专家和其他工作人员。

【研学旅行内容与流程】

研学旅行内容与流程如表 7-3 所示。

表7-3　研学旅行内容与流程

时间	课程内容	涉及科目	责任人
研学前	教师确定参与研学旅行课程的学生名单，提前告知学生带好纸、笔以及生活中的必需品，研学旅行课程中所需的材料应提前准备好		研学旅行指导师、带队老师

（续表）

时间	课程内容	涉及科目	责任人
8：00—8：20	列队集合；研学旅行指导师宣布本次研学旅行课程内容、课程纪律、安全注意事项，并发放研学手册		研学旅行指导师、带队老师
8：30—9：15	学习主题：生态养猪 学习要点：通过观察清波村生态养猪场，了解如何生态养猪 课程地点：清波村生态养猪场 课程实施： ① 研学旅行指导师带领学生在清波村生态养猪场进行参观，并介绍相关情况。 ② 研学旅行指导师向学生提问："清波村生态养猪场有哪些自动化系统？" ③ 研学旅行指导师讲解清波村生态养猪场与其他养猪场的不同之处。 ④ 研学旅行指导师讲解清波村生态养猪场如何进行零排放、如何实现零污染	生物、物理	研学旅行指导师
9：40—10：25	学习主题：嘉源有机蔬菜 学习要点：通过参观蔬菜基地，学生了解大棚生态系统，了解有机蔬菜，了解水培蔬菜与普通蔬菜的不同之处 课程地点：嘉源蔬菜基地 课程实施： ① 研学旅行指导师介绍嘉源蔬菜基地。 ② 研学旅行指导师带领学生观看"进口玻璃生菜"。 ③ 研学旅行指导师介绍为何称其为"进口玻璃生菜"。 ④ 研学旅行指导师向学生提问："什么是大棚生态系统？" ⑤ 研学旅行指导师讲解有机蔬菜。 ⑥ 研学旅行指导师向学生提问："水培蔬菜与普通蔬菜有哪些不同之处？"并进行讲解。 ⑦ 研学旅行指导师组织关于生态种植的有奖竞猜活动	生物、物理	研学旅行指导师
10：35—11：20	学习主题：水培蔬菜采摘 学习要点：学生通过了解大棚生态系统模型，更进一步了解生态系统；通过摘水培蔬菜，学生体会劳动创造美好生活的道理 课程地点：嘉源蔬菜基地 课程实施： ① 研学旅行指导师让学生自由组队，每组8人左右。 ② 每组派一个代表领取大棚生态系统模型。 ③ 研学旅行指导师对大棚生态系统模型进行讲解。 ④ 研学旅行指导师向学生提问："生态系统如何运行？" ⑤ 研学旅行指导师讲解采摘注意事项。 ⑥ 学生采摘水培蔬菜。 ⑦ 学生归还大棚生态系统模型	生物、体育	研学旅行指导师、课程教练、安全员

（续表）

时间	课程内容	涉及科目	责任人
11：20—13：00	午餐与午休		研学旅行指导师、带队老师、安全员
13：00—13：45	学习主题：青山村生态发展历程 学习要点：通过观看生态环保的影片，学生了解生态环保方面的知识，以及青山村生态发展历程，学习生态环保的方式 课程地点：青山自然学校 课程实施： ① 研学旅行指导师简单介绍青山村生态发展历程，以及村里进行生态环境保护的方法。 ② 研学旅行指导师带领学生观看生态环保教育片。 ③ 研学旅行指导师向学生提问："生态环境被破坏会有哪些危害？" ④ 研学旅行指导师讲解地球上的各种生态系统。 ⑤ 研学旅行指导师组织学生进行关于生态环境保护的知识竞答活动	生物、历史	研学旅行指导师
13：55—14：40	学习主题：水库生态系统 学习要点：通过探秘龙坞水库，了解水库的生态系统，以及水域生态知识、水库中的生物种类、水库边的生物种类 课程地点：龙坞水库 课程实施： ① 研学旅行指导师带领学生参观龙坞水库，并进行讲解。 ② 研学旅行指导师简单介绍龙坞水库的背景和它的建成对青山村的意义。 ③ 研学旅行指导师向学生提问："人类的哪些行为会破坏水资源？" ④ 研学旅行指导师讲解龙坞水库的水质是如何被改善的。 ⑤ 研学旅行指导师向学生提问："如何净化污水？"并由此延伸到如何保护水资源	生物、历史	研学旅行指导师
14：50—15：35	学习主题：水资源循环利用 学习要点：通过简易的净水实验，让学生了解关于保护水源的知识。组织学生展示循环利用的成果 课程地点：青山自然学校 课程实施： ① 学生自由组队，大概每组3～4人。 ② 研学旅行指导师进行简易的净水实验并告知学生注意事项。 ③ 研学旅行指导师给每个小组配备简易的净水材料（塑料瓶、大小块石子、沙土等），让学生进行自由组装，开始净水实验。 ④ 研学旅行指导师讲解现代净化污水装置。	生物、物理	研学旅行指导师、课程教练、安全员

（续表）

时间	课程内容	涉及科目	责任人
	⑤ 各个小组在青山村内自由寻找生态手工制作材料。 ⑥ 展示循环利用的成果		
	研学旅行课程总结分享： ① 反思：学生描述让自己印象最深刻的事，并说出自己的感受。 ② 归纳：学生能够将通过此次研学旅行课程学到的知识进行归纳总结。 ③ 应用：学生熟练掌握生态环保技能，并能运用到生活中。 ④ 感恩：学生感谢他人在本次研学旅行课程中对自己的帮助		
	集体乘车返回，结束研学之旅		

【安全管理制度及防控措施】

为确保此次研学旅行活动的安全，保障师生安全，特制定以下安全管理制度及防控措施。

① 成立安全协调小组，统筹交通、餐饮、后勤、医疗事宜，建立有效的事故报告及处理程序。

② 如在路途中有人突发疾病或遭受意外伤害，带队老师应立即联系随队医生（如有）或自行进行简单的急救处理，然后联系附近医院送医。

③ 车辆中途出现故障，带队老师应要求司机对故障车辆进行检修并及时修复故障，同时通知车辆承运方和主办方安全联络人。如车辆故障影响后续行程及安全，应及时协调换车。

④ 如发生食品安全事故，对情况严重者，应立即联系当地医院进行急救，同时对其他学生的情况进行排查，判明是个别情况还是群体性食物中毒；对反应轻微者也应进行简单处理。同时，报告相关职能部门，进行调查处理。

⑤ 发现学生走失，立即组织就地寻找。以多种形式发布寻人启事，同时组织找寻小组从不同方向寻找。必要时，请求所在地管理机构或公安机关协助寻找。

⑥ 如遇下雨等天气变化，将原定于室外的活动项目移至室内。

【研学旅行评价与反思】

（1）研学旅行评价

① 对学生的评价：对学生的评价包括小组成员自我评价、小组间成员评价、小组评价。研学旅行活动学生评价如表7-4所示。

表7-4 研学旅行活动学生评价

评价维度	评价指标	具体内容	自我评价	小组间成员评价	小组评价
自我管理	文明素养	在公共场所文明用语，不喧哗，不推挤，遵守秩序；爱护环境，绿色出行；爱护公共财物，保护古迹，文明参观			
	遵规守纪	遵守时间安排，不影响活动行程；遵纪守法，不擅自离队，服从带队老师管理			

（续表）

评价维度	评价指标	具体内容	自我评价	小组间成员评价	小组评价
实践探究	自理能力	保管好个人物品，注意饮食及个人卫生，合理消费			
	参与意识	积极参与活动，乐于表达个人见解；能认真对待小组分工，勇于面对困难，善始善终			
	探究能力	能根据活动主题选择恰当的活动方式开展探究活动；能通过多种方式收集、处理信息及相关活动资料；能够运用所学知识解决实际问题			
团队合作	合作态度	互相尊重，能倾听他人的观点和意见；主动承担小组工作，互帮互助，有责任心			
	分工协作	发挥各自优势，合理分工；能互相学习，共同进步			
总结成果	总结反思	活动结束后能自我总结、反思，积极参与小组、班级的总结交流，用多种方式展示、分享收获和经验			
	成果物化	能够认真完成研学手册，形成形式多样的研学成果（如研学报告、图文设计、影像资料、实物作品等）；研学成果关注现实问题的解决，具有创造性			

② 对研学旅行指导师的评价：学生从教学风格、教学方式、教学方法、教学效能、教学价值、助人合作、师生互助等维度展开对研学旅行指导师的评价。

③ 研学旅行指导师对学生个人及其所在小组的评价：研学旅行指导师从道德素养、学习态度及能力、学习实践与创新、合作与交流、审美与表现等维度展开对学生个人及其所在小组的评价。

④ 对研学基（营）地的评价：学生围绕基（营）地的环境、交通、设施、餐饮住宿服务、安全管理、人文情怀等内容展开对研学基（营）地的评价。

（2）研学反思

对小学五年级学生还不能安排过重的理论课程，但是他们的自主思考能力已经开始提升，课程内容要趣味性与知识性并重，这就要求研学旅行指导师有更多的教学经验和更强的课堂掌控力。本次课程很多都是安排在户外，课程实施过程中要特别注意学生的安全问题。

7.2.3 小学六年级课程设计

【主题课程名称】继往开来，明德惟馨——黄湖传承之旅

【学校班级】六年级（3）班

【设计时间】2024 年 1 月 23 日

【课程设计人】GSY　　　　　　【项目组长】CFF

【学校代表】LY　　　　　　　　【带队老师】XZ

【研学旅行指导师】LJ　　　　　【项目专家】XYD

【总课时】6 课时　　　　　　　【专题课时】6 课时

【研学地点】

王位山、王位山村、黄湖老街、黄湖镇不离口食品有限公司。

【研学背景】

21 世纪的黄湖镇已呈现出良好的发展态势，有王位山村、黄湖老街、黄湖镇不离口食品有限公司等丰富的研学旅行资源。

【课程总目标】

（1）知识与技能目标

① 了解黄湖镇当地的传统民俗文化，认识到文化传承的重要性；

② 了解黄湖传统民俗工艺；

③ 掌握传统手工艺制作流程。

（2）过程与方法目标

通过实践及研学旅行指导师的讲解，学生更好地了解传统手工艺及民俗文化，激发了解及传承传统优秀民俗文化的热情。

（3）情感、态度与价值观目标

通过参与民俗传承研学旅行活动，学生认识与领悟到文化是民族生存和发展的重要力量，树立传承民俗文化的意识，增强文化自信。同时，通过对手工艺品制作的参观与学习，学生深刻领悟工匠精神。

【学情分析】

小学六年级学生虽然自我意识较强，自我评价能力逐渐成熟，但仍有很大的片面性和被动性，常常会出现与成人不同的看法，这是非常自然且正常的现象。教师应该无条件地接纳他们的这种心理状态，要学会听取他们的意见和看法。小学六年级是儿童意志培养和发展的关键时期，开展民俗文化传承教育是十分必要的。

【研学旅行方法】

讲授法、问题探究法、训练与实践法、参观教学法、讲解法。

【研学基地物资师资配置】

结合研学旅行课程内容要求，以小组为单位配备物资和师资，并制订具体方案。研学旅行师资配置包括参与研学旅行活动的带队老师、研学旅行指导师、课程教练、安全员、项目专家和其他工作人员。

【研学旅行内容与流程】

研学旅行内容与流程如表 7-5 所示。

表7-5 研学旅行内容与流程

时间	课程内容	涉及科目	负责人
研学前	① 备齐研学手册,负责人准备好研学所需用具。 ② 带队老师清点人数,让学生有序乘车。 ③ 带队老师明确研学纪律、注意事项		研学旅行指导师、带队老师
8:00—8:20	列队集合;研学旅行指导师宣布本次研学旅行课程内容、课程纪律、安全注意事项,并发放研学手册		研学旅行指导师、带队老师
8:30—9:15	学习主题:登王位山 学习要点:研学旅行指导师对王位山以及王位山森林古道进行讲解 课程地点:王位山 课程实施: ① 研学旅行指导师简单介绍王位山,学生带着研学手册来到王位山村。 ② 研学旅行指导师边带领学生上山边向学生详细讲解王位山。 ③ 研学旅行指导师根据时间安排组织学生及时下山。 ④ 研学旅行指导师向学生讲解王位山森林古道。 ⑤ 全体师生在王位山脚下合影留念	语文、历史	研学旅行指导师、安全员
9:25—10:10	学习主题:游王位山村 学习要点:学生游览王位山村,研学旅行指导师进行相关讲解 课程地点:王位山村 课程实施: ① 研学旅行指导师介绍王位山村。 ② 研学旅行指导师带领学生游览王位山村。 ③ 研学旅行指导师向学生讲解王位山村相关历史及其文化底蕴	语文、历史	研学旅行指导师
10:20—11:05	学习主题:学习书法 学习要点:研学旅行指导师讲解书法相关知识,让学生进行书法练习 课程地点:王位山村 课程实施: ① 研学旅行指导师发布练习书法的任务。 ② 研学旅行指导师向学生提问:"书法的演变过程是怎样的?""我国著名的书法家都有谁?" ③ 研学旅行指导师向学生讲解书法的历史。 ④ 学生进行书法练习活动,研学旅行指导师告知注意事项。 ⑤ 研学旅行指导师指导学生练习书法。 ⑥ 活动结束,组织学生打扫周边卫生	语文、历史	研学旅行指导师、课程教练、安全员
11:05—13:30	午餐与午休		研学旅行指导师、带队老师、安全员
13:30—14:15	学习主题:黄湖老街故事 学习要点:游赏黄湖老街的文体大楼、老街议事厅等地方,感受黄湖镇深厚的文化底蕴 课程地点:黄湖老街	语文、历史	研学旅行指导师

（续表）

时间	课程内容	涉及科目	负责人
	课程实施： ① 研学旅行指导师发布游赏黄湖老街、感受文化底蕴的任务。 ② 学生以小组为单位进行游赏。 ③ 研学旅行指导师讲解黄湖镇的发展历史		
14：25—15：10	学习主题：我是手工艺人 学习要点：了解杆秤的制作方法，并学习制作杆秤	语文、美术、技术	研学旅行指导师、安全员
	课程地点：黄湖老街中的一家百年制杆秤老店		
	课程实施： ① 研学旅行指导师发布制作杆秤的任务，带领学生来到百年制杆秤老店。 ② 研学旅行指导师讲解杆秤老店的历史。 ③ 学生聆听匠人讲解如何制作杆秤，以及制作杆秤的注意事项。 ④ 研学旅行指导师组织学生结成小组，合作动手实践制作杆秤		
15：20—16：05	学习主题：老街中的食品公司 学习要点：了解黄湖镇不离口食品有限公司的技艺传承故事，以及相关的食品配方等，培养学生的传承意识	语文、历史	研学旅行指导师
	课程地点：黄湖镇不离口食品有限公司		
	课程实施： ① 研学旅行指导师对黄湖镇不离口食品有限公司进行介绍，公司成立于20世纪80年代，并且是传承父母技艺的老店。 ② 研学旅行指导师向学生介绍麻饼、月饼、绿豆糕等食品。 ③ 研学旅行指导师向学生提问："月饼是什么传统节日吃的？" ④ 研学旅行指导师让学生分享了解了黄湖镇不离口食品有限公司的技艺传承故事后对于文化传承的体会和感受		
研学旅行课程总结分享： ① 反思：学生描述让自己印象最深刻的事，并说出自己的感受。 ② 归纳：学生能够将通过此次研学旅行课程学到的知识进行归纳总结。 ③ 应用：学生深入了解当地历史、民俗与技艺，自觉践行文化传承。 ④ 感恩：学生感谢他人在本次研学旅行课程中对自己的帮助			
集体乘车返回，结束研学之旅			

【安全管理制度及防控措施】

为确保此次研学旅行活动的安全，保障师生安全，特制定以下安全管理制度及防控措施。

① 成立安全协调小组，统筹交通、餐饮、后勤、医疗事宜，建立有效的

事故报告及处理程序。

② 如在路途中有人突发疾病或遭受意外伤害，带队老师应立即联系随队医生（如有）或自行进行简单的急救处理，然后联系附近医院送医。

③ 车辆中途出现故障，带队老师应要求司机对故障车辆进行检修并及时修复故障，同时通知车辆承运方和主办方安全联络人。如车辆故障影响后续行程及安全，应及时协调换车。

④ 如发生食品安全事故，对情况严重者，应立即联系当地医院进行急救，同时对其他学生的情况进行排查，判明是个别情况还是群体性食物中毒；对反应轻微者也应进行简单处理。同时，报告相关职能部门，进行调查处理。

⑤ 发现学生走失，立即组织就地寻找。以多种形式发布寻人启事，同时组织找寻小组从不同方向寻找。必要时，请求所在地管理机构或公安机关协助寻找。

⑥ 如遇下雨等天气变化，将原定于室外的活动项目移至室内。

【研学旅行评价与反思】

（1）研学旅行评价

① 对学生的评价：对学生的评价包括小组成员自我评价、小组间成员评价、小组评价。研学旅行活动学生评价如表7-6所示。

表7-6 研学旅行活动学生评价

评价维度	评价指标	具体内容	自我评价	小组间成员评价	小组评价
自我管理	文明素养	在公共场所文明用语，不喧哗，不推挤，遵守秩序；爱护环境，绿色出行；爱护公共财物，保护古迹，文明参观			
	遵规守纪	遵守时间安排，不影响活动行程；遵纪守法，不擅自离队，服从带队老师管理			
	自理能力	保管好个人物品，注意饮食及个人卫生；合理消费			
实践探究	参与意识	积极参与活动，乐于表达个人见解；能认真对待小组分工，勇于面对困难，善始善终			
	探究能力	能根据活动主题选择恰当的活动方式开展探究活动；能通过多种方式收集、处理信息及相关活动资料；能够运用所学知识解决实际问题			
团队合作	合作态度	互相尊重，能倾听他人的观点和意见；主动承担小组工作，互帮互助，有责任心			
	分工协作	发挥各自优势，合理分工；能互相学习，共同进步			
总结成果	总结反思	活动结束后能自我总结、反思，积极参与小组、班级的总结交流，用多种方式展示、分享收获和经验			
	成果物化	能够认真完成研学手册，形成形式多样的研学成果（如研学报告、图文设计、影像资料、实物作品等）；研学成果关注现实问题的解决，具有创造性			

② 对研学旅行指导师的评价：学生从教学风格、教学方式、教学方法、教学效能、教学价值、助人合作、师生互助等维度展开对研学旅行指导师的评价。

③ 研学旅行指导师对学生个人及其所在小组的评价：研学旅行指导师从道德素养、学习态度及能力、学习实践与创新、合作与交流、审美与表现等维度展开对学生个人及其所在小组的评价。

④ 对研学基（营）地的评价：学生围绕基（营）地的环境、交通、设施、餐饮住宿服务、安全管理、人文情怀等内容展开对研学基（营）地的评价。

（2）研学反思

该研学旅行课程设计环环相扣，知识结构处于较浅层次，是根据六年级学生特点制定的文化传承主题的特色课程。在课程实施过程中，研学旅行指导师只有具备丰富的历史文化知识和教学经验，才能帮助学生在研学旅行活动中获得成长。

7.2.4　初一年级课程设计

【主题课程名称】薪火相传，精神永存——黄湖励志游

【学校班级】初一年级（1）班

【设计时间】2024年1月20日

【课程设计人】GSY　　　　　　【项目组长】CFF

【学校代表】LY　　　　　　　　【带队老师】ZLN

【研学旅行指导师】LJ　　　　　【项目专家】XYD

【总课时】6课时　　　　　　　【专题课时】6课时

【研学地点】

木鱼岭抗日纪念亭、清波村望月岭、清波村文化礼堂。

【研学背景】

黄湖镇是一个革命老镇，这里风光宜人，文化底蕴深厚，尤其是红色旅游资源占有优势，如木鱼岭抗日纪念亭等红色旅游景点是非常适合作为励志拓展类研学旅行基地的。

【课程总目标】

（1）知识与技能目标

① 了解黄湖镇发生的红色故事；

② 了解清波村的红色历史。

（2）过程与方法目标

学生提前阅读研学手册，做好课前预习，通过实践以及研学旅行指导师的讲解，深入了解黄湖镇发生的红色故事、感悟红色革命精神。

（3）情感、态度与价值观目标

加深对红色精神的了解，知晓红色革命的艰辛，正视自己的时代责任。

【学情分析】

初一是中学阶段的开始，初一年级的学生已经能控制自己的注意力了，但是他们的自控能力仍然不强，容易受到外界环境和自身情绪的影响。课程实施过程中研学旅行指导师应结合学生特点安排特色活动，让学生劳逸结合，更加有学习的欲望。初一年级学生处于一个半成熟、半幼稚的时期，他们的人生经验有限，充满着独立性和依赖性共存的矛盾。他们仍然有着被人认可的渴望，还需要研学旅行指导师的引导，但他们思想中的独立性和批判性也在这一阶段飞速发展，研学旅行指导师要把握好分寸和尺度。脱离了小学，初中生开始注意社会现象，开始探索人生，对社会、生活、人生等问题开始进行思考，他们开始关心身边人的心理世界，社会高级感情开始发展，道德感加强，但自控力不强。针对初一年级学生的特点，本研学旅行课程设计的课程内容大多与红色文化、励志教育有关，在学习的过程中研学旅行指导师应对学生进行正向引导。

【研学重点与难点】

（1）研学重点

了解黄湖镇红色故事，了解黄湖非物质文化遗产，了解清波村特色文化。

（2）研学难点

学生通过亲身体验，加深对红色精神的理解，知晓红色革命的艰辛，正视自己的时代责任。

【研学旅行方式】

（1）面授

研学旅行指导师讲授本次研学旅行课程内容的要点，帮助学生全方位了解研学旅行活动中所涉及的知识。如关于黄湖镇的红色历史、非物质文化遗产等知识。

（2）体验

通过职业体验、写书法、包粽子的方式，巩固研学旅行活动中关于红色历史、工艺传承等的文化知识。

（3）分组合作

教师提出问题，学生通过合作研究或分工讨论、实践的方式解决问题。

【研学旅行方法】

讨论法、练习法、任务驱动法、现场教学法、参观教学法。

【研学基地物资师资配置】

结合研学旅行课程内容要求，制订以小组为单位的物资配备方案。研学旅行师资配置包括参与研学旅行活动的带队教师、研学旅行指导师、安全员、项目专家和其他工作人员。

【研学旅行内容与流程】

研学旅行内容与流程如表 7-7 所示。

表7-7　研学旅行内容与流程

时间	课程内容	涉及科目	责任人
研学前	研学旅行指导师确定参与研学旅行课程的学生名单，提前告知学生带好纸、笔及生活中的必需品，研学旅行课程中所需的材料应提前准备好		研学旅行指导师、带队老师
8：30—8：50	列队集合；研学旅行指导师宣布本次研学旅行课程内容、课程纪律、安全注意事项，并发放学生手册		研学旅行指导师、带队老师
8：55—9：40	学习主题：黄湖抗战历史 学习要点：通过参观木鱼岭抗日纪念亭，重温黄湖抗战历史 课程地点：木鱼岭抗日纪念亭 课程实施： ① 研学旅行指导师带领学生参观木鱼岭抗日纪念亭。 ② 研学旅行指导师介绍木鱼岭抗日纪念亭的历史，进而拓展到整个黄湖镇的抗日历史。 ③ 研学旅行指导师组织学生在木鱼岭抗日纪念亭内的黄湖抗战阵亡将士纪念碑前敬献花篮，哀悼阵亡将士	历史、语文	研学旅行指导师
9：50—10：35	学习主题：黄湖抗战英雄 学习要点：通过参观木鱼岭抗日纪念亭，了解黄湖抗战中的英雄事迹，缅怀英雄烈士 课程地点：木鱼岭抗日纪念亭 课程实施： ① 研学旅行指导师简单介绍黄湖镇各位抗战英雄。 ② 研学旅行指导师向学生提问："中国还有哪些抗战英雄？" ③ 展示环节：研学旅行指导师让学生说说自己知道的红色历史故事。 ④ 研学旅行指导师组织学生进行红色知识竞答活动	历史、语文	研学旅行指导师
10：45—11：30	学习主题：齐心协力红色比赛 学习要点：通过组织学生进行有关红色历史的活动，让学生加深对红色精神的了解 课程地点：木鱼岭抗日纪念亭 课程实施： ① 研学旅行指导师让学生自由组队，每组15～16人。 ② 研学旅行指导师让每个小组自由选择一首红色歌曲，学习后，进行红歌比赛。 ③ 研学旅行指导师给每个小组分发布条，组织学生进行"多人多足"比赛，让学生体会团结的力量	音乐、体育	研学旅行指导师、安全员

（续表）

时间	课程内容	涉及科目	责任人
11：30-14：00	午餐及午休： 研学旅行指导师组织学生用餐，做好餐前准备及餐后的休息工作		研学旅行指导师、带队老师、安全员
14：10—14：55	学习主题：清波村红色历史 学习要点：了解清波村的红色历史，通过多种方式加深学生对清波村历史文化的了解 课程地点：清波村文化礼堂 课程实施： ① 研学旅行指导师简单介绍关于清波村的红色历史。 ② 学生观看红色教育电影。 ③ 研学旅行指导师组织学生表达观看心得	历史、政治	研学旅行指导师
15：05—15：50	学习主题：革命历史之望月岭 学习要点：以清波村望月岭为主要景点，让学生了解景点背后的精神，知晓红色革命的艰辛，正视自己的时代责任 课程地点：清波村望月岭 课程实施： ① 研学旅行指导师带领学生游览清波村，前往清波村望月岭。 ② 研学旅行指导师简单介绍望月岭的历史背景。 ③ 研学旅行指导师讲解望月岭的"围墙革命"及其带来的好处。 ④ 研学旅行指导师向学生提问："中国还实行了哪些改革？"	历史、政治	研学旅行指导师
16：00—16：45	学习主题：朗诵爱国诗，制作琥珀粽 学习要点：通过组织学生朗诵具有爱国主义精神的诗歌，让他们体会其中的情怀和精神。组织学生制作清波村特色粽子——琥珀粽，体会清波村特色文化 课程地点：清波村望月岭 课程实施： ① 研学旅行指导师让学生自由组队，每组4～5人。 ② 研学旅行指导师简单介绍关于琥珀粽的历史，以此引申到端午节是为了纪念爱国诗人屈原等相关知识，讲解与屈原有关的知识。 ③ 研学旅行指导师向学生提问："你们还知道哪些爱国诗人？" ④ 展示环节：研学旅行指导师让学生朗诵其所知道的爱国诗。 ⑤ 研学旅行指导师让学生观摩包粽子的过程。 ⑥ 学生进行包粽子活动	历史、语文、劳动	研学旅行指导师、安全员

研学旅行课程总结分享：
① 反思：学生描述让自己印象最深刻的事，并说出自己的感受。
② 归纳：学生能够将此次在研学旅行课程中学到的知识进行归纳总结。
③ 应用：本次研学旅行课程对学生在生活和学习上起到的激励作用。
④ 感恩：学生感谢他人在本次研学旅行课程中对自己的帮助

集体乘车返回，结束研学之旅

【安全管理制度及防控措施】

为确保此次研学旅行活动的安全，保障师生安全，特制定以下安全管理制度及防控措施。

① 成立安全协调小组，统筹交通、餐饮、后勤、医疗事宜，建立有效的事故报告及处理程序。

② 如在路途中有人突发疾病或遭受意外伤害，带队老师应立即联系随队医生（如有）或自行进行简单的急救处理，然后联系附近医院送医。

③ 车辆中途出现故障，带队老师应要求司机对故障车辆进行检修并及时修复故障，同时通知车辆承运方和主办方安全联络人。如车辆故障影响后续行程及安全，应及时协调换车。

④ 如发生食品安全事故，对情况严重者，应立即联系当地医院进行急救，同时对其他学生的情况进行排查，判明是个别情况还是群体性食物中毒；对反应轻微者也应进行简单处理。同时，报告相关职能部门，进行调查处理。

⑤ 发现学生走失，立即组织就地寻找。以多种形式发布寻人启事，同时组织找寻小组从不同方向寻找。必要时，请求所在地管理机构或公安机关协助寻找。

⑥ 如遇下雨等天气变化，将原定于室外的活动项目移至室内。

【研学旅行评价与反思】

（1）研学旅行评价

① 对学生的评价：对学生的评价包括小组成员自我评价、小组间成员评价、小组评价。研学旅行活动学生评价如表7-8所示。

表7-8 研学旅行活动学生评价

评价维度	评价指标	具体内容	自我评价	小组间成员评价	小组评价
自我管理	文明素养	在公共场所文明用语，不喧哗、不推挤，遵守秩序；爱护环境，绿色出行；爱护公共财物，保护古迹，文明参观			
	遵规守纪	遵守时间安排，不影响活动行程；遵纪守法，不擅自离队，服从带队老师管理			
	自理能力	保管好个人物品，注意饮食及个人卫生，合理消费			
实践探究	参与意识	积极参与活动，乐于表达个人见解；能认真对待小组分工，勇于面对困难，善始善终			
	探究能力	能根据活动主题选择恰当的活动方式开展探究活动；能通过多种方式收集、处理信息及相关活动资料；能够运用所学知识解决实际问题			
团队合作	合作态度	互相尊重，能倾听他人的观点和意见；主动承担小组工作，互帮互助，有责任心			
	分工协作	发挥各自优势，合理分工；能互相学习，共同进步			
总结成果	总结反思	活动结束后能自我总结、反思，积极参与小组、班级的总结交流，用多种方式展示、分享收获和经验			

评价维度	评价指标	具体内容	自我评价	小组间成员评价	小组评价
	成果物化	能够认真完成研学手册，形成形式多样的研学成果（如研学报告、图文设计、影像资料、实物作品等）；研学成果关注现实问题的解决，具有创造性			

② 对研学旅行指导师的评价：学生从教学风格、教学方式、教学方法、教学效能、教学价值、助人合作、师生互助等维度展开对研学旅行指导师的评价。

③ 研学旅行指导师对学生个人及其所在小组的评价：研学旅行指导师从道德素养、学习态度及能力、学习实践与创新、合作与交流、审美与表现等维度展开对学生个人及其所在小组的评价。

④ 对研学基（营）地的评价：学生围绕基（营）地的环境、交通、设施、餐饮住宿服务、安全管理、人文情怀等内容展开对研学基（营）地的评价。

（2）研学反思

初一年级的研学旅行课程设计要由浅入深，理论知识的比例应增大，且应是红色革命历史这类较为严肃的知识，这对研学旅行指导师的知识储备和教学经验有了更高的要求。

7.2.5 初二年级课程设计

【主题课程名称】追忆革命历史，传承红色基因——黄湖红色游
【学校班级】初二年级（1）班
【设计时间】2024年1月20日
【课程设计人】GSY　　　　　　【项目组长】CFF
【学校代表】LY　　　　　　　【带队老师】ZLN
【研学旅行指导师】LJ　　　　【项目专家】XYD
【总课时】6课时　　　　　　【专题课时】6课时
【研学地点】
木鱼岭抗日纪念亭、黄湖非遗陈列馆、青山自然学校。
【研学背景】
黄湖镇是一个革命老镇，这里风光宜人，文化底蕴丰富，尤其是红色旅游资源占据优势，如黄湖非遗陈列馆、木鱼岭抗日纪念亭等红色旅游景点。黄湖镇非常适合作为励志拓展类研学基地。
【课程总目标】
（1）知识与技能目标
① 了解黄湖镇发生的红色故事，认识和体会我国人民的革命精神；

② 了解中国共产党的发展历史；
③ 学生能够述说红色故事。

（2）过程与方法目标

学生提前阅读研学手册，做好课前预习，通过实践及研学旅行指导师的讲解，更深刻地感受革命事业的艰辛与革命者的伟大，建立社会主义认同感，增强中国特色社会主义道路自信，树立爱党、爱国、爱社会主义的情感。

（3）情感、态度与价值观目标

通过红色研学旅行课程教育，挖掘鲜活故事和感人事件，激发学生同舟共济的情感共鸣，砥砺家国情怀，激发学生使命担当，树立实现伟大中国梦的崇高理想。

【学情分析】

初二年级的学生处于少年阶段，他们与小学阶段学生已经有了明显的区别。他们已经能较好地控制自己的行为，有了自己的价值观、行为方式，不再需要教师事事安排，已经能自己作出判断和决定，但是初二年级的学生人生经验还不是非常丰富，所以依然会表现出依赖性，希望受人重视。为了给学生自我表现和表达的机会，本研学旅行课程设计了才艺展示、社会实践等活动。这个时期的学生思维活跃，想法丰富，开始注意社会现象，探索人生，对社会、生活、人生等问题有一定的思考，有了个性化的兴趣爱好和人生理想。对于在课程中设置的问题，教师可以让学生先自由讨论，自由表达。处于初二年级的学生遇事敏感、易动感情，难以自控自律，心理状态不太稳定，易受外界环境的影响，可塑性强。本研学旅行课程的课程内容多为革命历史、红色精神传承等正面知识，有助于对学生进行引导。

【研学旅行方法】

讨论法、参观教学法、体验法、任务驱动法、讲授法。

【研学基地物资师资配置】

结合研学旅行课程内容要求，制订以小组为单位的物资配备方案。研学旅行师资配置包括参与研学旅行活动的带队老师、研学旅行指导师、安全员、课程教练、项目专家和其他工作人员。

【研学旅行内容与流程】

研学旅行内容与流程如表7-9所示。

表7-9 研学旅行内容与流程

时间	课程内容	涉及科目	责任人
研学前	教师确定参与研学旅行课程的学生名单，提前告知学生带好纸、笔及生活中的必需品，研学旅行课程中所需的材料应提前准备好		研学旅行指导师、带队老师

（续表）

时间	课程内容	涉及科目	责任人
8：30—8：50	列队集合；研学旅行指导师宣布本次研学旅行课程内容、课程纪律、安全注意事项，并发放学生手册		研学旅行指导师、带队老师
8：55—9：40	学习主题：缅怀黄湖革命烈士，学习革命烈士不屈的精神 学习要点：了解黄湖镇的抗日历史，让学生对中国人不可欺辱的民族气概有深入的领悟 课程地点：木鱼岭抗日纪念亭 课程实施： ① 研学旅行指导师简单讲述木鱼岭抗日纪念亭的来历。 ② 研学旅行指导师重点讲述木鱼岭伏击战中的英雄事迹。 ③ 研学旅行指导师向学生提问："中国抗战过程中还有哪些英雄人物？" ④ 研学旅行指导师让学生自由展示才艺，如唱红歌、红色诗歌朗诵、讲红色故事等。 ⑤ 研学旅行指导师组织学生进行红歌大合唱	历史、语文、音乐	研学旅行指导师
9：50—10：35	学习主题：战地抢救 学习要点：了解如何抢救伤员，体会战争年代救助人员不惧危险的精神，并了解战争带来的危害 课程地点：木鱼岭抗日纪念亭 课程实施： ① 学生自由组队，每组4～5人。 ② 研学旅行指导师简要讲述当时战争的场景。 ③ 研学旅行指导师向学生提问："当时战争给人们带来的危害有哪些？" ④ 研学旅行指导师讲解如何在战场上抢救伤员。 ⑤ 各组开始进行战地抢救演练	历史、体育	研学旅行指导师、课程教练、安全员
10：35—10：55	乘坐交通工具前往黄湖非遗陈列馆		研学旅行指导师、带队老师、安全员
10：55—11：40	学习主题：黄湖革命文化 学习要点：以黄湖的红色历史为主线，了解黄湖的革命文化，以及中国革命历史 课程地点：黄湖非遗陈列馆 课程实施： ① 研学旅行指导师简单介绍黄湖非遗陈列馆的背景。 ② 研学旅行指导师带领学生参观黄湖非遗陈列馆的初心主题展厅。 ③ 研学旅行指导师介绍展厅内的英雄和代表红色精神的展品。 ④ 研学旅行指导师组织学生进行中国红色革命知识竞答活动	历史、语文	研学旅行指导师
11：40—14：00	午餐与午休		研学旅行指导师、带队老师、安全员
14：10—14：55	学习主题：百炼成钢战场演习 学习要点：体验战争年代的硝烟弥漫，学习枪林弹雨的历史，提升团队执行力	历史、体育	研学旅行指导师、带队老师、课程教练

（续表）

时间	课程内容	涉及科目	责任人
	课程地点：青山自然学校		
	课程实施： ①学生自由组队，每组8～9人。 ②研学旅行指导师讲解演习的内容及注意事项。 ③各组派两名代表领取本次活动的装备。 ④各组做好准备，轮流开始演习		
15：05—15：50	学习主题：搭桥渡河 学习要点：模拟当年红军渡河的场景，体会当时革命人的艰苦	历史、体育	研学旅行指导师、课程教练、安全员
	课程地点：青山自然学校		
	课程实施： ①学生自由组队，每组4～5人。 ②研学旅行指导师讲解当年红军渡河的情景。 ③研学旅行指导师向学生提问："当地红军渡河是在哪一年？" ④研学旅行指导师讲解模拟渡河的规则及注意事项。 ⑤每组派代表领取活动垫子。 ⑥各组开始模拟红军渡河。 ⑦活动结束，归还垫子		
16：00—16：45	学习主题：党徽编织 学习要点：了解党史，了解党徽，了解如何编织党徽，学会自己动手编织党徽	历史、政治	研学旅行指导师、课程教练、安全员
	课程地点：青山自然学校		
	课程实施： ①学生自由组队，每组4～5人。 ②研学旅行指导师讲解党史及党徽中的图案分别代表什么。 ③研学旅行指导师向学生提问："中国共产党是在哪一年成立的？" ④研学旅行指导师让学生自己动手编织党徽。 ⑤研学旅行指导师讲解编织过程中的注意事项。 ⑥研学旅行指导师组织学生写一封信——我想对党说的话		

研学旅行课程总结分享：
（1）反思：学生描述让自己印象最深刻的事，并说出自己的感受。
（2）归纳：学生能够将通过此次研学旅行课程学到的知识进行归纳总结。
（3）应用：学生了解黄湖镇所发生的革命历史，深刻领悟革命精神。
（4）感恩：学生感谢他人在本次研学旅行课程中对自己的帮助

集体乘车返回，结束研学之旅

【安全管理制度及防控措施】

为确保此次研学旅行活动的安全，保障师生安全，特制定以下安全管理制度及防控措施。

① 成立安全协调小组，统筹交通、餐饮、后勤、医疗事宜，建立有效的事故报告及处理程序。

② 如在路途中有人突发疾病或遭受意外伤害，带队老师应立即联系随队医生（如有）或自行进行简单的急救处理，然后联系附近医院送医。

③ 车辆中途出现故障，带队老师应要求司机对故障车辆进行检修并及时修复故障，同时通知车辆承运方和主办方安全联络人。如车辆故障影响后续行程及安全，应及时协调换车。

④ 如发生食品安全事故，对情况严重者，应立即联系当地医院进行急救，同时对其他学生的情况进行排查，判明是个别情况还是群体性食物中毒；对反应轻微者也应进行简单处理。同时，报告相关职能部门，进行调查处理。

⑤ 发现学生走失，立即组织就地寻找。以多种形式发布寻人启事，同时组织找寻小组从不同方向寻找。必要时，请求所在地管理机构或公安机关协助寻找。

⑥ 如遇下雨等天气变化，将原定于室外的活动项目移至室内。

【研学旅行评价与反思】

（1）研学旅行评价

① 对学生的评价：对学生的评价包括小组成员自我评价、小组间成员评价、小组评价。研学旅行活动学生评价如表7-10所示。

表7-10 研学旅行活动学生评价

评价维度	评价指标	具体内容	自我评价	小组间成员评价	小组评价
自我管理	文明素养	在公共场所文明用语，不喧哗，不推挤，遵守秩序；爱护环境，绿色出行；爱护公共财物，保护古迹，文明参观			
	遵规守纪	遵守时间安排，不影响活动行程；遵纪守法，不擅自离队，服从带队老师管理			
	自理能力	保管好个人物品，注意饮食及个人卫生，合理消费			
实践探究	参与意识	积极参与活动，乐于表达个人见解；能认真对待小组分工，勇于面对困难，善始善终			
	探究能力	能根据活动主题选择恰当的活动方式开展探究活动；能通过多种方式收集、处理信息及相关活动资料；能够运用所学知识解决实际问题			
团队合作	合作态度	互相尊重，能倾听他人的观点和意见；主动承担小组工作，互帮互助，有责任心			
	分工协作	发挥各自优势，合理分工；能互相学习，共同进步			
总结成果	总结反思	活动结束后能自我总结、反思，积极参与小组、班级的总结交流，用多种方式展示、分享收获和经验			
	成果物化	能够认真完成研学手册，形成形式多样的研学成果（如研学报告、图文设计、影像资料、实物作品等）；研学成果关注现实问题的解决，具有创造性			

② 对研学旅行指导师的评价：学生从教学风格、教学方式、教学方法、教学效能、教学价值、助人合作、师生互助等维度展开对研学旅行指导师的评价。

③ 研学旅行指导师对学生个人及其所在小组的评价：研学旅行指导师从道德素养、学习态度及能力、学习实践与创新、合作与交流、审美与表现等维度展开对学生个人及其所在小组的评价。

④ 对研学基（营）地的评价：学生围绕基（营）地的环境、交通、设施、餐饮住宿服务、安全管理、人文情怀等内容展开对研学基（营）地的评价。

（2）研学反思

该研学旅行课程内容涉及面广，对研学旅行指导师提出了更高的知识储备与实操要求。初二年级学生更加有自己的想法，更加个性化，需要研学旅行指导师对每位学生的心理状况更加重视。针对初二年级学生的特点，本课程设计偏重于理论知识，因此研学旅行指导师要注意在研学旅行课程实施过程中安排更有趣、有意义的活动，以达到教学目标。

7.2.6　高二年级课程设计

【主题课程名称】文化薪火，新旧交融——黄湖传承之旅

【学校班级】高二（3）班

【设计时间】2023 年 7 月 10 日

【课程设计人】GSY　　　　　【项目组长】CFF

【学校代表】LY　　　　　　　【带队老师】XZ

【研学旅行指导师】LJ　　　　【项目专家】XYD

【总课时】6 课时　　　　　　【专题课时】6 课时

【研学地点】

云顶农庄径山茶基地、黄湖非遗陈列馆、姚秀林绣坊。

【研学背景】

新世纪的黄湖镇已呈现出良好的发展态势，有着云顶农庄径山茶基地、黄湖非遗陈列馆、姚秀林绣坊等丰富的研学资源点。

【课程总目标】

（1）知识与技能目标

① 了解茶文化知识，黄湖镇非遗文化、刺绣文化；

② 掌握采茶、炒茶、泡茶等技能；

③ 深入理解弘扬并传承中华民族优秀文化的重要性。

（2）过程与方法目标

学生提前阅读研学手册，在课前做好预习，再通过实践及研学旅行指导师的讲解更好地感受茶文化、刺绣文化等中华优秀传统文化的魅力所在，增强中国特

色社会主义文化自信，提升传承并弘扬中华优秀传统文化的责任感。

（3）情感、态度与价值观目标

激发学生的民族自豪感和自信心，增强学生的文化自信，使他们树立传承与弘扬中华优秀传统文化的意识。

【学情分析】

高二年级学生的心理状态具有明显的独特性和过渡性。他们学习目的性强，思维独立性强，自觉性高。这一阶段学生随着学业负担的加重和自身思维意识的发展，易出现心理问题。因此，研学旅行课程设计需要特别考虑高二学生的心理发展特征，发挥学生的主动性。本次研学旅行课程教学对象是高二学生，他们对研学旅行多为感性认识，注重表层形象，对现象充满好奇，没有深入思考现象背后的本质，缺乏一定的深层次挖掘能力。

【研学旅行方法】

课堂讲授法、问题探究法、训练与实践法、参观教学法、讲解法。

【研学基地物资师资配置】

结合研学旅行课程内容要求，制订以小组为单位的物资配备方案。研学旅行师资配置包括参与研学旅行活动的带队老师、研学旅行指导师、安全员、课程教练、项目专家和其他工作人员。

【研学旅行内容与流程】

研学旅行内容与流程如表 7-11 所示。

表7-11　研学旅行内容与流程

时间	课程内容	涉及科目	负责人
研学前	① 制订研学旅行线路及课程实施方案。 ② 召开研学旅行课程部署会。 ③ 公布研学旅行课程方案。 ④ 向市教育局进行行前报备。 ⑤ 建立研学学习小组，含带队老师、小组组长、小组成员，明确具体名单及角色、责任分工。 ⑥ 召开研学旅行指导师培训会和学生培训会，讲解临行前注意事项、分组情况，明确带队老师的职责。 ⑦ 发放研学手册，含课程简介、课前预习资料（含音频、视频、学科链接知识等）、研学评价表、安全管理方案等		研学旅行指导师、带队老师、项目专家
8：20—8：40	列队集合；研学旅行指导师宣布本次研学旅行课程内容、课程纪律、安全注意事项		研学旅行指导师、带队老师
8：50—9：35	学习主题：了解茶知识 学习要点：了解黄湖镇云顶农庄径山茶基地中茶的来历，以及关于茶的知识。如茶的种类、采茶手法	语文、地理、科学	研学旅行指导师
	课程地点：云顶农庄径山茶基地		

（续表）

时间	课程内容	涉及科目	负责人
	课程实施： ① 研学旅行指导师向学生安排了解茶知识的任务，学生带着研学手册来到云顶农庄径山茶基地。 ② 研学旅行指导师进行茶文化知识讲解。 ③ 研学旅行指导师简单介绍云顶农庄径山茶基地的来历及其获得的荣誉。 ④ 研学旅行指导师向学生提问："绿茶与红茶有哪些区别？""采茶的最佳方式是什么？" ⑤ 研学旅行指导师向学生讲解采茶的方法，如何保证茶的口感及其他茶文化知识		
9：45—10：30	学习主题：采茶与炒茶体验 学习要点：通过对茶文化知识的了解，学生开展采茶活动，并学习炒茶	语文、地理、科学	研学旅行指导师、课程教练、安全员
	课程地点：云顶农庄径山茶基地		
	课程实施： ① 研学旅行指导师安排采茶与炒茶任务。 ② 研学旅行指导师将学生分小组并告知采茶注意事项。 ③ 学生进行采茶活动。 ④ 采茶活动结束后，学生回到指定的炒茶地点，领取炒茶器材。 ⑤ 研学旅行指导师组织学生开展炒茶活动，并告知炒茶注意事项。 ⑥ 炒茶活动结束，学生归还器材		
10：40—11：25	学习主题：泡茶文化 学习要点：让学生了解茶文化的博大精深，并且体会茶的修身养性作用	语文	研学旅行指导师
	课程地点：云顶农庄径山茶基地		
	课程实施： ① 研学旅行指导师安排学习泡茶的任务。 ② 研学旅行指导师进行泡茶演示并告知学生泡茶的注意事项。 ③ 研学旅行指导师组织学生进行泡茶活动。 ④ 每位学生进行泡茶成果展示，研学旅行指导师录下视频留作纪念。 ⑤ 活动结束，学生归还泡茶用具		
11：40—13：30	午餐与午休		研学旅行指导师、带队老师、安全员
13：40—14：25	学习主题：姚秀林的刺绣故事 学习要点：通过了解非遗传承人姚秀林的刺绣故事及观赏其刺绣作品，感悟刺绣技艺的精妙之处	语文、美术	研学旅行指导师
	课程地点：姚秀林绣坊		

（续表）

时间	课程内容	涉及科目	负责人
	课程实施： ① 研学旅行指导师发布任务，学生带着研学手册来到非遗传承人姚秀林家中的绣坊。 ② 研学旅行指导师讲解姚秀林个人事迹。 ③ 研学旅行指导师介绍姚秀林的代表作品，学生细细观赏《金丝猴》《牡丹》这两幅作品，并表达感受		
14：45—15：30	学习主题：走进陈列馆，走进文化黄湖 学习要点：研学旅行指导师给学生普及黄湖镇传统的山乡非遗文化、老街赶集文化、革命根据地红色文化等，让其了解黄湖的发展历程	语文、历史	研学旅行指导师
	课程地点：黄湖非遗陈列馆		
	课程实施： ① 研学旅行指导师安排学习优秀文化的任务，带领学生来到黄湖非遗陈列馆。 ② 学生参观黄湖非遗陈列馆（家属主题展厅、初心主题展厅、乡愁主题展厅、心传主题展厅），研学旅行指导师讲解展厅内容。 ③ 研学旅行指导师科普黄湖镇中关于非遗文化的知识。 ④ 研学旅行指导师向学生提问："黄湖镇的红色文化资源地有哪些？" ⑤ 研学旅行指导师讲解黄湖镇红色文化资源地		
15：40—16：25	学习主题：我是国学经典诵读者 学习要点：通过对黄湖非遗陈列馆的参观，学生了解到相关非遗文化，能够做文化传承者，并饱含感情地去诵读国学经典诗词	语文、历史	研学旅行指导师
	课程地点：黄湖非遗陈列馆		
	课程实施： ① 研学旅行指导师安排国学诵读任务。 ② 研学旅行指导师将学生进行分组，让学生选择好要诵读的国学经典诗词。 ③ 学生在黄湖非遗陈列馆门口进行诵读。 ④ 诵读结束后，每组学生分享对本次国学经典诗词诵读活动及对文化传承的心得体会。 ⑤ 全体师生在黄湖非遗陈列馆门口合影留念		

研学旅行课程总结分享：
（1）反思：学生描述让自己印象最深刻的事，并说出自己的感受。
（2）归纳：学生能够将通过此次研学旅行课程学到的知识进行归纳总结。
（3）应用：学生熟练掌握研学旅行活动中所了解到的文化知识，如茶文化知识中的如何利用泡茶来修身养性，或如将所学习到的刺绣技艺发扬光大，做到弘扬并传承茶文化、刺绣文化等中华优秀传统文化。
（4）感恩：学生感谢他人在本次研学旅行课程中对自己的帮助

集体乘车返回，结束研学之旅

【安全管理制度及防控措施】

为确保此次研学旅行活动的安全，保障师生安全，特制定以下安全管理制度及防控措施。

① 成立安全协调小组，统筹交通、餐饮、后勤、医疗事宜，建立有效的事故报告及处理程序。

② 如在路途中有人突发疾病或遭受意外伤害，带队老师应立即联系随队医生（如有）或自行进行简单的急救处理，然后联系附近医院送医。

③ 车辆中途出现故障，带队老师应要求司机对故障车辆进行检修并及时修复故障，同时通知车辆承运方和主办方安全联络人。如车辆故障影响后续行程及安全，应及时协调换车。

④ 如发生食品安全事故，对情况严重者，应立即联系当地医院进行急救，同时对其他学生的情况进行排查，判明是个别情况还是群体性食物中毒；对反应轻微者也应进行简单处理。同时，报告相关职能部门，进行调查处理。

⑤ 发现学生走失，立即组织就地寻找。以多种形式发布寻人启事，同时组织找寻小组从不同方向寻找。必要时，请求所在地管理机构或公安机关协助寻找。

⑥ 如遇下雨等天气变化，将原定于室外的活动项目移至室内。

【研学旅行评价与反思】

（1）研学旅行评价

① 对学生的评价：对学生的评价包括小组成员自我评价、小组间成员评价、小组评价。研学旅行活动学生评价如表7-12所示。

表7-12 研学旅行活动学生评价

评价维度	评价指标	具体内容	自我评价	小组间成员评价	小组评价
自我管理	文明素养	在公共场所文明用语，不喧哗，不推挤，遵守秩序；爱护环境，绿色出行；爱护公共财物，保护古迹，文明参观			
	遵规守纪	遵守时间安排，不影响活动行程；遵纪守法，不擅自离队，服从带队老师管理			
	自理能力	保管好个人物品，注意饮食及个人卫生，合理消费			
实践探究	参与意识	积极参与活动，乐于表达个人见解；能认真对待小组分工，勇于面对困难，善始善终			
	探究能力	能根据活动主题选择恰当的活动方式开展探究活动；能通过多种方式收集、处理信息及相关活动资料；能够运用所学知识解决实际问题			
团队合作	合作态度	互相尊重，能倾听他人的观点和意见；主动承担小组工作，互帮互助，有责任心			
	分工协作	发挥各自优势，合理分工；能互相学习，共同进步			

（续表）

评价维度	评价指标	具体内容	自我评价	小组间成员评价	小组评价
总结成果	总结反思	活动结束后能自我总结、反思，积极参与小组、班级的总结交流，用多种方式展示、分享收获和经验			
	成果物化	能够认真完成研学手册，形成形式多样的研学成果（如研学报告、图文设计、影像资料、实物作品等）；研学成果关注现实问题的解决，具有创造性			

② 对研学旅行指导师的评价：学生从教学风格、教学方式、教学方法、教学效能、教学价值、助人合作、师生互助等维度展开对研学旅行指导师的评价。

③ 研学旅行指导师对学生个人及其所在小组的评价：研学旅行指导师从道德素养、学习态度及能力、学习实践与创新、合作与交流、审美与表现等维度展开对学生个人及其所在小组的评价。

④ 对研学基（营）地的评价：学生围绕基（营）地的环境、交通、设施、餐饮住宿服务、安全管理、人文情怀等内容展开对研学基（营）地的评价。

（2）研学旅行反思

该研学旅行课程设计环环相扣，知识结构由浅入深，是为高二学生制定的文化传承主题的特色课程。课程实施过程中，研学旅行指导师要注意让学生自主思考，设计的课程任务也要更加有探究性和挑战性。此外，课程活动时间变少，研学旅行指导师要更加注重活动的内在意义。

参考文献

[1] 陈大六,徐文琦. 研学旅行理论与实务 [M]. 武汉:华中科技大学出版社,2020.

[2] 董艳,高雅茹,赵亮,等. 情境感知视域下研学旅行课程设计探究——以"乔家大院民俗博物馆研学基地"为例 [J]. 现代教育技术,2021,31(4):119—125.

[3] 李岑虎. 研学旅行课程设计 [M]. 2版. 北京:旅游教育出版社,2021.

[4] 欧纹菲. 山东省小学中华优秀传统文化研学旅行课程开发研究 [D]. 聊城:聊城大学,2021.

[5] 王晓倩,曹诗图. 试论人学视角的旅游研究 [J]. 地理与地理信息科学,2018,34(1):86—91.

[6] 甄鸿启,李凤堂. 研学旅行教育理论与实践 [M]. 北京:旅游教育出版社,2020.